제5판

# SPSS 통계분석

김용대 · 박진경 지음

자유아카데미

# 머리말

요즈음 통계학 비전공자들이 다양한 통계 소프트웨어를 그들의 학문에 응용하고자 하나 어려운 통계학 이론으로 인하여 잘 활용하지 못하는 경우를 종종 볼 수 있습니다. 통계학적 용어나 해석이 생소하여 본인들의 언어로 재해석할 때 많은 어려움을 느낄 것입니다.

제5판은 기존과 마찬가지로 통계학을 처음 접하는 학부생이나 통계학과 친해지고 싶은 비전공자들에게 맞추었습니다. 자료를 받아 입력하고, 처리하고 해석하며 마무리하는 과정까지 예제와 함께 잘 다루고 있습니다. 특히 통계이론이나 SPSS 이용 어느 한 곳에 치우치지 않고 동시에 자연스러운 적응을 하는 데 도움이 되고자 하는 바람으로 편집하였습니다.

현재 사용되고 있는 SPSS의 새로운 기능을 이전 기능과 비교하여 설명함으로써 기존의 사용자에게도 부담 없이 새로운 기능에 쉽게 적용할 수 있도록 하였습니다. 무엇보다 교재에서 사용되는 예제 자료를 쉽게 따라하면서 스스로 결과 도출을 유도함으로써 통계학을 좀 더 즐길 수 있도록 하였습니다.

본서의 미비했던 부분을 보완하려고 노력하였으나, 부족한 부분이 있을 수 있습니다. 계속적인 조언과 충고를 진심으로 바라며, 책에 사용되는 예제 자료와 출간 후 나올 수 있는 수정사항 등은 자유아카데미 홈페이지(www.freeaca.com) 자료실을 통해 제공할 예정입니다.

마지막으로 본서의 원고 검토와 수정에 수고를 아끼지 않은 서울대학교 통계학과 아이디어 연구실 학생들에게 큰 감사의 말을 전합니다.

2019년 8월

저자 드림

# 차례


## 제1장 SPSS 기본구조

1.1 창의 종류 2
1.2 대화상자 3
1.3 데이터 분석의 기본단계 4
1.4 데이터 편집기 5
1.4.1 변수정의 7
1.4.2 데이터 편집 8
1.5 다른 형태의 파일 읽기 11
1.5.1 Excel 파일 불러오기 11
1.5.2 텍스트 파일 불러오기 12
1.6 자료 응용 16
1.6.1 코딩변경 16
1.6.2 파일분할 18
1.6.3 케이스 선택 20
1.6.4 가중 케이스 23

## 제2장 자료의 종류 및 요약(1)

2.1 모집단과 표본 26
2.2 기술통계학과 추리통계학 27
2.3 자료의 종류 28
2.4 그래프, 도표를 이용한 자료 요약 29
2.4.1 줄기-잎-그림 31
2.4.2 히스토그램 31

2.4.3 상자도표 33
2.4.4 도수분포표 35
2.4.5 막대형 차트 36
2.4.6 원형 차트 38
**2.5 도표 편집기** 38
2.5.1 히스토그램 편집 39
2.5.2 막대형 차트의 편집 41
2.5.3 원형 차트의 편집 43
**2.6 차트 작성기** 45

## 제3장 자료의 종류 및 요약(2)

**3.1 대푯값** 52
3.1.1 산술평균 52
3.1.2 중앙값 54
3.1.3 최빈값 54
**3.2 산포도** 54
3.2.1 분산과 표준편차 54
3.2.2 범위 55
3.2.3 사분위수 55
**3.3 그 외** 56
3.3.1 왜도 56
3.3.2 첨도 57
**3.4 표준화된 자료** 58
**3.5 SPSS를 이용한 자료 요약** 58
3.5.1 빈도분석 59
3.5.2 기술통계분석 62
3.5.3 데이터 탐색 64
3.5.4 정리 66
**3.6 연습문제** 68

## 제4장 설문데이터의 입력 및 처리

4.1 데이터 종류와 처리 72
4.1.1 측정의 척도 72
4.1.2 데이터 처리의 기본 73
4.2 데이터의 입력 74
4.2.1 단일응답의 입력 74
4.2.2 복수회답의 입력 75
4.2.3 순위응답의 입력 78
4.3 데이터 요약 80
4.3.1 단일응답 81
4.3.2 복수응답 82
4.3.3 순위응답 87
4.4 연습문제 91

## 제5장 이산형 확률분포

5.1 확률분포 96
5.1.1 확률변수의 기댓값과 분산 96
5.2 베르누이 시행과 분포 97
5.3 이항분포 98
5.4 포아송 분포 99
5.5 SPSS를 이용한 이산확률분포의 확률계산 101
5.6 연습문제 102

## 제6장 연속확률분포

6.1 정규분포와 표준정규분포 106
6.1.1 정규분포 106
6.1.2 표준정규분포 107
6.1.3 일반 정규분포와 표준정규분포의 관계 107

6.1.4 정규분포에 의한 이항분포의 근사적 확률 109
6.1.5 중심극한정리 110
6.2 $t$-분포 111
6.2.1 일표본평균의 분포 112
6.2.2 이표본평균 차의 분포 112
6.3 $X^2$-분포 114
6.4 $F$-분포 114
6.5 SPSS를 이용한 연속확률분포의 확률계산 115
6.6 연습문제 117

제7장 추정과 검정

7.1 추정 120
7.1.1 점추정 120
7.1.2 구간추정 122
7.2 검정 126
7.2.1 귀무가설과 대립가설 126
7.2.2 양측검정과 단측검정 129
7.2.3 유의수준과 유의확률 130
7.3 분석기법의 분류 131
7.3.1 변수의 수에 따른 분석기법 131
7.3.2 변수 간의 종속관계에 의한 분석기법 131
7.3.3 자료의 특성에 따른 분석기법 132
7.4 연습문제 133

제8장 집단 간 평균비교(1)

8.1 일표본에서의 평균비교 136
8.2 이표본에 의한 평균비교 138
8.3 대응비교 분석 143
8.4 연습문제 146

## 제9장 집단 간 평균비교(2)

9.1 완전 랜덤화 설계 150
9.2 일원배치 분산분석과 F-분포 151
9.3 다중비교 159
9.4 이원배치 분산분석 163
9.5 연습문제 172

## 제10장 상관분석

10.1 산점도 176
10.2 상관계수 178
10.3 순위상관계수 183
10.4 편상관계수 186
10.5 연습문제 190

## 제11장 단순회귀분석

11.1 독립변수와 종속변수 194
11.2 단순회귀모형 195
11.2.1 모수추정 195
11.2.2 선형의 강도 197
11.2.3 모형의 유의성 198
11.2.4 SPSS를 이용한 단순회귀분석 199
11.2.5 가정 타당성 검토 205
11.3 연습문제 211

## 제12장 다중회귀모형

12.1 다중회귀모형 214

12.2 SPSS를 이용한 다중회귀분석 215
12.3 다중공선성 217
12.4 변수선택법 219
12.5 연습문제 221

## 제13장 분할표 분석과 $\chi^2$-분석

13.1 $\chi^2$-분포 224
13.2 2×2 교차표에 대한 분석 226
13.2.1 $\chi^2$ 검정과 Fisher의 정확검정 226
13.2.2 McNemar 검정 235
13.3 I×J 분할표에 대한 분석 239
13.4 적합도검정 244
13.5 연습문제 247
13.6 부록 249

## 제14장 신뢰성 검토

14.1 신뢰성의 정의 252
14.2 신뢰성 측정방법 253
14.3 신뢰성을 증가시키는 방법 255
14.4 신뢰성 평가 예제 256
14.5 연습문제 267

## 부록

영문 버전 대비 270
제1장 SPSS 기본구조 270
제2장 자료의 종류 및 요약(1) 270

**주요확률분포표** 274

A. 표준정규확률분포표 274

B. Student's $t$ 분포표 275

C. $\chi^2$ 분포표 276

D. $F$ 분포표 ($\alpha = 0.10$) 277

E. $F$ 분포표 ($\alpha = 0.05$) 278

F. $F$ 분포표 ($\alpha = 0.01$) 279

G. Durbin-Watson 검정의 상한과 하한 280

■ **참고문헌** 281

■ **찾아보기** 283

# 제1장

# SPSS 기본구조

SPSS에서는 강력한 통계분석과 쉬운 메뉴로 단순한 대화상자를 통해 각 사용자에게 적합한 작업을 수행할 수 있다. 마우스로 가리키고 누르기만 해도 대부분의 작업을 실행할 수 있다.

첫 장에서는 SPSS의 기본적인 구조를 다루고 있다. SPSS를 구성하고 있는 창들의 역할과 자료분석의 과정이 어떠한 단계를 통하여 이루어지는가에 대해서 살펴보기로 한다. 또한 수집된 자료를 SPSS로 불러들이는 방법에 대해 알아보고자 한다.

## 1.1 창의 종류

SPSS에는 다음과 같이 데이터 편집기, 출력결과를 볼 수 있는 뷰어, 명령문 편집기, 피벗표 편집기, 도표 편집기, 텍스트출력결과 편집기 등이 있다.

**SPSS 데이터 편집기.** 이 창에는 데이터 파일의 내용이 표시되며 새 데이터 파일을 작성하거나 기존 파일을 데이터 편집기로 수정할 수 있다. 데이터 편집기 창은 SPSS가 시작될 때 자동으로 열린다. SPSS 25.0 버전에서는 한 번에 여러 개의 데이터 파일을 열어서 사용할 수 있는데, 이러한 기능은 SPSS 14.0 버전부터 사용 가능하다. 데이터 편집기는 워크시트(work sheet)의 형식으로 데이터 보기와 변수 보기가 있어 각 변수의 유형을 파악하기가 쉽다.

**SPSS 뷰어.** 모든 통계분석결과표, 도표 등이 표시되고 이를 편집하고 저장하여 나중에 다시 사용할 수도 있다. 출력결과를 작성하는 뷰어는 분석을 실행할 때 자동으로 열린다.

**SPSS 명령문 편집기.** 대화상자 선택사항을 명령문 창으로 불러들여 선택사항을 명령문 형식으로 표시할 수 있다. 같은 작업이 반복될 경우, 이러한 명령문을 파일로 저장하여 다음 SPSS 작업 때 효율적으로 사용할 수 있다.

**피벗표 편집기.** 피벗표에 표시된 여러 가지 출력결과를 편집하거나 행과 열을 바꾸고 색상을 추가하는 등, 출력결과의 형식을 다양한 방법으로 수정할 수 있다.

**도표 편집기.** 출력결과에 표시된 도표를 편집기능을 통하여 도표의 유형이나 색상을 바꾸거나 글꼴축의 교환, 3차원 회전 등을 통하여 도표 유형 자체를 바꿀 수도 있다.

**텍스트출력결과 편집기.** 피벗표나 도표의 텍스트출력결과를 수정할 수 있다. 출력결과를 편집하고 글꼴의 크기나 유형 등을 바꿀 수도 있다.

피벗표 편집기, 도표 편집기, 텍스트출력결과 편집기는 SPSS 뷰어 창을 통해서 각 출력결과 개체를 수정할 수 있다. 자세한 편집과정은 2장에서 다루기로 한다. 각 창에서 저장된 파일의 확장자명은 다음과 같다.

| 해당 창 | 확장자명 |
|---|---|
| SPSS 데이터 편집기 | *.sav |
| SPSS 뷰어 | *.spo |
| SPSS 명령문 편집기 | *.sps |

확장자명은 굳이 입력하지 않아도 저절로 저장되므로 저장할 때에는 파일명만 입력하면 된다.

## 1.2 대화상자

〈그림 1.1〉과 같이 SPSS에서 윈도우 상단에 있는 메인 메뉴를 클릭하면 하위메뉴인 여러 프로시저가 생긴다. 각 프로시저의 메뉴를 클릭하면 대화상자가 열리고, 이를 사

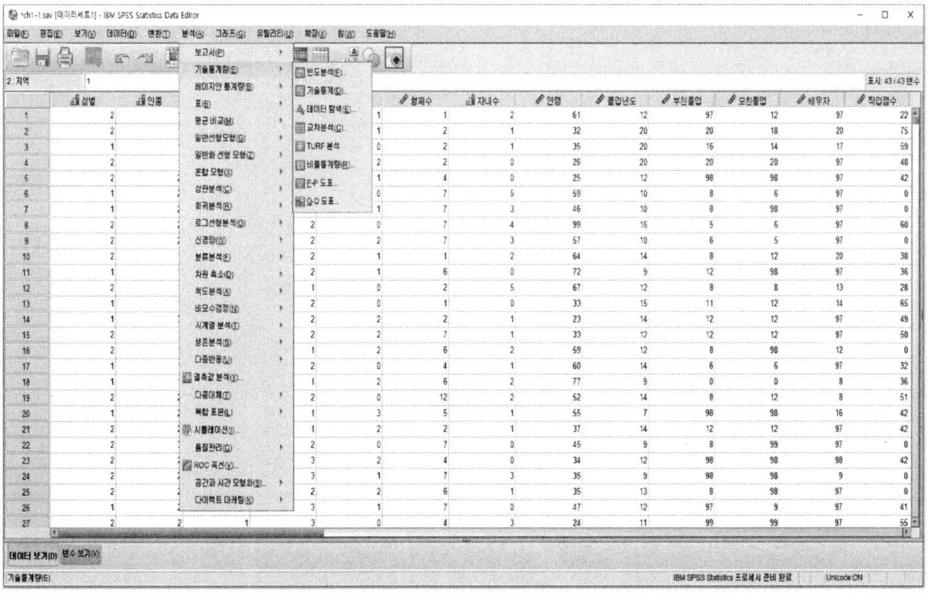

그림 1.1 SPSS 데이터 편집기와 메인 메뉴

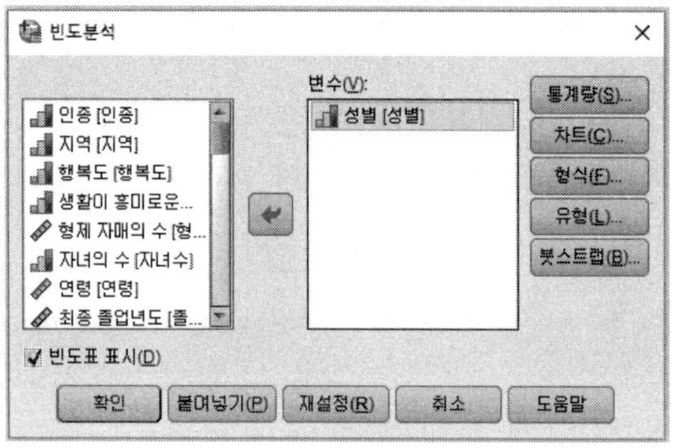


그림 1.2 대화상자의 예

용하여 분석에 대한 변수와 옵션을 선택할 수 있다.

〈그림 1.2〉에서 왼쪽은 데이터 편집기에 있는 변수들의 목록이다. 모든 대화상자에서는 기본적으로 데이터 편집기에 있는 변수들이 제공되고, 분석에 필요한 변수들을 화살표( ▸ )를 이용하여 오른쪽 「변수」 부분에 옮기면 된다. 변수들의 목록을 표시하는 방법에는 변수 이름만 목록에 나타내는 방법과 〈그림 1.2〉와 같이 「변수설명[변수이름]」의 형식으로 목록을 나타내는 방법이 있다. 이 표시기능은 메뉴바에서 '편집 → 옵션'을 선택하여 옵션의 「일반」 탭의 「변수목록」을 이용하여 변수 이름만 나타낼 것인지, 변수에 대한 설명과 같이 나타낼 것인지를 선택한다. 변수명 앞에 있는 아이콘은 변수유형을 나타내는데 의미는 다음과 같다. 자료유형이나 척도에 대한 설명은 4장에서 자세히 다루기로 한다.

| | 자료유형 | | | |
|---|---|---|---|---|
| | 숫자형 | 문자형 | 날짜 | 시간 |
| 비율/등간척도 | | n/a | | |
| 순위척도 | | | | |
| 명목척도 | | | | |

## 1.3 데이터 분석의 기본단계

자료의 분석단계에는 특별한 과정이 따로 있는 것이 아니라 다음과 같은 유기적 관계를 가지고 통계분석이 이루어진다.

연구목적이 결정되면 그에 따른 관심의 대상을 설정한다. 관심의 대상이 설정되면 관련된 자료를 수집한다. 설문이나 실험을 통해서, 또는 문헌을 통해서 자료가 수집될 수 있다. 그러나 통계분석을 위한 모든 자료는 분석결과가 객관적으로 규명될 수 있도록 하여야 한다. 이를 위해서 확률이론이 적용된다. 자료가 수집되면 원하는 통계량을 구하거나 관심 있는 내용을 가설로 설정하여 검증하는 가설검정이 필요하다. 검정결과에 따라서 의사결정을 함으로써 통계분석을 일단락 짓게 된다. 이를 요약하면 다음 그림과 같다.

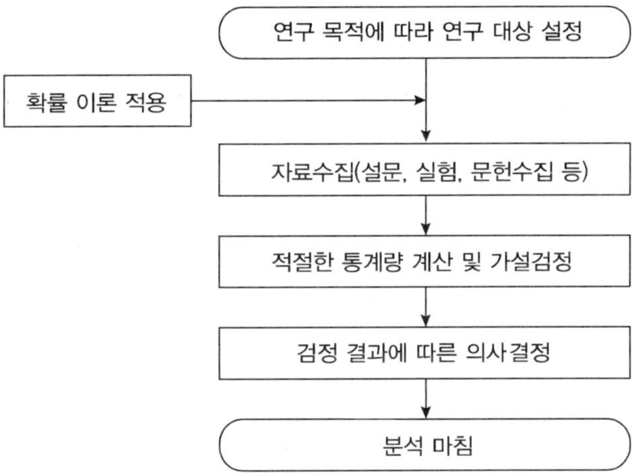


SPSS로 데이터를 분석하는 작업은 매우 용이하다. 우선 SPSS로 데이터를 가져오거나 새로 입력하여야 한다. 이전에 저장한 SPSS 데이터 파일을 열거나 다른 형태의 스프레드시트 혹은 텍스트 데이터 파일을 읽거나, 데이터 편집기에 데이터를 직접 입력할 수 있다. 데이터 편집기에 데이터가 완료되면 메뉴에서 프로시저를 선택하여 통계량을 계산하거나 도표를 작성할 수 있다. 해당 프로시저의 대화상자에는 변수들의 목록이 있으므로 분석용 변수들을 선택하여 분석을 실시하면 결과는 뷰어 창에 표시되므로 출력된 결과를 해석하면 된다.

## 1.4 데이터 편집기

데이터 편집기는 편리한 스프레드시트식 방법으로 SPSS 데이터 파일을 작성하고 편집할 수 있게 한다. SPSS 프로그램을 시작하면 데이터 편집기 창이 자동으로 열린다.

데이터 편집기는 「데이터 보기」 창과 「변수 보기」 창의 두 개의 스프레드 시트로 구성되어 있다. 「데이터 보기」 창은 각 변수와 입력된 데이터를 볼 수 있게 되어 있고, 다음과 같이 구성되어 있다.

**행.** 각 행은 케이스나 관측값을 나타낸다(예. 질문에 대한 개별응답).
**열.** 각 열은 변수나 측정된 특성을 나타낸다(예. 질문의 각 항목).
**셀.** 셀은 데이터 값이 표시된다.

「변수 보기」 창은 각 변수의 유형이나 값, 변수설명 등이 나타나 있어, 변수의 정보를 알아보기가 쉽다. 〈그림 1.3a〉와 〈그림 1.3b〉는 데이터 편집기에서 각각 「데이터 보기」 창과 「변수 보기」 창의 예이다.

ch1-1.sav

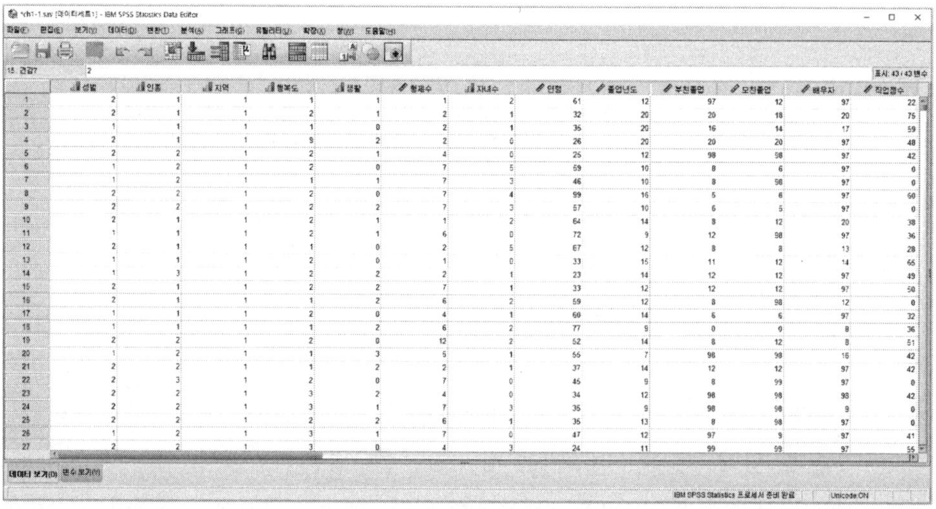

그림 1.3a 데이터 편집기의 예 - 데이터 보기 창

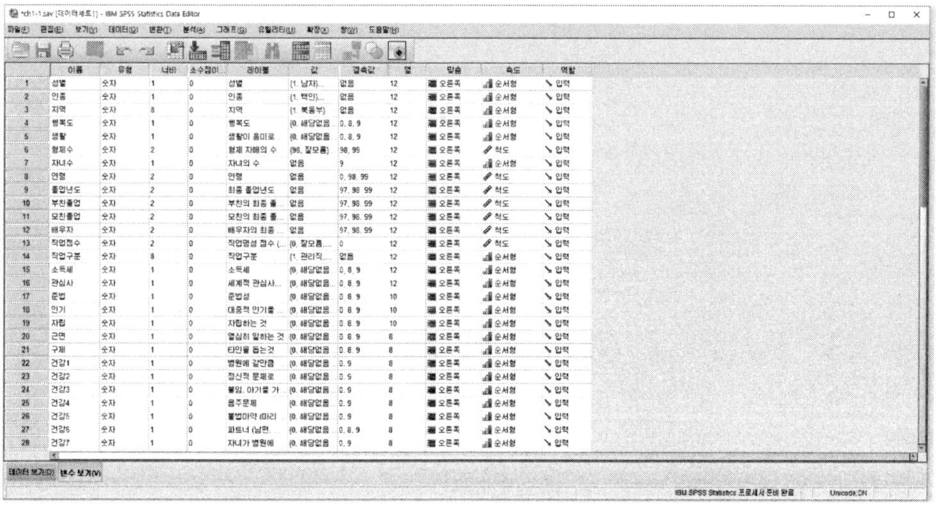

그림 1.3b 데이터 편집기의 예 – 변수 보기 창

## 1.4.1 변수정의

각 변수에는 그 변수의 특성을 나타내는 정보가 있다. 새 변수를 정의하거나 기존의 변수를 수정하기 위해서는 〈그림 1.3b〉 데이터 편집기의 「변수 보기」 창을 이용하면 된다.

변수 이름은 문자로 시작하며 나머지는 문자나 숫자, 마침표, @, #, _, $ 등의 기호가 될 수 있다. 변수 이름은 마침표로 끝나지 않아야 하고, 이름 길이는 8문자를 넘지 않아야 한다. 또한 공백과 @, #, _, $를 제외한 특수문자를 사용할 수 없고 한 데이터 편집기에서 각 변수 이름은 중복할 수 없다. 〈그림 1.3b〉처럼 「변수 보기」를 이용하여 〈그림 1.4a〉와 〈그림 1.4b〉와 같이 변수를 정의하면 「데이터 보기」에 변수 이름이 저장된다. 〈그림1.4a〉와 〈그림 1.4b〉의 대화상자를 열기 위해서는 〈그림 1.3b〉에서 관

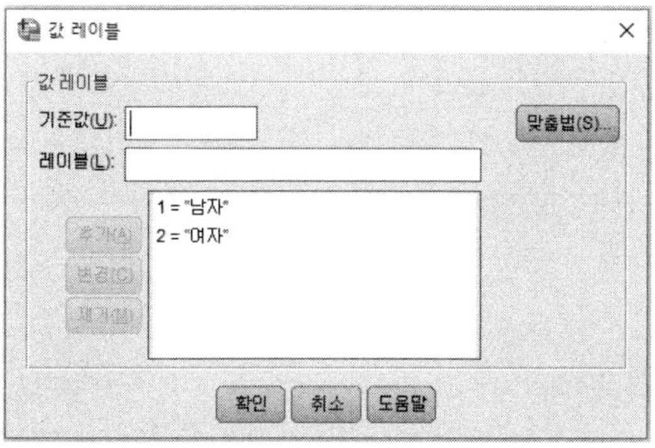


그림 1.4a 변수값 설명의 예

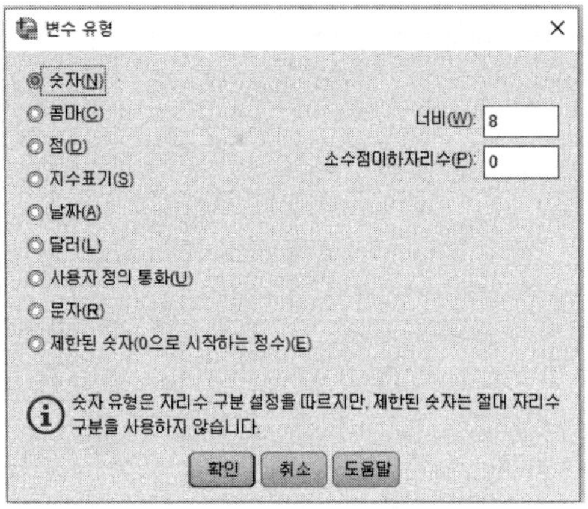


그림 1.4b 변수 유형의 예

심 있는 셀을 한 번 클릭 후 나오는 버튼을 클릭하면 된다.

〈그림 1.4a〉는 문항 보기의 값과 그 값에 해당되는 내용을 입력하는 것으로「기준값」에는 문항 보기의 값을,「레이블」에는 해당 내용을 입력한다. 변수 유형은 숫자형과 문자형이 주로 사용된다. 그러기 위해서는 자료의 형태가 연속형이나 이산형이어야 한다. 이에 대해서는 2장에서 다루고 있다. 〈그림 1.4b〉에서 변수 유형을 숫자형으로 한 후, 〈그림 1.4a〉에서와 같이 숫자형 자료의 내용을 적어주면 숫자형으로 자료를 입력하지만, 결과를 출력할 때 변수값 설명 내용으로 출력이 되어 각 항목에 대한 내용을 살펴볼 수 있다. 또한, 데이터 편집기에서 를 선택하면 데이터 편집에서도 변수값에 해당되는 설명 내용으로 데이터를 살펴볼 수 있다.

〈그림 1.3b〉에서「레이블」열은 제한된 길이의 변수 이름 설정에 대한 보충설명으로, 변수가 어떠한 데이터를 나타내고 있는 변수인지를 자세히 알 수 없는 경우 추가 설명할 수 있게 한다. 〈그림 1.3b〉의「레이블」을 저장할 경우, 모든 출력결과는 변수 레이블이 나타나고, 레이블이 없는 경우는 출력결과에 변수 이름이 나타난다. 예를 들어, 변수 이름을 문항의 번호로 설정하고 변수 레이블에 문항의 내용을 입력한다면 출력결과에는 문항의 번호가 아니라 문항 내용이 출력된다. 따라서 출력되는 결과에 설문문항을 출력하고자 할 경우에는 별도의 편집 없이 변수 레이블을 달아주면 원하는 출력결과를 쉽게 이해할 수 있다.

### 1.4.2 데이터 편집

데이터 편집기를 사용하여 다음과 같은 여러 방법으로 데이터 파일을 변경할 수 있다.

**데이터 값의 수정.** 잘못 입력된 자료는 해당 셀을 클릭하여 자료를 쉽게 수정할 수 있다.

**데이터 값 잘라내기와 복사.** 자료의 값이 하나인 경우는 해당 셀에 커서를 두고 오른쪽 마우스를 클릭하게 되면 잘라내기나 복사가 가능해지고, 여러 셀에 걸쳐서 잘라내거나 복사하게 되는 경우는 왼쪽 마우스를 클릭한 채로 원하는 범위에 마우스를 움직여가며 블록을 정한 후에 오른쪽 마우스를 클릭하여 잘라내거나 복사를 선택하면 된다.

**붙여넣기.** 잘라내거나 복사한 후에 붙이고자 하는 셀에 커서를 두고 오른쪽 마우스를 클릭하여 붙여넣기를 선택하면 된다. 메인 메뉴에서 선택하는 방법은 블록을 정한 후 '편집 → 복사'와 '편집 → 붙여넣기'를 이용한다.

**케이스나 변수의 삽입 삭제.** 원하는 케이스(왼쪽 행번호)나 변수(위쪽 변수 이름)를 왼쪽 마우스로 한 번 클릭하게 되면 해당 행이나 열이 모두 선택되는데, 선택된 상태에서 오른쪽 마우스를 클릭하여 삽입 또는 삭제를 클릭하면 된다. 삽입하는 경우 케이스의 번호는 아래로 밀리게 되고, 변수도 오른쪽으로 한 열씩 밀리게 된다.

**변수정의.** 변수정의를 수정할 때에는 〈그림 1.3b〉의 데이터 편집기에서 「변수 보기」를 이용하여 수정한다.

**케이스 정렬.** 케이스 정렬은 원하는 변수를 기준으로 자료를 오름차순이나 내림차순으로 정렬하는 기능으로 메인 메뉴에서 '데이터 → 케이스 정렬'을 이용한다.

**데이터 전치.** 데이터 전치는 케이스와 변수의 위치를 바꾸는 기능을 한다. 이 기능도 메인 메뉴에서 '데이터 → 데이터 전치'를 이용한다.

이런 과정을 통해 자료를 수집하고 자료에 대한 오류의 수정편집이 완료된 후에 자료를 저장할 때에는 메인 메뉴 바에서 '파일 → 저장'을 선택하면 된다. 같은 자료를 다른 이름으로 저장하거나 원 자료를 두고 약간 수정된 자료를 다른 파일에 저장하고자 할 때에는 '파일 → 다른 이름으로 저장'을 선택한다. 이 경우 〈그림 1.5a〉와 같은 대화상자가 나타나는데, 〈그림 1.5a〉의 「파일 이름」에 원하는 이름을 입력하기만 하면 된다. 만일 다른 이름으로 저장할 경우, 변수 또한 선택적으로 저장하고자 할 때에는 〈그림 1.5a〉에서 '변수'를 선택한 후, 〈그림 1.5b〉 창에서 ☑를 이용하여, 선택 혹은 제거한 후 원하는 변수를 선택할 수 있다. 저장된 자료를 다시 데이터 편집기로 불러들일 때에는 '파일 → 열기' 순으로 클릭하면 된다. 이때 〈그림 1.6〉에서와 같이 대화

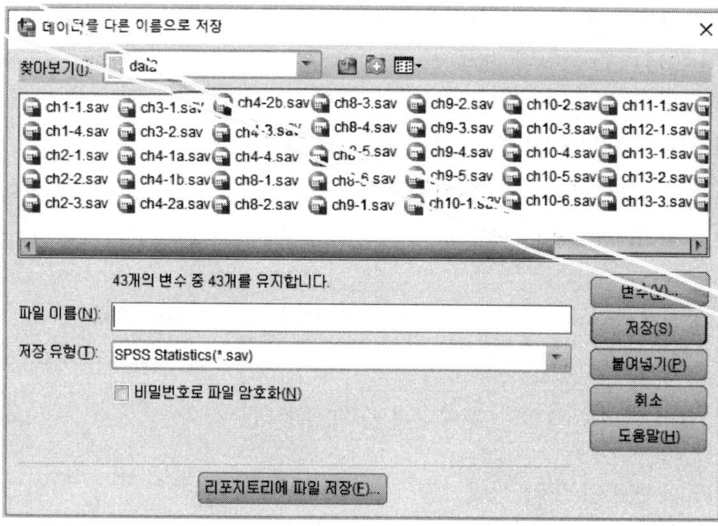


그림 1.5a 다른 이름으로 저장하기 대화상자

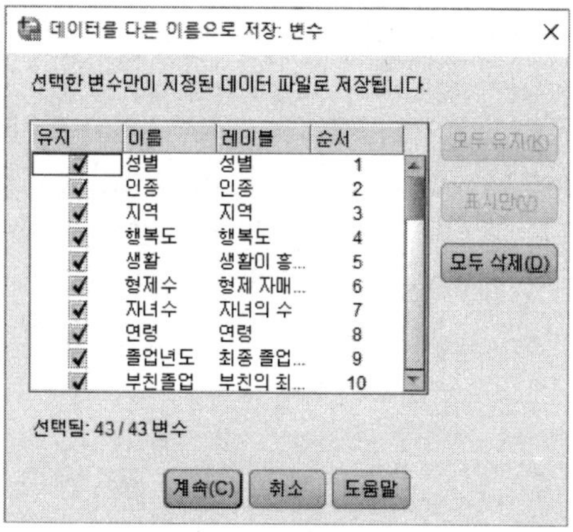


그림 1.5b 변수선택

상자가 나타나고 관심 있는 자료가 들어있는 폴더를 찾아 클릭하게 되면 「파일 이름」란에 파일 이름이 입력되고 「확인」하면 데이터 편집기에 자료가 불러진다. 메뉴 바 아래에는 도구모음이 있는데 그중 자주 사용되는 것으로, 은 파일열기, 은 저장하기, 은 프린트하기를 의미한다.

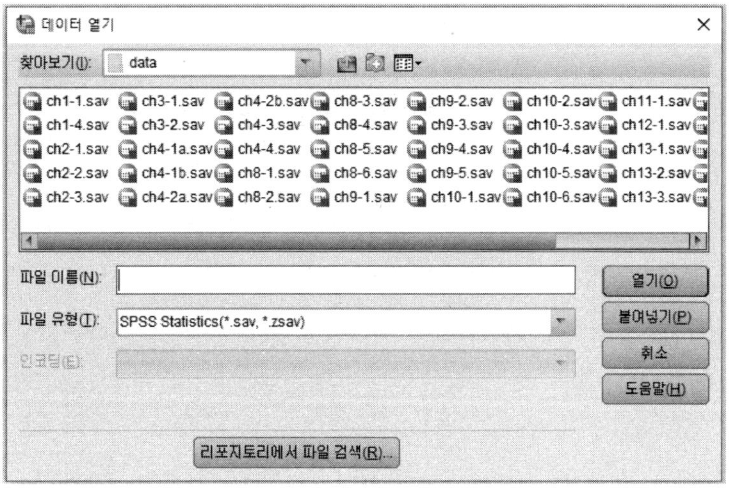

그림 1.6 데이터 열기 대화상자

## 1.5 다른 형태의 파일 읽기

설문조사 등을 통하여 수집된 자료는 Excel 등의 워크시트 프로그램이나 일반 아스키(ASCII) 등의 텍스트 형태의 파일로 저장되는 것이 일반적이다. 이 절에서는 SPSS 데이터 파일이 아닌 다른 형태인 Excel 파일이나 ASCII 형태로 저장된 파일을 SPSS 데이터 편집기에 불러오는 작업을 실시하기로 한다.

Excel, ASCII 자료 이외에 Excel, dBASE와 탭으로 구분된 파일(tab – delimited file)도 SPSS 데이터 편집기에서 직접 불러들일 수 있다.

### 1.5.1 Excel 파일 불러오기

Excel 파일은 SPSS 메인 메뉴에서 '파일 → 열기'를 한 후 〈그림 1.6〉의 「파일 유형」을 Excel로 설정하고 「열기」를 클릭하면 자료가 불러지기 전에 〈그림 1.7〉의 대화상자가 뜨게 된다. 이 창을 통해 Excel 파일을 불러오기 전에 불러오는 데이터의 간단한 전처리와 데이터 미리보기가 가능하다.

〈그림 1.7〉에서 「데이터 첫 행에서 변수 이름 읽어오기」를 표시하여 읽어 들이면 일반적으로 Excel의 첫 행은 SPSS의 변수 이름과 같은 기능을 하므로, 읽어 들이는 데

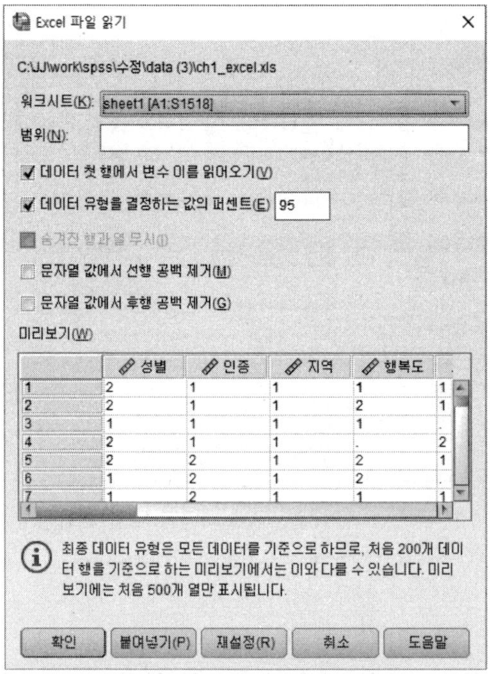


그림 1.7 Excel 파일 불러오기

이터의 첫 행이 변수 이름으로 설정된다. 「데이터 유형을 결정하는 값의 퍼센트」를 기본 설정 95%로 하면 변수의 데이터 형식이 섞여 있을 경우, 95% 이상인 데이터의 유형으로 읽어 들인다. 만약 숫자와 문자열 값이 섞여 있고, 숫자가 95% 이상을 차지하면 변수는 숫자로 처리되고 문자열 값은 시스템 결측값으로 설정된다. 그리고 퍼센트 값을 충족하는 데이터 형식이 없으면 변수는 문자열 변수로 처리된다.

「범위」는 Excel 파일에서 일부 자료만 불러들이는 경우 사용하는 것으로, Excel에서 범위를 정하는 방법과 같은 방법으로 범위를 설정한다. 예를 들어, 「범위」에 "A1:D9"이라고 설정하면 이는 Excel 워크시트의 A열 1행부터 D열 9행까지를 불러들인다.

### 1.5.2 텍스트 파일 불러오기

SPSS에서 텍스트 파일을 불러오는 형식은 '구분자에 의한 배열' 형식과 '고정너비로 배열' 형식이 있다.

**구분자에 의한 배열.** 구분자에 의한 배열은 〈표 1.1〉과 같이 자료가 콤마나 탭 또는 공백 등의 구분자를 기준으로 변수를 정의할 수 있는 형태로 각 자료가 구분자에 의해 분리되어 있다. 〈표 1.1〉은 콤마(,)에 의해 변수를 구분한 자료의 예이다.

**고정 너비로 배열.** 고정 너비로 배열 자료는 〈표 1.2〉에서와 같이 각 변수의 자릿수만이 정해져 있고 각 변수를 구분하는 표시가 없어 변수 구분선을 이용한다.

〈표 1.1〉과 〈표 1.2〉는 같은 자료를 구분자와 고정너비로 나타내어 입력한 텍스트 자료이다. 두 가지 형태의 텍스트 파일을 SPSS로 읽어 들이도록 하자.

**텍스트 데이터 읽기.** 텍스트 데이터 파일은 SPSS 메인 메뉴에서 '파일 → 열기'를 한 후 〈그림 1.6〉의 「파일 유형」을 텍스트로 설정하고 「열기」를 클릭하면 자료가 불러지기 전에 〈그림 1.8a〉와 같이 대화상자가 뜨게 된다. 이 창을 이용하여 어떤 방법으로 데이터를 읽을 것인지와 변수 이름이 파일에 포함되어 있는지, 여부를 선택할 수 있다. 예를 들어, 「구분자에 의한 배열」을 선택하고, 「다음」 탭을 누르면 〈그림 1.8b〉와 같은 창이 뜬다. 많은 경우 한 케이스에 해당되는 자료는 텍스트 파일에서 한 줄로 정의되지만, 변수의 수가 많아지게 되면 텍스트 파일에서 여러 줄에 걸쳐 한 케이스에 대한 자료를 나타내는 경우도 생긴다. 이런 경우, 같은 첫 번째 열이라도 몇 행 건너 첫 번째 열이 다음 번 케이스의 처음 자료가 되는지를 명시하여야 하는데, 〈그림

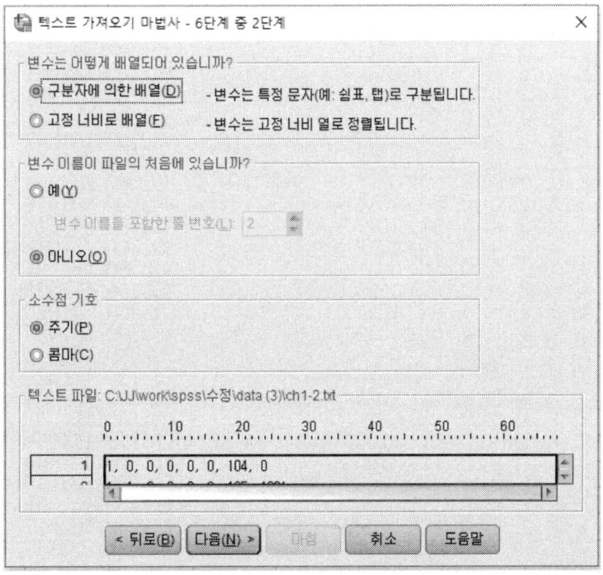


그림 1.8a 텍스트 파일 열기

ch1-2.sav

```
1, 0, 0, 0, 0, 0, 104, 0
1, 1, 0, 0, 0, 0, 105, 1001
1, 2, 0, 0, 0, 0, 103, 1001
1, 3, 0, 0, 0, 0, 25, 1001
1, 4, 0, 0, 0, 0, 51, 1001
1, 5, 0, 0, 0, 0, 66, 1001
1, 6, 0, 0, 0, 0, 76, 1001
2, 1, 0, 0, 0, 0, 106, 0
2, 1, 1, 0, 0, 0, 107, 1002
2, 1, 2, 0, 0, 0, 124, 1006
2, 1, 3, 0, 0, 0, 86, 1009
2, 1, 4, 0, 0, 0, 96, 1010
2, 2, 0, 0, 0, 0, 1, 0
2, 2, 1, 0, 0, 0, 2, 1002
2, 2, 2, 0, 0, 0, 12, 1006
2, 3, 0, 0, 0, 0, 26, 0
2, 3, 1, 0, 0, 0, 27, 1011
2, 3, 2, 0, 0, 0, 28, 1017
2, 4, 0, 0, 0, 0, 52, 0
2, 4, 1, 0, 0, 0, 53, 1011
2, 4, 2, 0, 0, 0, 54, 1012
2, 4, 3, 0, 0, 0, 55, 1013
2, 5, 0, 0, 0, 0, 67, 0
2, 5, 1, 0, 0, 0, 68, 1002
2, 5, 2, 0, 0, 0, 69, 1006
2, 6, 0, 0, 0, 0, 77, 0
2, 6, 1, 0, 0, 0, 78, 1002
2, 6, 2, 0, 0, 0, 79, 1003
3, 1, 1, 0, 0, 0, 108, 0
3, 1, 1, 1, 0, 0, 109, 1004
3, 1, 1, 2, 0, 0, 114, 1005
3, 1, 2, 0, 0, 0, 125, 0
3, 1, 2, 1, 0, 0, 126, 1007
3, 1, 2, 2, 0, 0, 81, 1008
3, 1, 3, 0, 0, 0, 87, 0
3, 1, 3, 1, 0, 0, 88, 1014
3, 1, 3, 2, 0, 0, 92, 1015
3, 1, 4, 0, 0, 0, 97, 0
3, 1, 4, 1, 0, 0, 98, 1010
3, 1, 4, 2, 0, 0, 99, 1010
3, 2, 1, 0, 0, 0, 3, 0
3, 2, 1, 1, 0, 0, 4, 1004
3, 2, 1, 2, 0, 0, 8, 1005
3, 2, 2, 0, 0, 0, 13, 0
3, 2, 2, 1, 0, 0, 14, 1007
3, 2, 2, 2, 0, 0, 20, 1008
3, 3, 2, 0, 0, 0, 29, 0
3, 3, 2, 1, 0, 0, 30, 1016
3, 3, 2, 2, 0, 0, 31, 1017
3, 3, 2, 3, 0, 0, 43, 1018
3, 4, 3, 0, 0, 0, 56, 0
3, 4, 3, 1, 0, 0, 57, 1023
3, 4, 3, 2, 0, 0, 64, 1024
3, 4, 3, 3, 0, 0, 65, 1025
3, 5, 2, 0, 0, 0, 70, 0
3, 5, 2, 1, 0, 0, 71, 1026
3, 5, 2, 2, 0, 0, 75, 1035
4, 1, 1, 1, 0, 0, 110, 0
4, 1, 1, 1, 1, 0, 111, 1036
4, 1, 1, 1, 2, 0, 112, 1054
4, 1, 1, 1, 3, 0, 113, 1038
4, 1, 1, 2, 0, 0, 115, 0
4, 1, 1, 2, 1, 0, 116, 1027
```

표 1.1 구분자에 의한 배열

ch1-3.sav

```
100000104   0
1100001051001
1200001031001
130000 251001
140000 511001
150000 661001
160000 761001
210000106   0
2110001071002
2120001241006
213000 861009
214000 961010
220000  1   0
221000  21002
222000 121006
230000 26   0
231000 271011
232000 281017
240000 52   0
241000 531011
242000 541012
243000 551013
250000 67   0
251000 681002
252000 691006
260000 77   0
261000 781002
262000 791003
311000108   0
3111001091004
3112001141005
312000125   0
3121001261007
312200 811008
313000 87   0
313100 881014
313200 921015
314000 97   0
314100 981010
314200 991010
321000  3   0
321100  41004
321200  81005
322000 13   0
322100 141007
322200 201008
332000 29   0
332100 301016
332200 311017
332300 431018
343000 56   0
343100 571023
343200 641024
343300 651025
352000 70   0
352100 711026
352200 751035
411100110   0
4111101111036
4111201121054
4111301131038
411200115   0
4112101161027
```

표 1.2 고정 너비로 배열

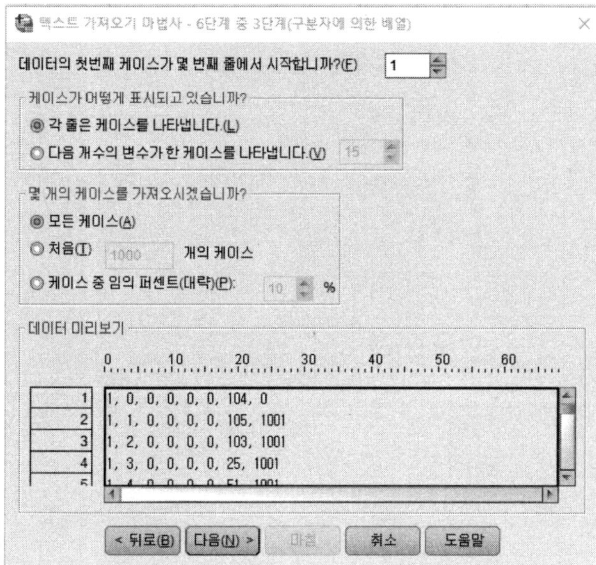


그림 1.8b 텍스트 파일 읽기 케이스 정의

1.8b〉에서와 같이, 「케이스가 어떻게 표시되고 있습니까?」 항목에서 「다음 개수의 변수가 한 케이스를 나타냅니다」를 선택한 후, 한 케이스를 나타내는 변수의 수를 설정하면 된다.

〈그림 1.8b〉에서 「다음」을 클릭하면, 〈그림 1.8a〉에서 「변수는 어떻게 배열되어 있

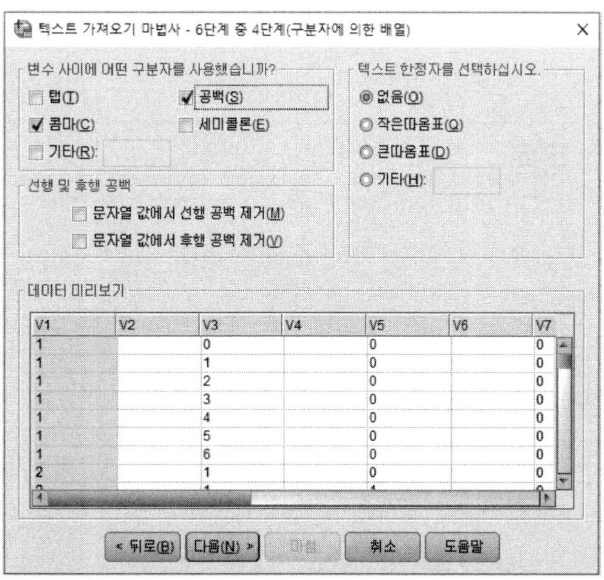


그림 1.9a 구분자에 의한 배열

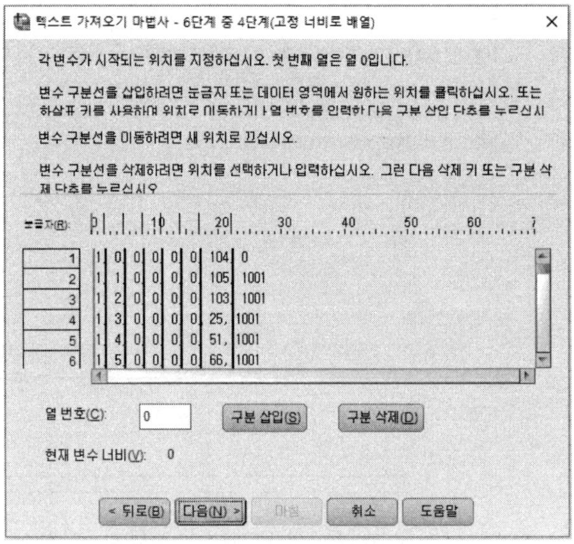


그림 1.9b 고정 너비로 배열

습니까?」에 선택된 옵션에 따라 〈그림 1.9a〉나 〈그림 1.9b〉 중 한 가지가 나타난다. 〈그림 1.9a〉는 구분자에 의한 배열 방법으로, 여기서는 구분자가 콤마가 되면서 「데이터 미리보기」로 변수의 입력 형태를 확인할 수 있다. 변수 이름이 파일에 포함되지 않는 경우는 〈그림 1.9a〉와 같이 V1, V2, … 등 순차적으로 변수 이름이 자동생성, 저장된다. 〈그림 1.9b〉는 고정 너비로 배열을 선택한 경우이며, 변수 간 구분을 마우스로 클릭해가면서 변수 구분선을 표시할 수 있다.

## 1.6 자료 응용

이 절에서는 자료를 변경하는 방법과 메인 메뉴 바의 「데이터」 아래에 있는 파일분할, 케이스 선택, 가중 케이스 기능에 대해 알아보고자 한다.

### 1.6.1 코딩변경

코딩변경은 조사된 자료의 형식을 변경하고자 할 때(예를 들어, 연령을 연령대를 나타내는 범주로 변경하고자 할 때) 사용된다.

변경하는 방식은 동일변수 이름을 이용하여 변경하고자 하는 변수를 그대로 덮어쓰는 '같은 변수로' 변경하는 방법과 새로운 변수를 추가 생성하는 '다른 변수로' 만드는 방법이 있다. 원 자료를 유지하고 정보의 손실을 막는 방법의 일환으로 같은 변수로 덮어쓰기보다는 새로운 변수로 추가하는 것이 바람직하다. 예를 들어, 연령과 같이 실제 값을 20대, 30대, 40대 등으로 범주화하여 새로운 변수를 추가한다고 하자.

코딩변경을 위해서 메인 메뉴에서 다음과 같이 실행하면 〈그림 1.10a〉 창이 뜬다.

**변환 → 다른 변수로 코딩변경**

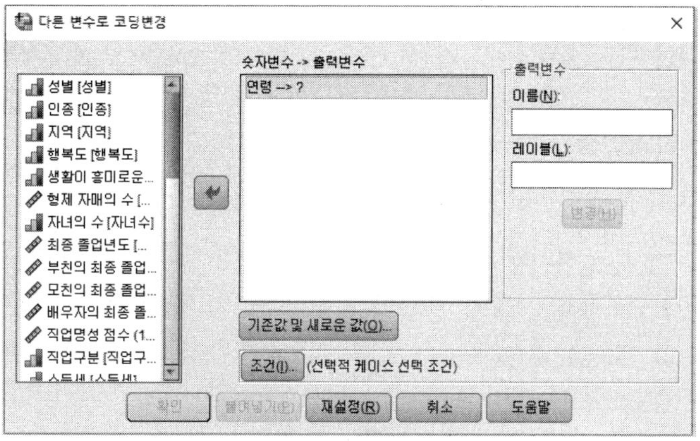


그림 1.10a 다른 변수로 코딩변경

**다른 변수로 코딩변경.** 변경하고자 하는 변수를 선택한 후 「출력변수–이름」에 추가하고자 하는 변수 이름과 레이블을 설정한 다음, 「변경」을 클릭하여 추가하고자 하는 변수를 새로 만든다. 추가된 변수가 만들어지면 값을 정의하여야 하는데 이를 위해서 〈그림

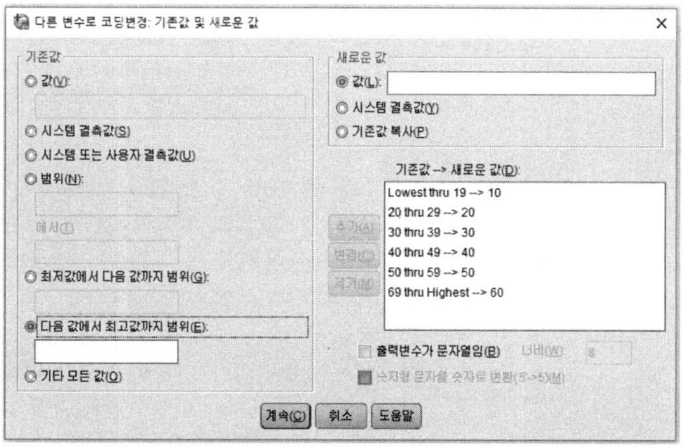


그림 1.10b 다른 변수로 코딩변경: 기존값 및 새로운 값

1.10a〉의 「기존값 및 새로운 값」을 클릭하여 〈그림 1.10b〉와 같은 대화상자를 띄운다. **기존값 및 새로운 값.** 「기존값」에 있는 특정값이나 결측값, 범위를 선택하여 「새로운 값」을 설정한 후, 「추가」를 클릭하여 변경된 목록을 만들 수 있다. 여기서는 범위를 이용하여 연령을 범주화하였다. 〈그림 1.10b〉에 나타나 있는 세 개의 「범위」 옵션을 이용하여 「기존값→새로운 값」에 나타난 범주를 적절히 만든다. 「계속」을 클릭하면 〈그림 1.10a〉의 「확인」 탭이 활성화되고 이를 클릭하면 데이터편집기 마지막 변수에 추가된 변수를 확인할 수 있다. 여기서처럼 연령을 범주화하여 '연령 범주'라는 변수를 만들게 되면, '연령 범주' 변수를 이용하여 도수분포표나 원형 차트와 같이 연령대별로 분포를 볼 수 있다.

### 1.6.2 파일분할

파일분할 기능은 성별이나 인종별 등 집단 간 비교(예를 들어, 남녀 간 성적의 평균비교)를 목적으로 하거나, 각 분석결과를 집단별로 보고할 때 파일분할을 한다. 파일을 분할하기 위해서는 기준이 되는 변수에 의해 자료가 정렬되어 있어야 하지만 파일 분할에서 그 기능을 같이 해주고 있다. 파일분할을 위해 메인 메뉴에서 다음과 같이 실행하면 〈그림 1.11〉 창이 뜬다.

**데이터→파일분할**

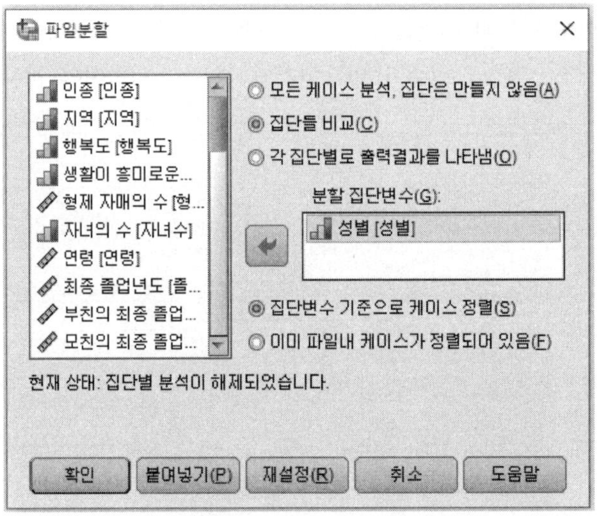


그림 1.11 파일분할의 예

**파일분할.** 〈그림 1.11〉에서는 남성과 여성인 경우를 비교하기 위하여 파일분할을 실시하고 있다. 예를 들어, 파일분할을 한 후 평균 신장을 나타내어 보면, 남녀별 평균 신장이 출력된다. 분할된 파일을 되돌리기 위해서는 〈그림 1.11〉의 「모든 케이스 분석, 집단은 만들지 않음」을 선택하여 원상태로 되돌려 준다. 〈표 1.3a〉와 〈표 1.3b〉는 파일분할을 성별로 했을 경우에 형제 자매의 수에 대한 빈도 결과를 보여주고 있고, 〈표 1.3c〉는 파일분할을 하지 않았을 경우의 형제 자매의 수에 대한 빈도 결과를 보여주고 있다.

**형제 자매의 수[a]**

| | | 빈도 | 퍼센트 | 유효 퍼센트 | 누적 퍼센트 |
|---|---|---|---|---|---|
| 유효 | 0 | 36 | 5.7 | 5.7 | 5.7 |
| | 1 | 119 | 18.7 | 18.9 | 24.7 |
| | 2 | 118 | 18.6 | 18.8 | 43.5 |
| | 3 | 86 | 13.5 | 13.7 | 57.2 |
| | 4 | 84 | 13.2 | 13.4 | 70.5 |
| | 5 | 51 | 8.0 | 8.1 | 78.7 |
| | 6 | 38 | 6.0 | 6.1 | 84.7 |
| | 7 | 25 | 3.9 | 4.0 | 88.7 |
| | 8 | 22 | 3.5 | 3.5 | 92.2 |
| | 9 | 16 | 2.5 | 2.5 | 94.7 |
| | 10 | 13 | 2.0 | 2.1 | 96.8 |
| | 11 | 8 | 1.3 | 1.3 | 98.1 |
| | 12 | 4 | .6 | .6 | 98.7 |
| | 13 | 2 | .3 | .3 | 99.0 |
| | 14 | 2 | .3 | .3 | 99.4 |
| | 15 | 1 | .2 | .2 | 99.5 |
| | 16 | 1 | .2 | .2 | 99.7 |
| | 17 | 2 | .3 | .3 | 100.0 |
| | 전체 | 628 | 98.7 | 100.0 | |
| 결측 | 잘모름 | 3 | .5 | | |
| | 응답거부 | 5 | .8 | | |
| | 전체 | 8 | 1.3 | | |
| 전체 | | 636 | 100.0 | | |

a. 성별 = 남자

표 1.3a 파일분할을 했을 경우의 결과(남자)

형제 자매의 수[a]

| | | 빈도 | 퍼센트 | 유효 퍼센트 | 누적 퍼센트 |
|---|---|---|---|---|---|
| 유효 | 0 | 38 | 4.3 | 4.3 | 4.3 |
| | 1 | 117 | 13.3 | 13.3 | 17.7 |
| | 2 | 158 | 17.9 | 18.0 | 35.7 |
| | 3 | 150 | 17.0 | 17.1 | 52.8 |
| | 4 | 125 | 14.2 | 14.3 | 67.0 |
| | 5 | 67 | 7.6 | 7.6 | 74.7 |
| | 6 | 42 | 4.8 | 4.8 | 79.5 |
| | 7 | 56 | 6.4 | 6.4 | 85.9 |
| | 8 | 36 | 4.1 | 4.1 | 90.0 |
| | 9 | 31 | 3.5 | 3.5 | 93.5 |
| | 10 | 21 | 2.4 | 2.4 | 95.9 |
| | 11 | 14 | 1.6 | 1.6 | 97.5 |
| | 12 | 7 | .8 | .8 | 98.3 |
| | 13 | 7 | .8 | .8 | 99.1 |
| | 14 | 3 | .3 | .3 | 99.4 |
| | 15 | 2 | .2 | .2 | 99.7 |
| | 18 | 1 | .1 | .1 | 99.8 |
| | 21 | 1 | .1 | .1 | 99.9 |
| | 26 | 1 | .1 | .1 | 100.0 |
| | 전체 | 877 | 99.5 | 100.0 | |
| 결측 | 잘모름 | 1 | .1 | | |
| | 응답거부 | 3 | .3 | | |
| | 전체 | 4 | .5 | | |
| 전체 | | 881 | 100.0 | | |

a. 성별 = 여자

표 1.3b 파일분할을 했을 경우의 결과(여자)

형제 자매의 수

| | | 빈도 | 퍼센트 | 유효 퍼센트 | 누적 퍼센트 |
|---|---|---|---|---|---|
| 유효 | 0 | 74 | 4.9 | 4.9 | 4.9 |
| | 1 | 236 | 15.6 | 15.7 | 20.6 |
| | 2 | 276 | 18.2 | 18.3 | 38.9 |
| | 3 | 236 | 15.6 | 15.7 | 54.6 |
| | 4 | 209 | 13.8 | 13.9 | 68.5 |
| | 5 | 118 | 7.8 | 7.8 | 76.3 |
| | 6 | 80 | 5.3 | 5.3 | 81.7 |
| | 7 | 81 | 5.3 | 5.4 | 87.0 |
| | 8 | 58 | 3.8 | 3.9 | 90.9 |
| | 9 | 47 | 3.1 | 3.1 | 94.0 |
| | 10 | 34 | 2.2 | 2.3 | 96.3 |
| | 11 | 22 | 1.5 | 1.5 | 97.7 |
| | 12 | 11 | .7 | .7 | 98.5 |
| | 13 | 9 | .6 | .6 | 99.1 |
| | 14 | 5 | .3 | .3 | 99.4 |
| | 15 | 3 | .2 | .2 | 99.6 |
| | 16 | 1 | .1 | .1 | 99.7 |
| | 17 | 2 | .1 | .1 | 99.8 |
| | 18 | 1 | .1 | .1 | 99.9 |
| | 21 | 1 | .1 | .1 | 99.9 |
| | 26 | 1 | .1 | .1 | 100.0 |
| | 전체 | 1505 | 99.2 | 100.0 | |
| 결측 | 잘모름 | 4 | .3 | | |
| | 응답거부 | 8 | .5 | | |
| | 전체 | 12 | .8 | | |
| 전체 | | 1517 | 100.0 | | |

표 1.3c 파일분할을 하지 않았을 경우의 결과

### 1.6.3 케이스 선택

분석을 하다보면 자료에 많은 결측값이 발생할 수 있고 원하지 않은 범주가 포함되는 경우도 있다. 이런 경우, 케이스 선택을 함으로써 원하는 자료들만 선택하여 분석할 수 있다. 이 경우 메인 메뉴에서 다음과 같은 과정을 거치면 〈그림 1.12a〉와 같은 창이 뜬다.

**데이터 → 케이스 선택**

**케이스 선택.** 케이스 선택에 주로 쓰이는 방법은 1) 조건 표현식을 사용하여 케이스를 선택하거나, 2) 데이터 파일에서 이미 만들어진 숫자변수를 필터변수로 사용하여 필터변수에 대해 0이나 결측된 값을 제외한 값을 가지는 케이스를 선택하는 방법이다.

선택되지 않는 케이스에 대한 처리방법에는 두 가지 옵션이 있는데 필터사용과 지우기이다. 지우기는 선택되지 않은 케이스에 대해 데이터 편집기에서 자료가 삭제되면

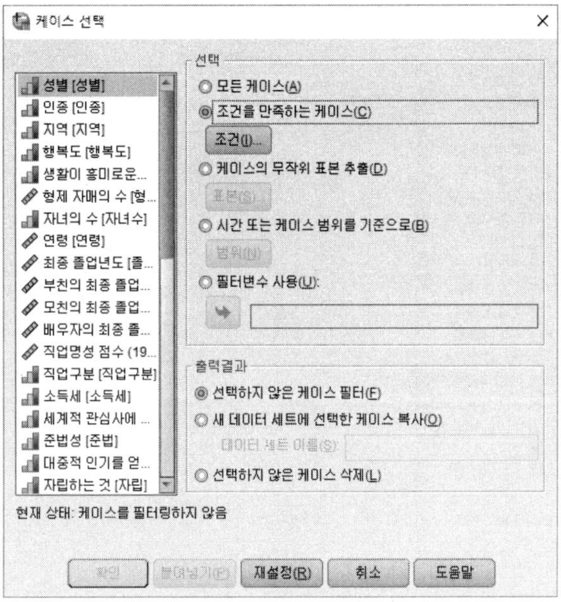


그림 1.12a 케이스 선택

서 선택된 케이스들만 데이터 편집기에 남게 된다. 필터를 사용할 경우, 조건에 맞는 경우는 1, 맞지 않는 경우는 0으로 필터값이 설정되어 자료분석에서는 필터값이 1인 자료들만 선택된다.

「선택」에 「조건을 만족하는 케이스」를 설정하고 「선택되지 않은 케이스 필터」 사용을 하게 되면 필터변수가 데이터 편집기에 자동 생성되면서 케이스 조건을 만족하는 케이스는 필터변수가 1의 값을 갖고 조건을 만족하지 않는 케이스의 필터변수는 0의 값을 갖는다. 이와 같이 케이스를 선택할 때 선택되지 않은 케이스에 대해 필터를 사용하여 원자료를 유지하는 것이 바람직하다.

케이스 조건을 설정하기 위해서 「조건을 만족하는 케이스」를 선택한 후, 「조건」을 클릭하면 〈그림 1.12b〉 창이 뜬다.

**케이스 선택: 조건.** 예를 들어, 인종(1=백인, 2=흑인, 3=기타)을 비교하는데, 백인과 흑인만을 비교하기를 원한다고 하자. 이 경우, 자료에서 기타 인종인 자료를 배제하는 조건식을 사용할 수 있다. 〈그림 1.12b〉은 백인과 흑인인 경우에 케이스를 선택하는 것을 나타내고 있다.

이와 같이 케이스 선택을 하고 나면 데이터 편집기에는 〈그림 1.13〉에서와 같이 선택되지 않은 케이스는 케이스 번호에 대각선(/)이 표시되면서 분석에는 포함되지 않는다.

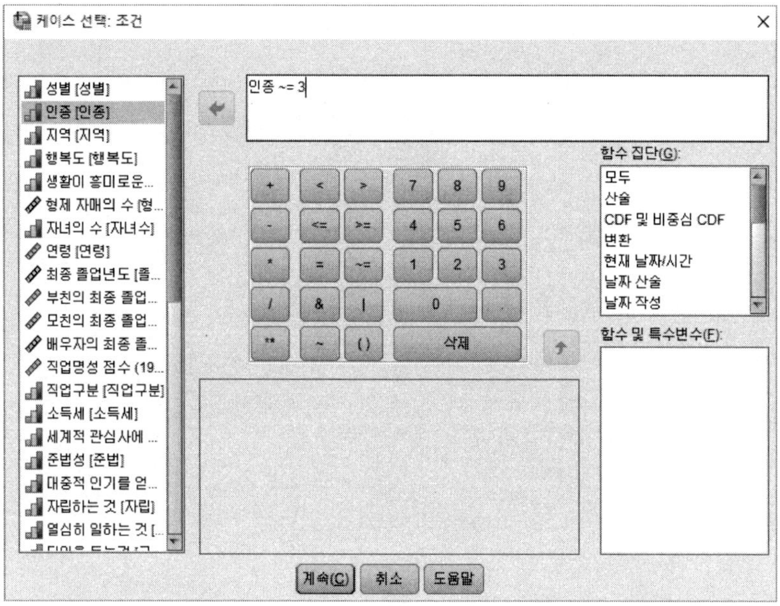


그림 1.12b 케이스 선택 조건

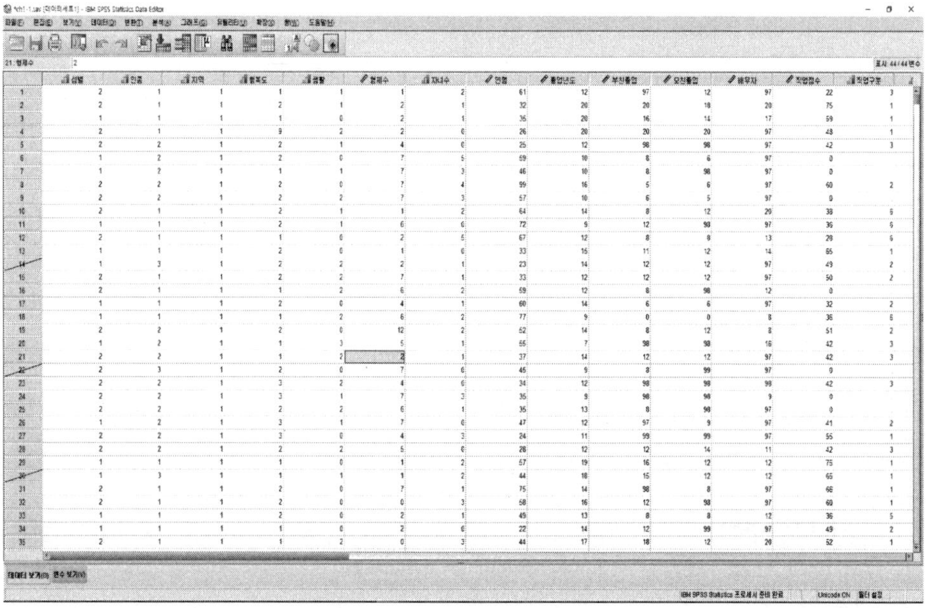

그림 1.13 케이스 선택 결과

### 1.6.4 가중 케이스

빈도표(또는 분할표)는 자료의 요약된 형태로, 각 범주에 해당도수로 표현된 표인데 SPSS에서 그대로 사용하기 위해서는 가중값을 사용한다. 가중값을 부여하면 해당범주의 도수만큼 자료의 수가 있는 것으로 인식하여 분석을 한다. 예를 들어, 어떠한 질병의 발생 여부가 남녀 간에 차이가 있는지를 살펴보고자 한다. 자료의 형태가 다음과 같이 빈도표로 주어졌다고 하자.

| 질병발생 \ 성별 | 남 | 여 |
|---|---|---|
| 있다 | 29 | 20 |
| 없다 | 6 | 15 |

위의 자료를 분석하기 위해서 〈그림 1.14〉에서와 같이 각 범주의 변수와 해당 범주의 빈도로서 자료를 입력한 후, 다음과 같은 방법을 이용하여 가중 케이스 창을 연 후, 「빈도변수」로서 '도수'를 선택, 설정하면 된다.

**데이터 → 가중 케이스**

ch1-4.sav

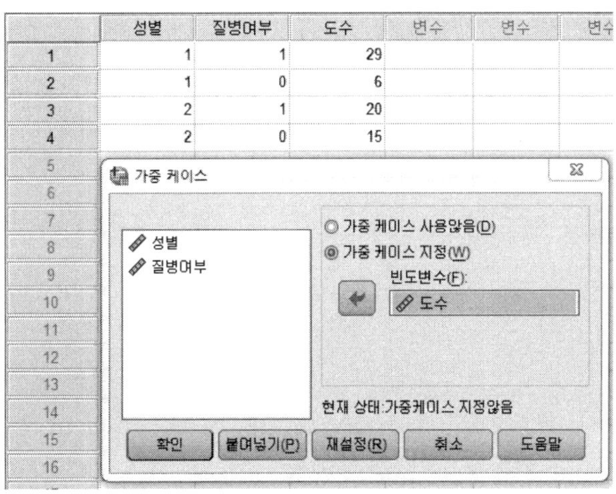


그림 1.14 가중 케이스

자세한 분석내용은 13장의 분할표 분석 및 $\chi^2$ –분석에서 다루기로 한다.

# 제2장

# 자료의 종류 및 요약(1)

2장에서는 자료를 표현하는 데 사용되는 기본적인 용어와 자료의 성격 및 종류에 대해서 살펴보고, 자료분석에 들어가기 전에 가지고 있는 자료를 기술적으로 요약하는 방법으로 여러 가지 도표를 소개하기로 한다.

## 2.1 모집단과 표본

연구대상에 대한 실증적 검정을 위해서는 관련 자료를 수집해야 하고, 관심의 대상인 모집단을 먼저 정의하여야 한다. 모집단(population)이란, 어떤 결론을 얻기 위해 조사되는 대상의 집합을 말한다. 모집단에 속하는 요소의 수가 무한인 경우를 무한모집단, 유한인 경우를 유한모집단이라고 한다. 다음과 같은 예를 살펴보자. 어떤 회사에서 여름철 빙과류의 매출량을 알아보기 위해 7월 한 달 동안 대형할인마트의 빙과류 매출량을 조사한다고 하자. 여기서 모집단은 모든 대형할인마트의 7월 한 달 매출량이 된다. 모집단 전체를 조사하는 것을 전수조사(complete survey)라고 하는데, 대표적인 예로 인구조사(census)를 들 수 있다. 전수조사의 가장 큰 장점은 연구대상자 모두를 조사함으로써 얻을 수 있는 결과의 정확성이지만 상대적으로 많은 경비와 시간 및 노력을 요하기 때문에, 마케팅 등 대부분의 조사에서는 모집단에서 대표성이 있는 일부를 추출하여 모집단을 설명하는 표본조사(sampling survey)를 사용한다. 대체로 표본조사는 모집단이 너무 많은 경우나 모집단을 정확히 파악하기 불가능한 경우 등 전수조사가 불가능한 경우에 이용된다. 위의 예에서 빙과류 매출량을 조사할 때에 일부 대형할인마트만을 조사한 경우가 표본조사이다. 이때 모집단 중 표본조사에 선택된 개체를 표본(sample)이라고 한다.

- **모집단(population)**. 모집단은 통계적인 연구에 있어서 관심 대상이 되는 모든 개체들의 집합
- **표본(sample)**. 통계적 처리를 위해서 모집단에서 추출된 관측값이나 측정값의 집합

통계량(statistic)은 표본자료를 이용하여 구하는 값으로 표본의 평균이나 분산 같은 것을 의미하는데, 주로 사용되는 모집단과 표본의 기호상의 관계는 〈표 2.1〉과 같다.

표 2.1 모집단과 표본

| 모집단 | | 표본 | |
|---|---|---|---|
| $\mu$ | 모평균 | $\overline{X}$ | 표본평균 |
| $\sigma^2$ | 모분산 | $S^2$ | 표본분산 |
| $\sigma$ | 모표준편차 | $S$ | 표본표준편차 |
| $N$ | 모집단크기 | $n$ | 표본크기 |

예제

우리나라 성인들의 흡연 경향을 알아보기 위해서 성인 남녀 각각 200명씩을 무작위로 추출하여 흡연 여부와 시작 동기 등을 묻는 설문을 실시하였다고 하자. 이 설문에서 모집단과 표본을 정의하시오.

풀이 이 설문에서 연구 대상은 우리나라 성인이므로, 모집단은 우리나라 성인이고, 표본은 설문에 응답한 성인 남녀 각각 200명이 된다.

## 2.2 기술통계학과 추리통계학

자료처리의 첫 단계는 방대한 양의 자료를 효과적으로 살핌으로써 이를 통해 얻고자 하는 연구가설을 만들어보고 그에 대한 결론을 통해서 의사결정을 하는 것이다. 우리가 전반적인 내용을 파악하기 위해서는 자료를 요약, 정리하여야 하는데, 이와 같이 자료를 수집하여 그림 또는 도표, 평균이나 분산 등의 크기를 통해서 자료 특성을 파악할 수 있도록 자료를 정리, 요약하는 방법을 다루는 분야가 기술통계학(descriptive statistics)이다.

앞서 설명되었듯이, 모집단의 일부인 표본을 통해 모집단의 특성을 추측하고자 할 때 통계적인 방법이 이용된다. 이와 같이 표본의 정보를 이용, 모집단의 특성에 대하여 추론하는 방법이 추리통계학(inferential statistics)이다.

- **기술통계학(descriptive statistics).** 표본에서 정보를 얻고 요약하는 방법
- **추리통계학(inferential statistics).** 표본의 자료에서 얻은 정보를 이용하여 모집단의 성질에 대하여 추론하는 방법

## 2.3 자료의 종류

자료를 분석하는 처음 단계는 원하는 자료를 준비하는 것이다. 그러기 위해서 분석자는 분석하고자 하는 자료가 어떠한 형태로 구성되어야 하는지 우선 파악하여야 할 것이다. 자료는 크게 질적 자료와 양적 자료로 나뉜다. 질적 자료(qualitative data)는 범주형 자료(categorical data)라고도 하는데 원칙적으로 숫자로 표시될 수 없는 자료를 가리킨다. 예를 들어, 성별 자료를 남=1, 여=2라고 입력하였다고 하자. 이때 남녀를 나타내는 수는 구분하기 위하여 명목상 입력하는 것이지 숫자적으로 의미는 없다. 이에 반해 양적 자료(quantitative data)는 자료 자체가 숫자로 표현되어 있으며 질적 자료와는 달리 자료의 속성을 그대로 반영한다. 양적 자료의 예로는 몸무게, 키 등이 있다. 양적 자료에서 셀 수 있는 자료를 이산형 자료(discrete data), 셀 수 없는 자료를 연속형 자료(continuous data)라고 한다.

수집된 자료는 관심의 대상이 되는 특성을 측정한 결과로, 이와 같이 관측되는 특성을 변수(variable)라고 한다. 예를 들어 설문조사의 각 문항내용이 변수가 될 수 있고 질문에 대한 답변항목들은 관측값(observation)이 된다. 즉, 예를 들어 성별이라는 변수는 남자는 1, 여자는 2의 관측값을 갖고 몸무게라는 변수는 각 조사대상자의 몸무게 수치를 관측값으로 갖게 된다. 성별과 같이 질적 자료값을 갖는 변수를 질적 변수(qualitative variable)라고 하고 키와 몸무게와 같이 양적 자료값을 갖는 변수를 양적 변수(quantitative variable)라고 한다.

## 2.4 그래프, 도표를 이용한 자료 요약

그림, 도표 등을 이용하여 자료를 요약하는 방법에는 다음과 같은 종류가 있다.

- **도수분포표(frequency table)**
  - **누적도수(cumulative frequency)**
  - **상대도수(relative frequency)**
  - **누적상대도수(cumulative relative frequency)**
- **줄기-잎-그림(stem-leaf-plot)**
- **히스토그램(histogram)**
- **상자도표(Box plot)**
- **원형 그래프(pie graph)**
- **막대그래프(bar graph)**

연속형 자료에 대해서는 줄기-잎-그림, 히스토그램, 상자도표를 통하여 자료를 요약할 수 있고 범주형 혹은 이산형 자료에는 원도표, 막대그래프, 도수분포표를 이용하여 자료를 요약할 수 있다. 연속형 자료를 범주화하여 도수분포표로서 자료를 요약하기도 한다.

위의 도표나 그래프를 설명하기 위해서 이 장에는 〈자료 1〉과 〈자료 2〉를 사용하자. 각각 한 학급의 40명을 대상으로 측정한 키에 대한 자료와 졸업 후 진로에 대한 자료이다. 〈자료 1〉은 앞 절에서 언급한 바와 같이 연속형 자료이고, 〈자료 2〉는 범주형 자료이다. 범주형 자료에서 대학원은 1, 취업은 2, 군입대는 3, 유학은 4로 입력할 수 있지만 이들의 숫자적 의미는 없다.

ch2-1.sav 자료 1

| | HEIGHT |
|---|---|
| 1 | 182.00 |
| 2 | 167.00 |
| 3 | 166.00 |
| 4 | 159.00 |
| 5 | 178.00 |
| 6 | 176.00 |
| 7 | 169.00 |
| 8 | 163.00 |
| 9 | 166.00 |
| 10 | 181.00 |
| 11 | 171.00 |
| 12 | 182.00 |
| 13 | 172.00 |
| 14 | 186.00 |
| 15 | 171.00 |
| 16 | 166.00 |
| 17 | 170.00 |
| 18 | 168.00 |
| 19 | 154.00 |
| 20 | 173.00 |
| 21 | 174.00 |
| 22 | 166.00 |
| 23 | 160.00 |
| 24 | 162.00 |
| 25 | 161.00 |
| 26 | 179.00 |
| 27 | 147.00 |
| 28 | 162.00 |
| 29 | 170.00 |
| 30 | 166.00 |
| 31 | 165.00 |
| 32 | 178.00 |
| 33 | 171.00 |
| 34 | 169.00 |
| 35 | 183.00 |
| 36 | 149.00 |
| 37 | 168.00 |
| 38 | 177.00 |
| 39 | 170.00 |
| 40 | 163.00 |

ch2-2.sav 자료 2

| | 졸업 후 진로 |
|---|---|
| 1 | 취직 |
| 2 | 대학원 |
| 3 | 군입대 |
| 4 | 대학원 |
| 5 | 유학 |
| 6 | 취직 |
| 7 | 군입대 |
| 8 | 대학원 |
| 9 | 취직 |
| 10 | 대학원 |
| 11 | 유학 |
| 12 | 취직 |
| 13 | 군입대 |
| 14 | 대학원 |
| 15 | 유학 |
| 16 | 군입대 |
| 17 | 취직 |
| 18 | 대학원 |
| 19 | 취직 |
| 20 | 대학원 |

## 2.4.1 줄기-잎-그림

줄기-잎-그림(stem-and-leaf plot)은 자료의 큰 단위를 줄기로 하고 작은 단위를 잎으로 하여, 모든 자료를 해당 줄기 옆에 잎을 늘려가며 그리는 그림이다. SPSS에서 줄기-잎-그림은 그래프 프로시저에는 없고 '분석 → 기술통계량 → 데이터 탐색' 프로시저의 「도표」 옵션에 설정되어 있다. 데이터 탐색에 대해서는 다음 장을 참조하기 바란다. 줄기-잎-그림을 그리기 위해서는 먼저 자료의 줄기와 잎을 정해야 한다. 〈그림 2.1〉은 〈자료 1〉을 이용하여 그린 줄기-잎-그림이다. 예제에서는 십자리 이상을 줄기로 정하고 일의 자리를 잎으로 정하였다. 그리는 요령은 먼저 줄기값을 크기순으로 세로로 나열한 뒤, 각 줄기에 해당되는 각 자료의 잎의 값을 해당 줄기값의 오른쪽에 가로로 적는다. 줄기의 왼쪽은 각 줄기에 해당되는 잎의 수를 나타낸다. 〈그림 2.1〉은 줄기의 단위는 10이고 각 잎은 일의 자리를, 하나의 잎은 한 개의 자료를 나타내고 있다.

```
40명을 대상으로 조사한 키 줄기와 잎그림 도표

 구매빈도 Stem &  잎

     1.00 Extremes    (=<147)
     1.00        14 .  9
     1.00        15 .  4
     1.00        15 .  9
     6.00        16 .  012233
    11.00        16 .  56666678899
     9.00        17 .  000111234
     5.00        17 .  67889
     4.00        18 .  1223
     1.00        18 .  6

줄기 너비:     10.00
각 잎:         1 케이스
```

그림 2.1 줄기-잎-그림

위 결과를 통해서 〈자료 1〉은 147이 가장 작은 자료이고 대부분의 자료가 160 이상 분포되어 있음을 알 수 있다.

## 2.4.2 히스토그램

히스토그램은 줄기-잎-그림과 함께 데이터 탐색 프로시저의 옵션에 설정되어 있는 그래프이다. 하지만 그래프 메뉴로 히스토그램만을 그릴 수도 있다. 히스토그램을 그리는 순서는 다음과 같다.

**그래프 → 레거시 대화상자 → 히스토그램(변수 선택) → 확인**

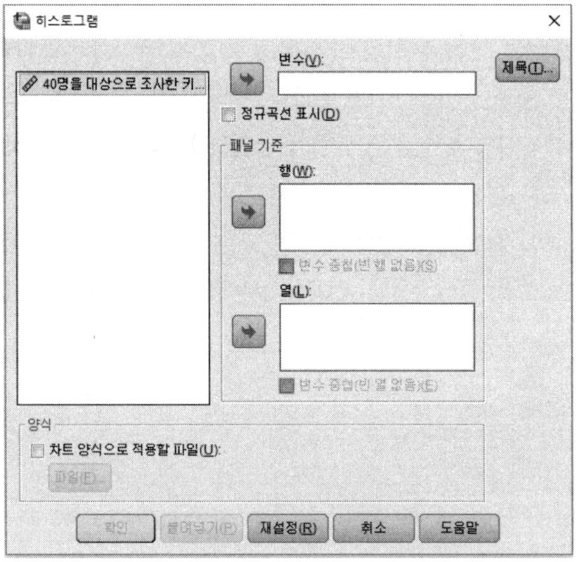


그림 2.2a 히스토그램: 변수설정

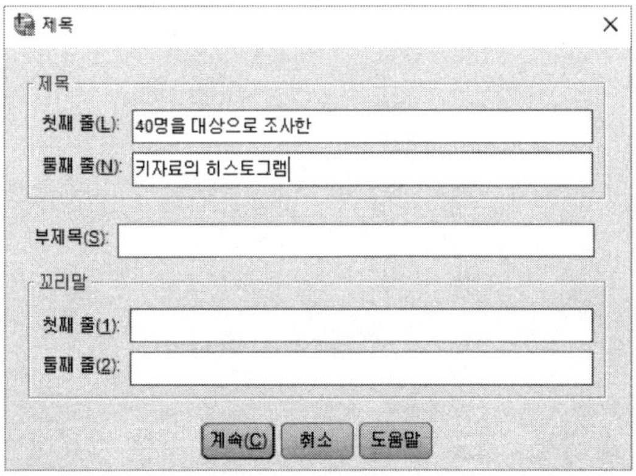


그림 2.2b 히스토그램: 제목

히스토그램은 줄기-잎-그림의 축을 바꾼 형태로, 자료에 대한 대략적 분포를 알 수 있다. 〈그림 2.3〉을 통해서 자료가 약 170을 기준으로 거의 대칭적이고 오른쪽 상단에는 자료의 표준편차와 평균, 그리고 자료의 수(N)가 나와 있다. 40명의 키 자료는

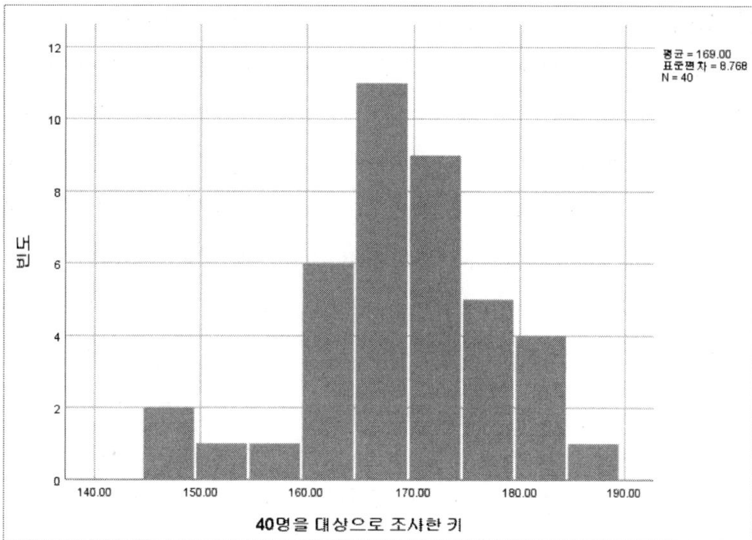


그림 2.3 히스토그램

평균이 169이고, 표준편차는 8.77이다. 이 수치들에 대한 해석은 다음 장에서 자세히 다루고 있다.

### 2.4.3 상자도표

상자도표(box plot)는 연속형 자료에 대해서 수집된 자료의 최댓값 및 최솟값과 3.2절에서 설명될 사분위수를 표현한 그림으로, 분포의 치우침 등을 상자도표를 통해서 파악하는 것이다. 상자도표는 데이터 탐색 프로시저의 옵션으로도 설정되어 있지만 히스토그램과 마찬가지로 다음과 같은 순서로 별도로 그릴 수 있다.

**그래프 → 레거시 대화상자 → 상자도표(변수 선택) → 확인**

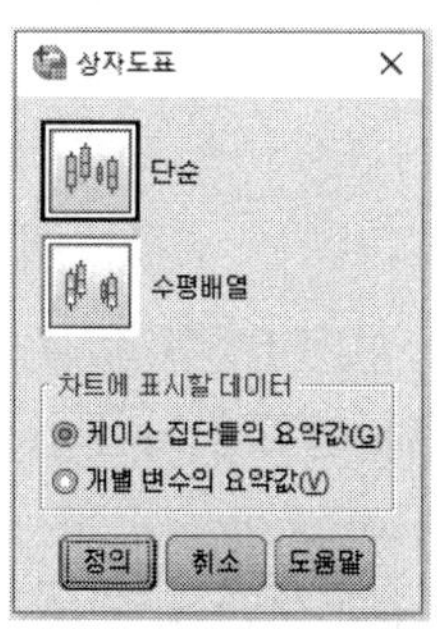


그림 2.4a 상자도표

**상자도표.** 각 변수에 대한 상자도표를 그리기 위해서 차트에 표시할 데이터를「개별변수의 요약값」으로 선택한다.「차트에 표시할 데이터」는 상자도표 한 개를 하나의 변수로서 표현(개별변수의 요약값)할 것인지, 여러 개 범주로 이루어진 한 개 변수를 가지고 상자도표 한 개를 한 범주로서 표현(케이스 집단들의 요약값)할 것인지를 결정하는 것이다.「단순」은 하나 이상의 개별 변수나 한 개의 변수 내에서 두 개 이상의 범주로 이루어졌을 경우에 선택한다.「수평누적」은 두 개 이상의 변수가 제3의 변수에 의해서 공통적으로 범주화되어 있거나 한 개의 변수 내에서 다른 두 개 변수에 의해 범주화가 이루어질 경우에 사용된다. 만일 한 변수가 성별 변수이고 다른 변수가 키를 나타내는 변수일 때, 남녀별 키에 관한 상자도표를 그리고 싶으면「단순」으로 선택하고「케이스 집단들의 요약값」으로 설정하여「정의」한 후,「범주축」을 성별 변수로 설정하면 된다. 여기서는 단순히 개별 변수의 요약에 대해서만 설명하고 있다(〈그림 2.4b〉 참고).

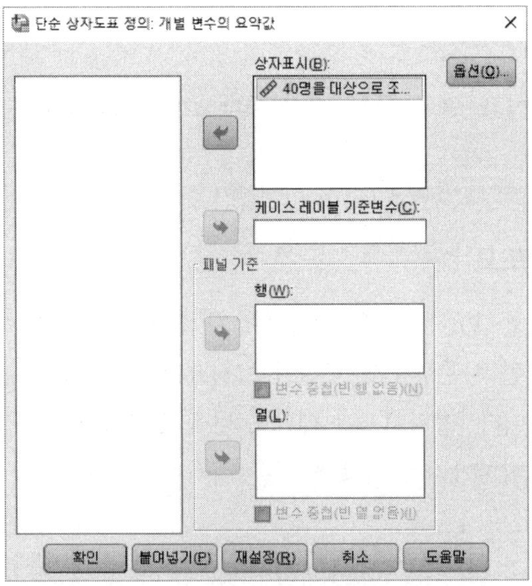


그림 2.4b 상자도표: 변수설정

상자를 구성하는 것으로는 사분위수에 해당되는 제1사분위수와 중앙값, 제3사분위수이다. 상자의 아래변은 제1사분위수, 위변은 제3사분위수, 그리고 상자 중간에 있는 선은 중앙값을 의미한다. 상자 위, 아래의 긴 꼬리에 붙어있는 것이 최댓값과 최솟값이다. 최솟값과 최댓값을 벗어난 범위에 나타나는 자료는 이상점과 케이스 번호를 표시한다. 특정 자료가 아주 작거나 큰 자료인 이상점은 상자도표를 구성하지 않고 별도로 표시해준다. 〈그림 2.5〉에서는 27번째 자료가 이상점으로 다른 자료들에 비해 상

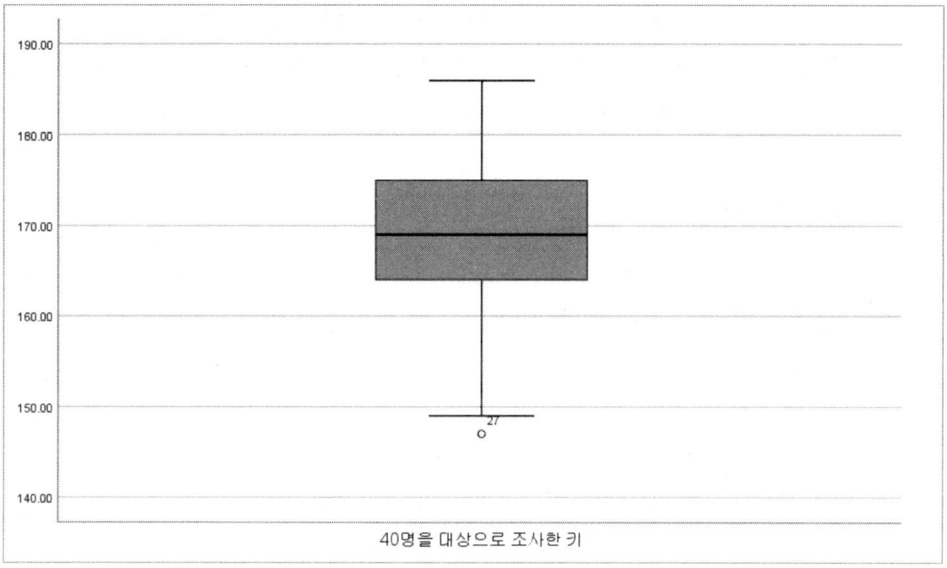


그림 2.5 상자도표

당히 작은 값을 갖는다. 제시된 용어들에 대한 자세한 설명과 해석은 다음 장에서 다루기로 한다.

### 2.4.4 도수분포표

질적 자료인 경우에 각 범주의 빈도수를 도수(frequency)라고 하며 이 도수를 전체자료의 숫자로 나눈 것이 상대도수(relative frequency)이다. 도수분포표(frequency table)는 각 자료값에 대하여 도수(빈도)나 상대도수(퍼센트) 및 누적상대도수 등을 나열해놓은 도표이다. 도수분포표는 '분석 → 기술통계량 → 빈도분석' 프로시저에서 「빈도표 표시」라는 옵션을 통해서 나타난다. 도수분포표를 나타내는 방법은 다음 장에서 다루기로 한다.

표 2.2 도수분포표

졸업 후 진로

| | | 빈도 | 퍼센트 | 유효 퍼센트 | 누적 퍼센트 |
|---|---|---|---|---|---|
| 유효 | 취직 | 6 | 30.0 | 30.0 | 30.0 |
| | 대학원 | 7 | 35.0 | 35.0 | 65.0 |
| | 군입대 | 4 | 20.0 | 20.0 | 85.0 |
| | 유학 | 3 | 15.0 | 15.0 | 100.0 |
| | 전체 | 20 | 100.0 | 100.0 | |

〈표 2.1〉은 〈자료 2〉를 이용하여 도수분포표를 만든 것이다. 〈표 2.1〉에 의하면 전체 20명 중 대학원 진학이 7명으로 전체 35%를 차지하였으며 그 다음으로는 취직(6명, 30%), 군입대(4명, 20%), 유학(3명, 15%)의 순으로 나타났다.

## 2.4.5 막대형 차트

앞에서 다룬 질적 자료의 도수분포표를 그래프로 나타나게 되면 자료의 분포를 한눈에 파악할 수 있을 것이다. 막대형 차트는 각 자료값의 빈도나 상대도수 혹은 도수를 같은 폭의 막대로 나타내며, 하나의 막대는 하나의 범주를 의미한다. 막대형 차트를 그리는 방법은 다음과 같다.

**그래프 → 레거시 대화상자 → 막대형 차트 → 정의 → 확인**

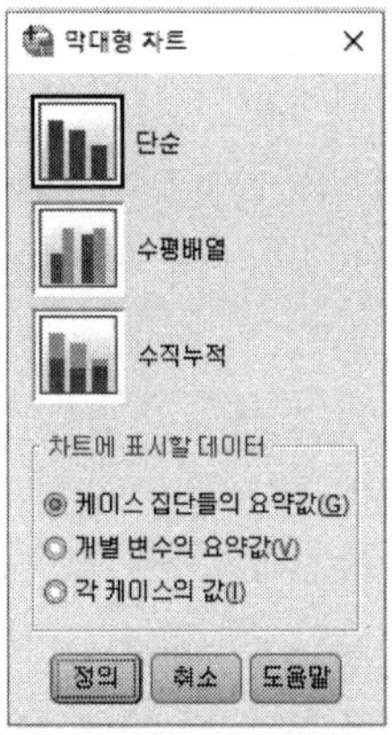


그림 2.6a 막대형 차트

**막대형 차트.** 막대형 차트는 각 범주에 해당되는 빈도나 퍼센트를 표시하는 것이므로 차트에 표시할 데이터는「케이스 집단들의 요약값」이 된다.「차트에 표시할 데이터」나 차트 종류를 선택하는 방법은 〈그림 2.4a〉의 상자도표에서 설명된 바와 같다. 즉, 변수들이 하나인 경우는 단순 막대를 그리고, 그룹을 비교할 경우는 수평배열이나 수직누적을 이용한다. 〈자료 2〉는 4개 범주에 대한 빈도를 나타내므로 차트의 데이터를「케이스 집단들의 요약값」으로 설정한다.

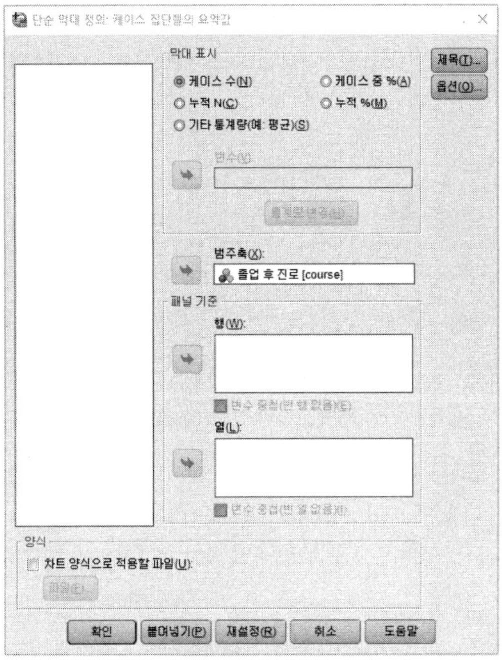


그림 2.6b 단순 막대 정의: 케이스 집단들의 요약값

**단순 막대 정의: 케이스 집단들의 요약값.** 「막대 표시」에는 차트에서 $Y$축을 설명하는 내용의 요약값으로 자료를 도수(케이스 수), 상대도수(케이스 중 %), 누적도수(누적 $N$), 상대누적도수(누적 %) 등으로 나타낼 수 있으며 그 외, 「기타 통계량」 옵션을 통해서 평균 등 다음 장에서 설명될 다른 통계량으로도 표시할 수 있다. 「범주축」은 $X$축을 설명하는 변수를 설정한다.

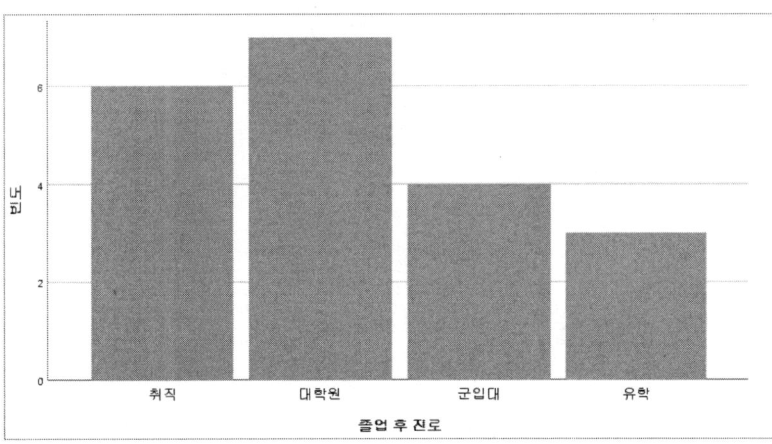


그림 2.7 막대형 차트

도표 편집기 등을 통하여 막대를 수정하거나 막대 위에 해당 범주의 빈도나 퍼센트 등을 표시할 수 있다. 이에 대해서는 2.5절에서 다루도록 한다.

### 2.4.6 원형 차트

질적 자료를 그림을 통하여 정리하는 방법에는 도수분포표나 막대형 차트 외에 원형 차트가 있다. 이 그림은 신문이나 잡지 등에서 많이 볼 수 있는 형태이다. 먼저 완전한 원을 그린 다음, 그것을 자료값의 가지수만큼 몇 개의 조각으로 나누는데, 각 조각의 크기는 해당하는 자료값의 상대도수에 비례하게 된다. 각 조각에는 해당 자료값과 상대도수를 기입할 수 있다. 실행과정과 해석은 막대형 차트와 유사하므로 자세한 설명은 생략하기로 한다.

**그래프 → 레거시 대화상자 → 원형 차트 → 정의 → 확인**

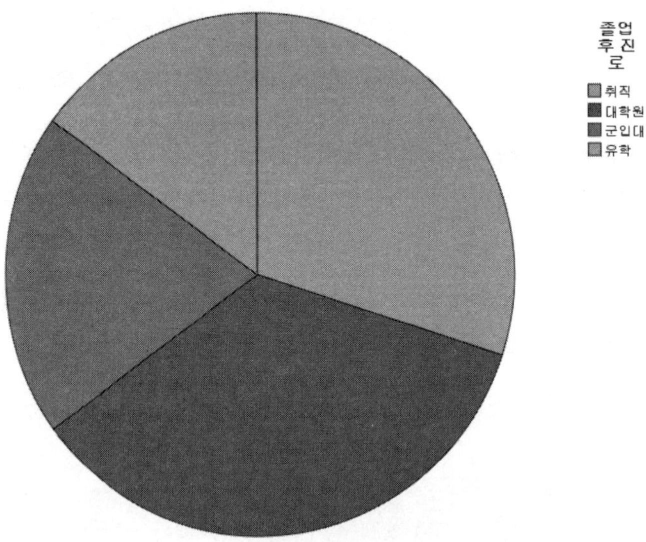


그림 2.8 원형 차트

## 2.5 도표 편집기

앞서 나타낸 그림들은 그래프 프로시저로 인하여 그려진 기본적인 형태이다. 도표 편집기를 이용하면 히스토그램의 계급수를 바꿀 수 있고, 막대형 차트에 빈도를 입력하거나 원형 차트에 빈도 및 상대도수를 입력할 수 있다. 또한 질적 자료에서는 특정 범주를 제외시켜 재표현할 수 있는 등 여러 가지 기능을 이용하여 설명하기 쉬운 형태로 그래프를 표현할 수 있다. 이 절에서는 앞서 설명한 세 가지 그래프를 편집하고자 한다. 기본적으로 도표 편집기를 열기 위해서는 뷰어에 있는 도표를 두 번 클릭하면 도표 편집기 창이 열린다.

### 2.5.1 히스토그램 편집

히스토그램은 구간 너비나 계급 수를 달리하면 같은 자료라도 보여주는 정보가 달라질 수 있다. 계급구간, 계급 수를 편집해보도록 하자. 우선 그래프를 두 번 클릭하면 〈그림 2-9〉와 같이 도표 편집기가 열린다.

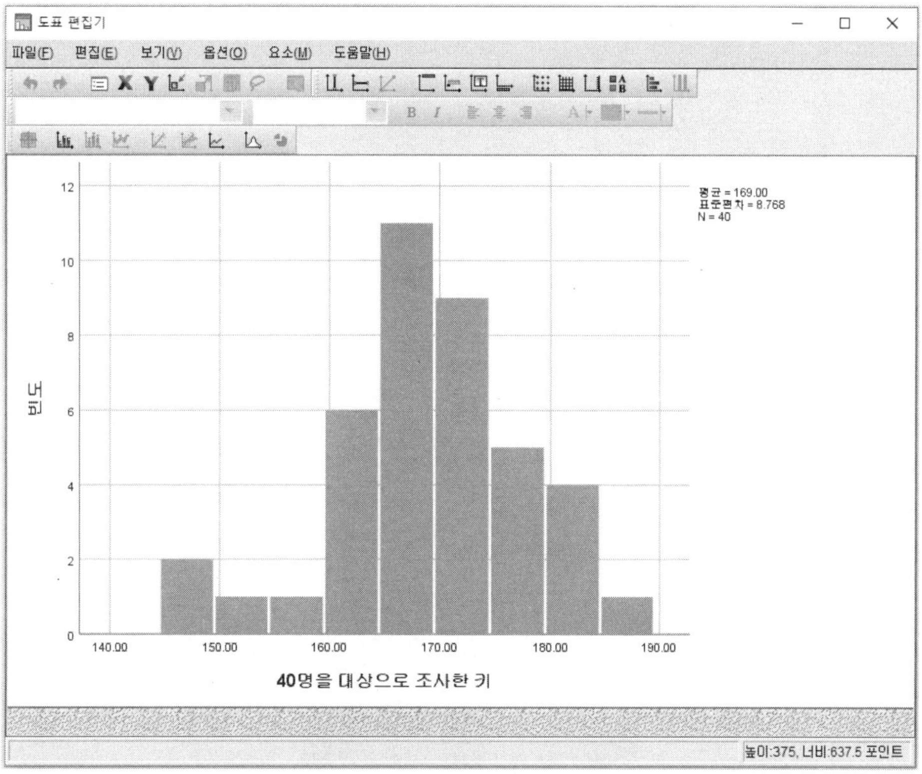


그림 2.9 SPSS 도표 편집기

우선 X축의 구간크기를 다르게 하여 구간 축을 조절하는 것에 대해서 살펴보도록 하자. 히스토그램의 막대를 더블클릭하게 되면 X축에 관련된 특성 창이 나타나고, 특성을 나타내는 탭들 중, 「구간화」를 선택하여 〈그림 2-10〉과 같이 「X축」에서 '사용자 정의'를 하여 '구간 수'를 11개로 설정하여 「적용」하여 보면 〈그림 2-11〉을 얻을 수 있다. 〈그림 2-9〉의 원래 그래프와 비교하여보면, 구간 수가 9개에서 11개로 늘어나면서 데이터가 없는 구간이 생기게 되어 그 분포상태를 자세히 나타낼 수 있게 된다.

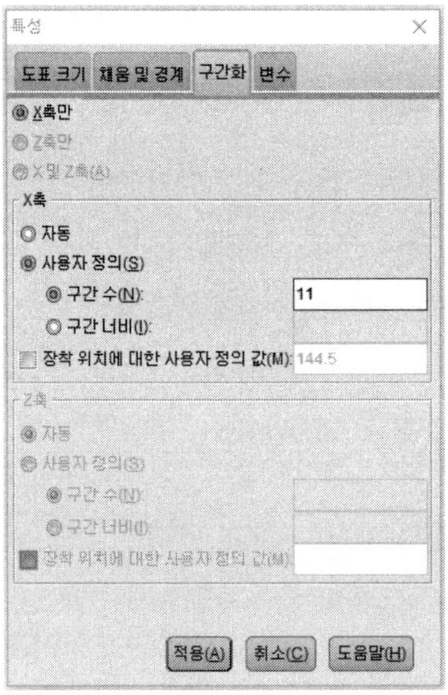


그림 2-10 히스토그램 옵션

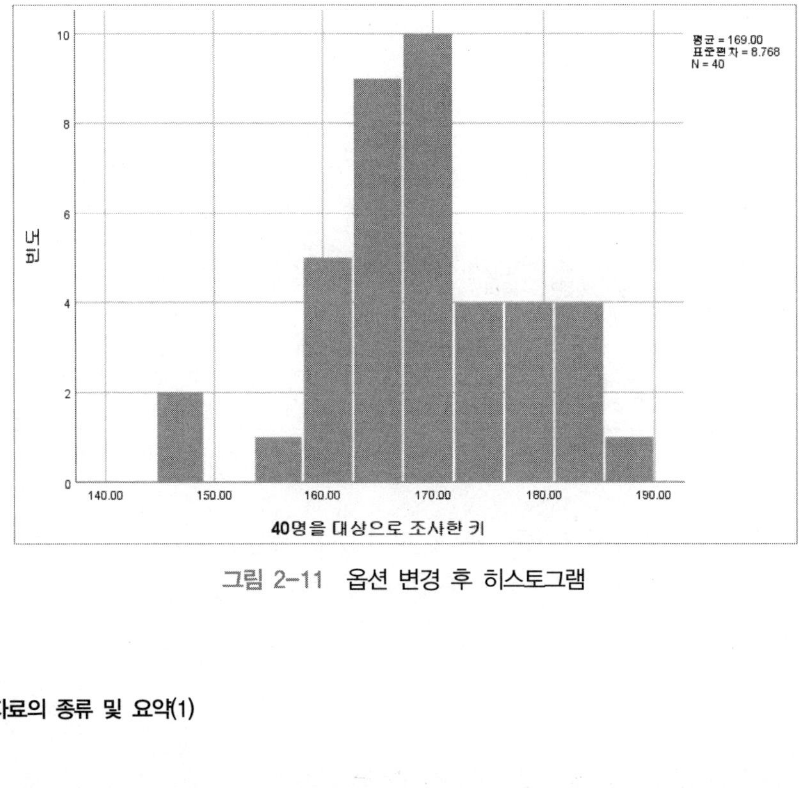


그림 2-11 옵션 변경 후 히스토그램

## 2.5.2 막대형 차트의 편집

우선 막대형 차트에서는 각 범주에 속하는 도수나 퍼센트를 막대에 표기하는 방법을 살펴보기로 하자. 막대형 차트를 두 번 클릭하거나 도표를 선택한 상태에서 오른쪽을 클릭하여 '내용편집 → 별도의 창에서'를 선택하여 도표 편집기를 연다. 막대를 여러 가지 표현 방법으로 바꾸어 보도록 한다. 이를 위해 막대를 두 번 클릭하던가, 막대를 클릭하여 선택한 후, '특성 창'을 선택하여 막대에 대한 특성창을 연다.

### 범주형

「범주형」 탭을 살펴보면 〈그림 2-12a〉에서처럼 자료가 정렬되어 순서대로 나타났다(1=취직, 2=대학원, 3=군입대, 4=유학). 하지만 때로는 막대를 표현할 때, 막대가 가지고 있는 값의 크기순으로 정렬하여 나타내면 효과적이다. 「범주형」의 「통계량」을 「내림차순」으로 선택하고 「적용」한다.

### 깊이 및 각도

「깊이 및 각도」를 이용하여 막대의 모양을 바꿀 수 있다. 또한 「효과」를 이용하여 그림자나 3차원 막대의 표현 깊이 정도를 조절할 수 있다(〈그림 2-12b〉 참조).

### 데이터 값 레이블

막대를 선택한 상태에서 '데이터 레이블 표시'를 선택하면 각 막대에 도수가 표시되면서 관련 특성 창이 〈그림 2-12c〉와 같이 나타난다. 기본적으로는, 각 막대의 가운

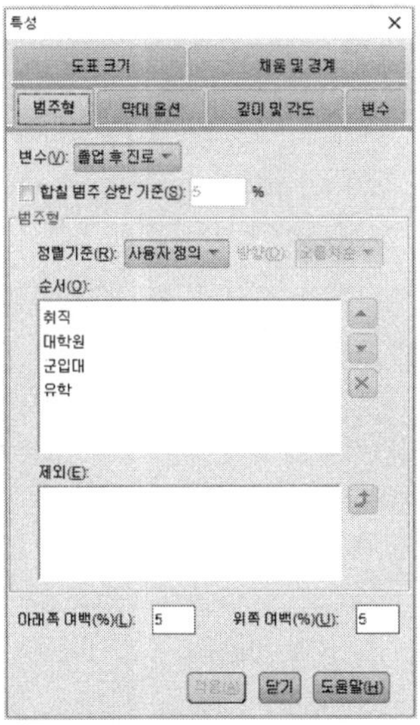


그림 2-12a 범주

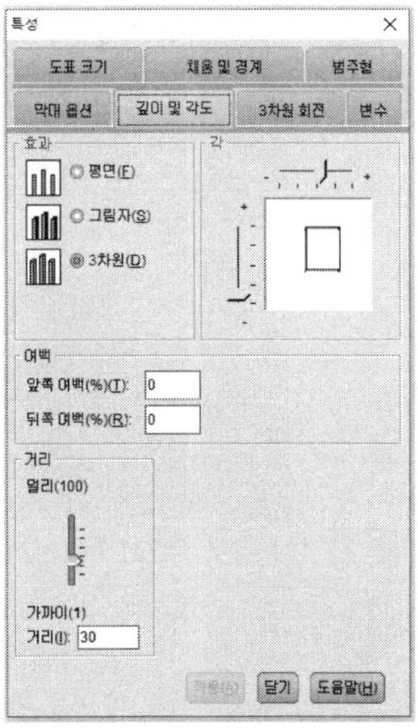


그림 2-12b 깊이 및 각도

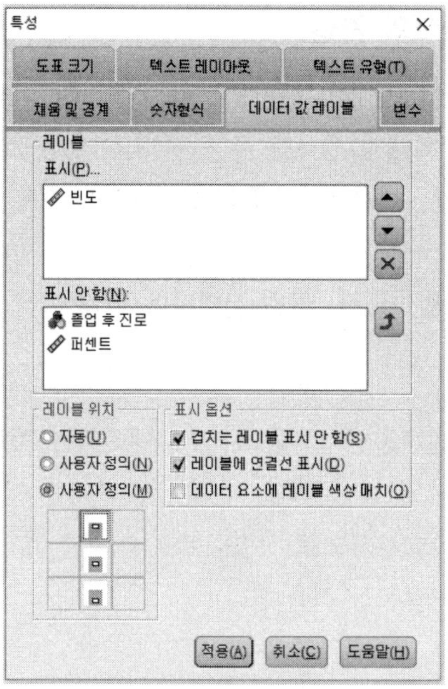


그림 2-12c 데이터 값 레이블 보이기

데에 흰 상자 안에 도수가 표시되지만, 「레이블 위치」를 '사용자 정의'로 하여 각 막대의 상단으로 표시하고, 「채움 및 경계」 탭에서 채움을 없애고 「적용」시키면 최종적으로, 〈그림 2-13〉과 같이 나타난다.

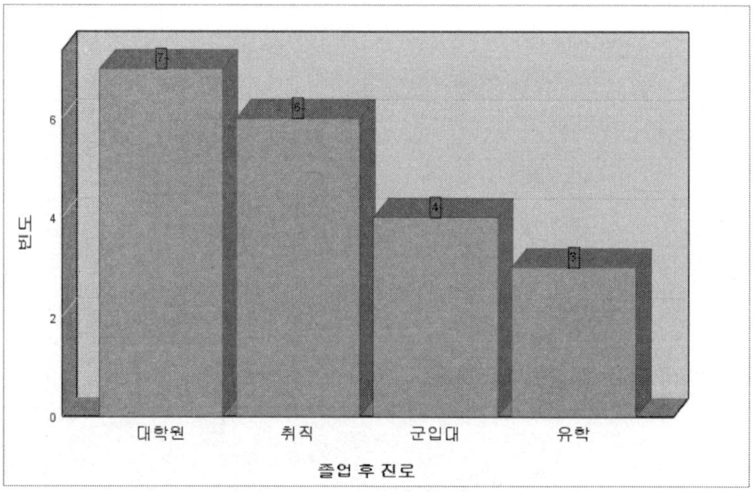


그림 2-13 편집 후 막대형 차트

## 2.5.3 원형 차트의 편집

원형 차트를 편집하기 위해서 앞 절과 같은 방법으로 도표 편집기를 연다. 우선 각 범주를 나타내고 있는 3차원으로 만든 후, 조각들을 분해하여 나타내어 보자. 도표 편집기에서 원형 차트를 클릭하여 선택한 후, 특성창을 열어, 〈그림 2-14a〉와 같이 「깊이 및 각도」탭을 선택하여 보자. 원형 차트의 「효과」를 '3차원'으로 선택하고, 「적용」한다. 조각분해는 '도표→조각분해'를 통해서 이루어지고, 마지막으로, 분해된 각 조각에 데이터 레이블을 넣기 위해 막대형 차트에서와 마찬가지로, '도표→데이터 레이블 표시'를 선택하여 특성창 〈그림 2-14b〉와 같이 연다. 「데이터 값 레이블」의 「레이블」에 표시되기를 원하는 빈도와 퍼센트 및 텍스트(여기서는 졸업 후 진로)를 보내면 원형 차트의 각 조각에 대한 설명과 해당도수와 퍼센트, 텍스트를 볼 수 있다. 빈도가 작은 조각들이 많을 때에는 「범주형」 탭에서 도수가 작은 조각들을 하나의 범주로 묶을 수도 있다. 3차원으로 표시한 후, 조각 분해하여 각 범주(조각)들의 내용과 빈도, 퍼센트를 입력한 결과는 〈그림 2-15〉와 같다.

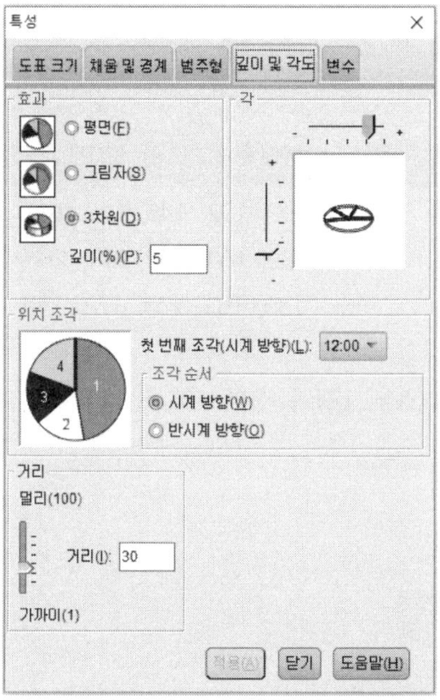

그림 2-14a 깊이 및 각도

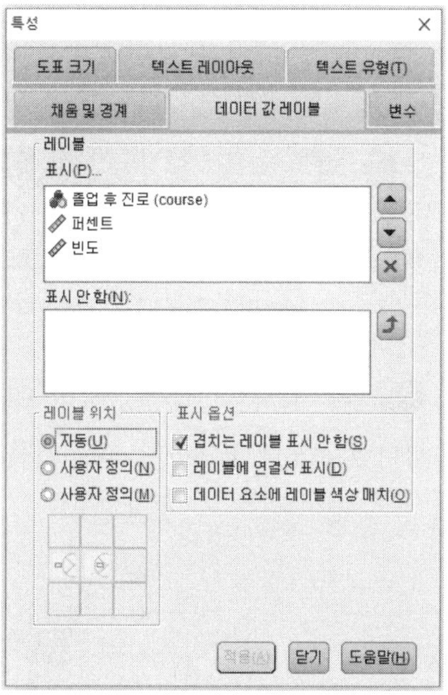

그림 2-14b 데이터 값 레이블

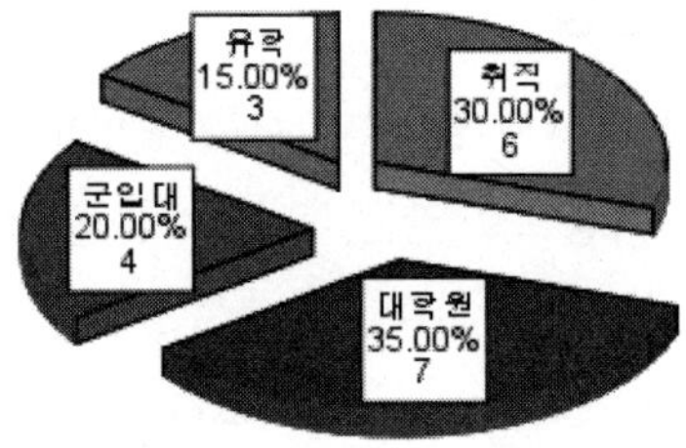


그림 2-15 편집 후 원형 차트

일단, 도표 편집기를 열고 편집기상에서 원하는 부분, 예를 들어 X축이나 Y축, 자료를 나타내고 있는 도표를 두 번 클릭을 하거나, 한 번 클릭 후, '편집→특성'을 선택하거나 를 선택하면 특성창이 나타나므로, 원하는 글자 폰트나 채움 색 등, 표현하고자 하는 여러 가지 특성들을 바꾸어 나타낼 수 있으므로 쉽게 활용할 수 있다.

**예제**

아래 자료는 어느 영어학원 토플반 모의시험 성적이다. SPSS를 이용하여 적절한 도표로 표현하고 이를 해석하시오.

ch2-3.sav

| 남 | 여 |
|---|---|
| 180, 208, 284, 147, 163, 184, | 202, 192, 145, 137, 183, 154, |
| 211, 124, 176, 178, 200, 214, | 239, 184, 289, 271, 266, 250, |
| 114, 183, 282, 128, 213, 148 | 139, 162, 143, 178, 149, 215 |

**풀이** 위 자료는 연속형 자료이므로 히스토그램과 상자도표를 이용하여 전체 분포와 남녀별 분포를 표현하여 보면 다음과 같다.

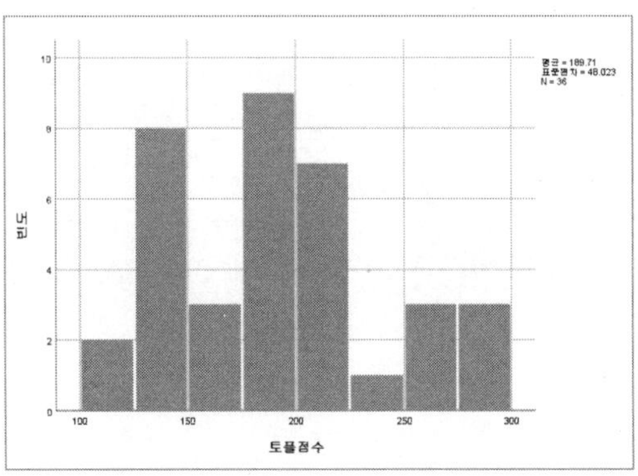

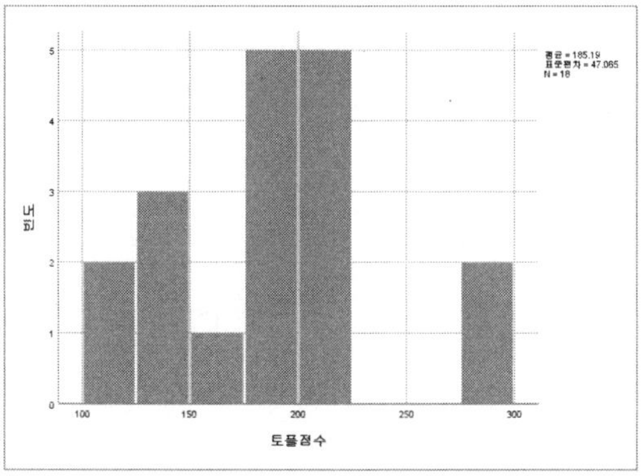


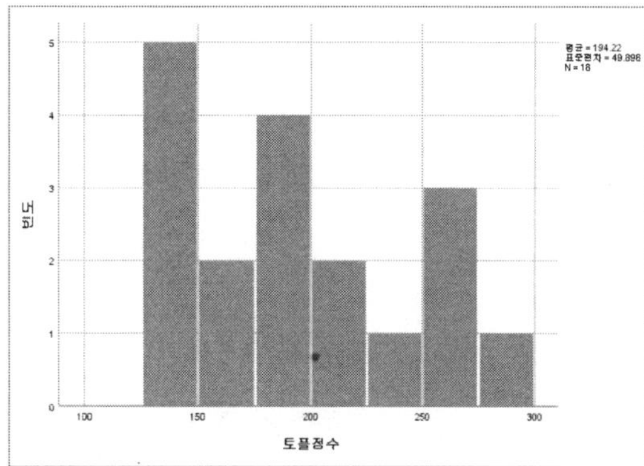


전체적으로는 평균이 189.7점이고, 대부분의 분포는 170점에서 180점에 많이 분포되어 있음을 알 수 있다. 성별로는 170, 180점 대에는 남녀 모두 많이 분포되어 있고 고득점자는 여자들이 더 많이 분포되어 있음을 알 수 있다.

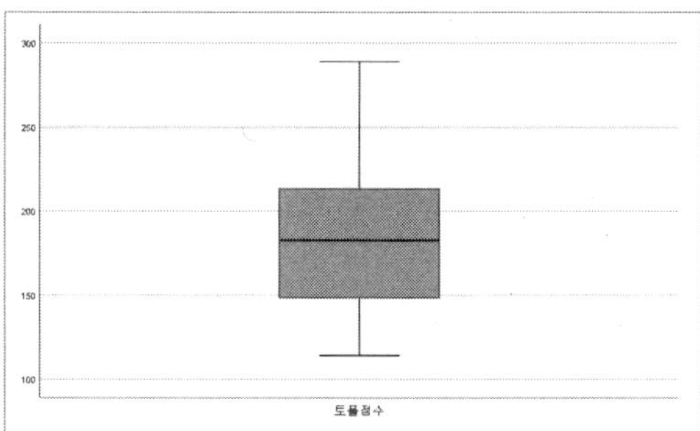


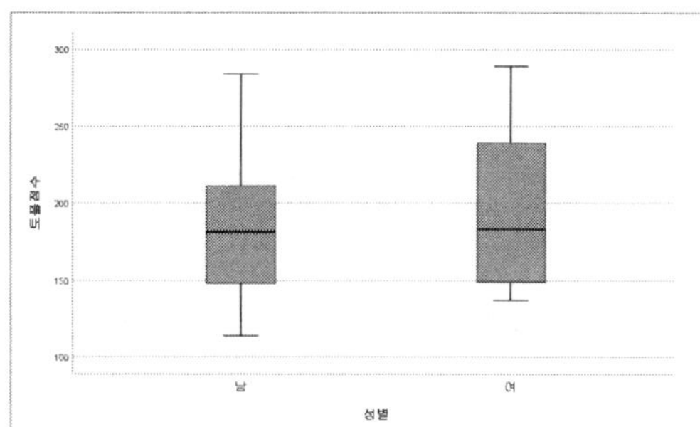


상자그림에서는 중앙값이 전반적으로 낮은 점수에 치우쳐 있다. 남자보다는 여자의 분포가 더 넓게 퍼져있음을 알 수 있다. 또한 여자의 점수 분포가 남자의 점수 분포보다 약간 높은 것을 알 수 있다.

## 2.6 차트 작성기

차트 작성기는 그리고자 하는 차트의 미리보기 기능이 있다. 〈그림 2-16a〉는 졸업 후 진로자료에 대한 간단한 막대형 차트를 그리기 위한 대화상자이다. 앞에서 설명된 바와 같이 막대형 차트를 통해 한 변수의 범주를 X축으로 하고, 각 범주의 요약된 통계량을 각 막대의 높이로 표시할 수 있다.

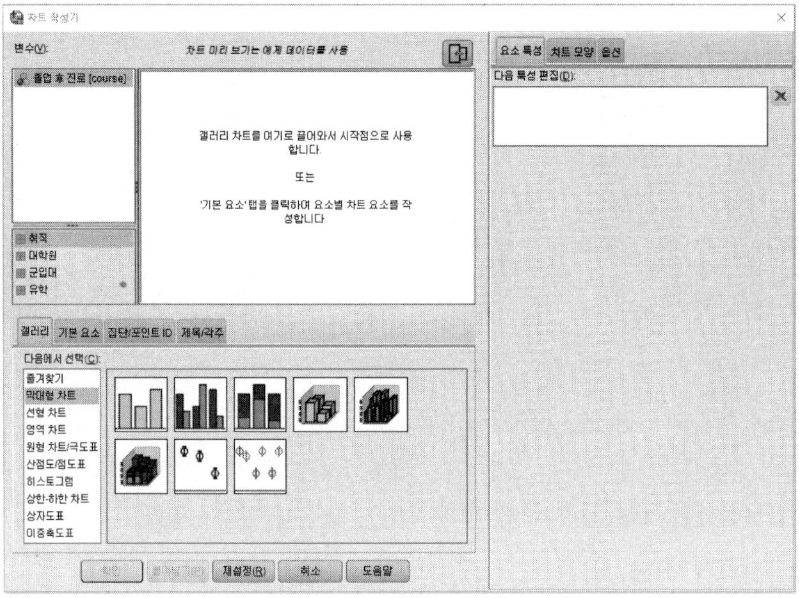


그림 2-16a 차트 작성기 대화상자

**갤러리.** 차트작성기의 갤러리는 원하는 차트와 기본적인 차트들의 종류를 제공한다. 「갤러리」 탭을 누른 후, 차트의 종류를 선택하면, 차트가 표현할 수 있는 그래프들이 오른쪽에 표현된다. 〈그림 2-16a〉에서 막대형 차트를 선택한 후, 단순 막대를 선택하여 위 창에 끌어오면 〈그림 2-16b〉와 같이 선택된 도표의 모양을 미리 볼 수 있다.

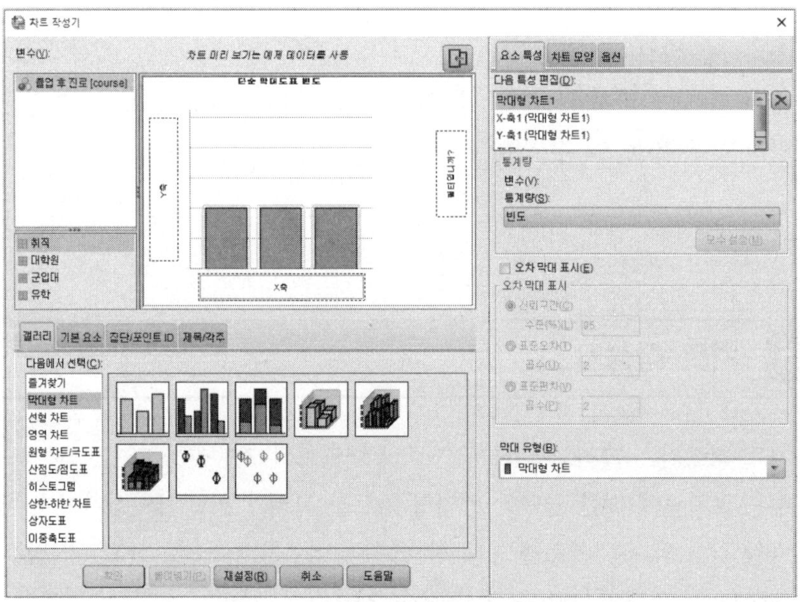


그림 2-16b 차트 작성기 – 갤러리

〈그림 2-16b〉와 같이 차트의 종류를 선택한 후, 「변수」에서 범주에 나타내고자 하는 변수(여기서는 졸업 후 진로)를 차트 아래의 「X축」으로 옮기면 〈그림 2-16c〉와 같이 해당 변수를 이용한 막대형 차트의 미리보기가 나타난다. 이때 Y축은 디폴트로 빈도가 표현된다. 만일 표현하고자 하는 통계량이 빈도가 아닐 경우, 「요소 특성」을 통해서 쉽게 바꿀 수 있다.

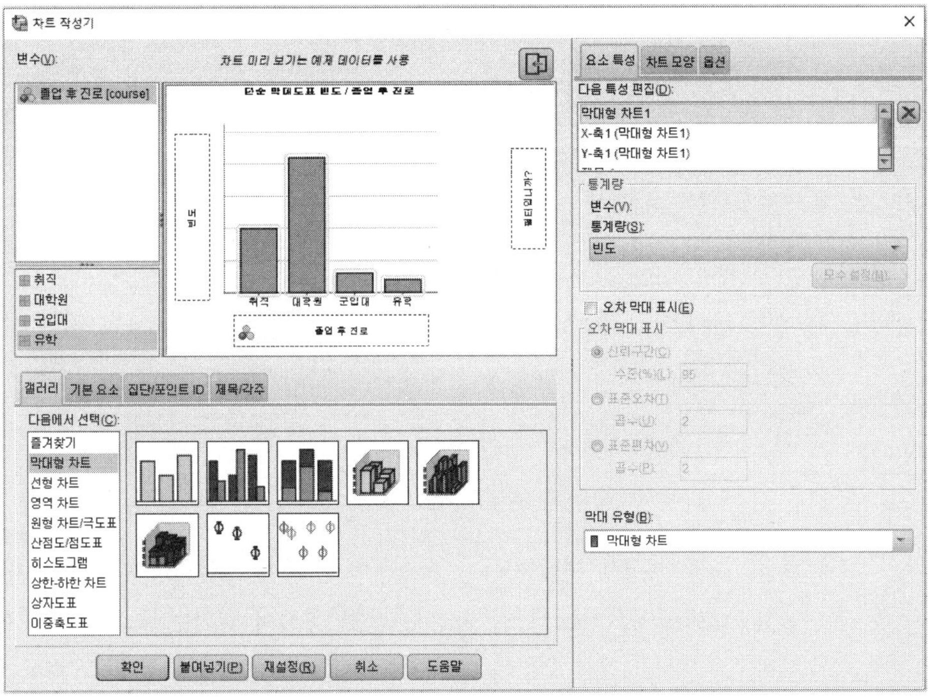


그림 2-16c 차트 작성기 - 막대형 차트

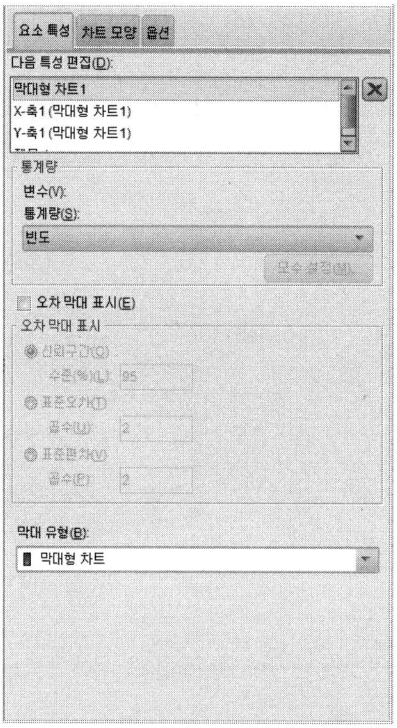


그림 2-17a 요소 특성: 막대형 차트

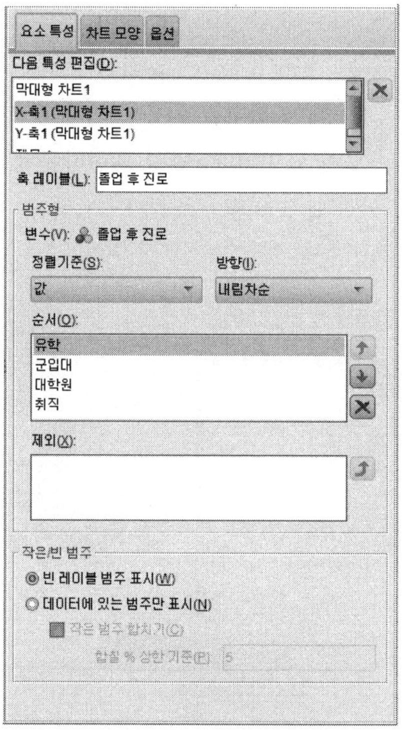


그림 2-17b 요소 특성: X축

**요소 특성.** 요소 특성은 편집 가능한 요소들이 한 창에 포함되어 있어 편집이 수월하다. 〈그림 2-17a〉에서처럼 「다음 특성 편집」을 통해서 원하는 요소를 「막대형 차트」로 선택하고, 「통계량」에서 원하는 통계량을 '빈도'가 아닌 다른 통계량으로도 바꿀 수 있다. 〈그림 2-17b〉에서는 「X-축1(막대형 차트1)」을 선택을 하여 Y축에 대한 특성을 도표 편집기에서와 같은 방법으로 수정, 편집할 수 있다.

만일, 기본적으로 제공되는 차트의 양식을 바꾸고 싶다면, 메뉴의 '편집 → 옵션'에서 설정을 바꾼다.

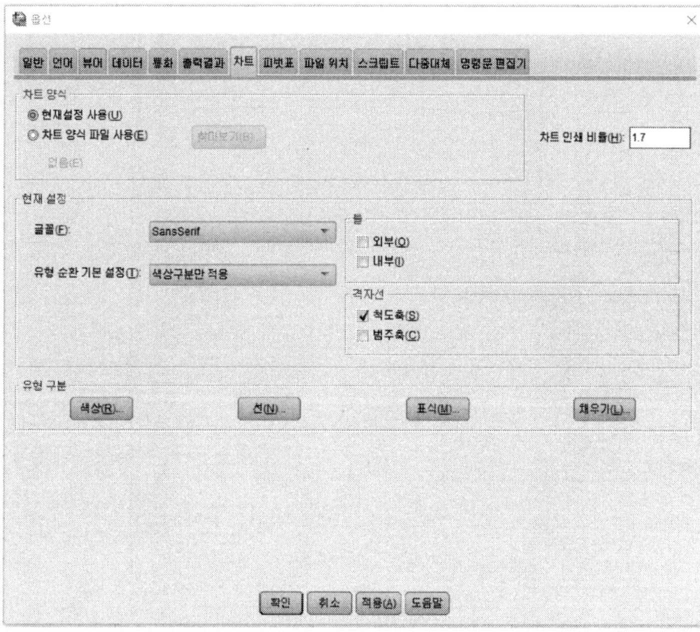


그림 2-18 옵션 – 차트

**차트.** 차트의 기본적인 설정을 바꾸고자 할 경우, 옵션의 「차트」에서 기본적인 폰트나 색상, 선, 점 등의 종류를 다르게 하여 기본적으로 제공하는 차트를 바꿀 수 있다.

# 제3장

# 자료의 종류 및 요약(2)

자료의 특징을 나타낼 수 있는 수리적인 측도들로 분포의 상태를 파악하는 데는 자료가 어느 정도의 위치에 있는지를 파악할 수 있는 대푯값(representative value)과 자료가 대푯값을 중심으로 어느 정도 퍼져있는가에 대한 정도를 나타내는 산포도(dispersion) 등이 있다. 이러한 수리적인 측도들은 연속형 자료에 대해서 다루게 된다.

## 3.1 대푯값(representative value)

주어진 자료를 대상으로 분포의 위치를 대표할만한 값으로, 평균, 중앙값, 최빈값 등이 있다. 다음의 예제와 제시된 결과 통계량들을 이용하여 자료를 요약해보도록 하자.

**예제**

다음 자료는 통계학 과목을 수강한 40명 학생들의 시험성적이다.

ch3-1.sav

| | | | | | | | | | |
|---|---|---|---|---|---|---|---|---|---|
| 75 | 60 | 74 | 52 | 94 | 88 | 77 | 52 | 48 | 85 |
| 68 | 75 | 98 | 81 | 62 | 53 | 75 | 87 | 70 | 67 |
| 87 | 91 | 57 | 78 | 93 | 70 | 74 | 89 | 93 | 94 |
| 66 | 62 | 98 | 89 | 91 | 87 | 73 | 86 | 65 | 63 |

자료를 요약하기 위한 통계량을 나타내기 위해서는 SPSS에서의 빈도분석 프로시저, 기술통계 프로시저, 데이터 탐색 프로시저와 교차분석 프로시저를 이용할 수 있다. 이 네 가지 프로시저에 대해서는 3.5절에서 자세히 다루기로 한다. 〈표 3.1〉은 빈도분석을 통해서 얻어진 결과이다. 이 결과를 이용하여 다음 통계량에 대해서 알아보도록 한다.

### 3.1.1 산술평균(평균, mean)

자료의 합을 자료의 개수로 나눈 산술평균을 의미하며, 다음과 같은 식으로 표현된다.

표 3.1　빈도분석을 이용한 자료요약 예

**통계량**

통계학

| | | |
|---|---|---|
| N | 유효 | 40 |
| | 결측 | 0 |
| 평균 | | 76.93 |
| 중위수 | | 76.00 |
| 최빈값 | | 75[a] |
| 표준화 편차 | | 14.166 |
| 분산 | | 200.687 |
| 왜도 | | -.359 |
| 표준화 왜도 오차 | | .374 |
| 첨도 | | -.936 |
| 표준화 첨도 오차 | | .733 |
| 범위 | | 50 |
| 최소값 | | 48 |
| 최대값 | | 98 |
| 백분위수 | 25 | 66.25 |
| | 50 | 76.00 |
| | 75 | 89.00 |

a. 여러 최빈값이 있습니다. 가장 작은 값이 나타납니다.

$$\overline{X} = \sum_{j=1}^{n} X_i / n$$

$X_i$ : 자료의 값　$n$ : 자료의 개수

〈표 3.1〉에 의하면, 자료의 평균 점수는 76.18점이다. 다른 자료들에 비해 아주 작거나 아주 큰 값을 갖는 자료를 극단값(이상점)이라고 하는데, 평균은 극단값에 크게 영향을 받는다. 자료에 이상점이 있을 때에는 그 값을 버리고 난 나머지 자료로부터 평균을 구하는 것이 더 의미가 있다. 이상점을 찾는 방법에 대해서는 3.5.3절 데이터 탐색 프로시저를 참조하기 바란다. 다른 특징은 각각의 측정치에서 평균을 뺀 값(편차)의 합은 항상 영(zero)이 된다.

$$\sum_{i=1}^{n} (X_i - \overline{X}) = 0$$

### 3.1.2 중앙값(median, $M_e$)

$n$개의 자료가 있을 때 이 자료를 크기순으로 나열하여 가장 중앙에 위치하게 되는 자료의 값으로서 분포의 중심위치를 파악하는 측도이다.

- **자료의 개수가 홀수인 경우의 중앙값**

$$M_e = (n+1)/2\text{번째 자료}$$

- **자료의 개수가 짝수인 경우의 중앙값**

$$M_e = (n/2\text{번째 자료} + (n/2 + 1)\text{번째 자료})/2$$

〈표 3.1〉에서 자료의 중앙값은 75점으로 평균보다 작게 나타났다. 중앙값은 순서를 통해서 위치를 찾는 것이므로 이상점에 대한 영향을 평균에 비해 덜 받는다. 따라서 자료에 이상점이 존재할 때 대푯값으로서 의미가 있다.

### 3.1.3 최빈값(mode, $M_o$)

자료들 중에 도수를 가장 많이 점유하는 자료의 값으로, 최빈값은 질적 자료나 양적 자료 모두에 사용된다. 평균이 이상점의 영향을 많이 받는 대신 중앙값과 마찬가지로 최빈값은 이상점에 영향을 받지 않는 것이 특징이다. 〈표 3.1〉의 주석에서처럼 여러 개의 최빈값 중에서 작은 값으로 75가 제시되었으며 중앙값과 일치하며 평균보다 작게 나타났다. 여기서처럼 최빈값은 여러 개가 나오는 바람직하지 못하는 경우가 있으며 평균이나 중앙값에 비해 널리 사용되지 않는다.

## 3.2 산포도(dispersion)

자료들이 평균과 같은 중심위치로부터 얼마나 집중 또는 퍼져있는가를 나타내는 척도로, 범위, 표준편차, 분산 등이 있다.

### 3.2.1 분산(variance)과 표준편차(standard deviation)

분산은 자료와 자료들의 평균들의 차의 제곱을 더하여 표본의 수가 $n$일 때 $(n-1)$로 나눈 값을 말한다. 분산은 자료의 흩어진 정도를 나타내는 대표적인 척도로 평균과 함께 통계학에서 가장 많이 쓰이고 있는 용어 가운데 하나이다. 구하는 공식은 다음과 같다.

$$S^2 = [(X_1 - \overline{X})^2 + (X_2 - \overline{X})^2 + \cdots + (X_n - \overline{X})^2]/(n-1)$$
$$= \sum_{i=1}^{n} (X_i - \overline{X})^2/(n-1)$$

$X_i$: $i$번째 자료 $\overline{X}$ : 자료의 평균 $n$: 자료의 수

편차는 분산의 제곱근으로 구할 수 있는 값으로 분산 대신 분포의 산포 정도를 나타내는 척도로 이용된다. 통계분석에서는 분산보다는 표준편차가 더 많이 이용되고 있다.

$$S = \sqrt{S^2}$$

〈표 3.1〉에 의하여 자료의 분산은 199.99이고 표준편차는 14.14이다.

### 3.2.2 범위(range, $R$)

범위는 주어진 자료의 최댓값과 최솟값의 차이를 의미한다. 범위는 계산하기는 간단하지만 이상점이 존재하는 경우, 좋은 산포의 측도가 되지는 못한다.

$$R = X_{max} - X_{min}$$

범위는 자료의 양 극단값들의 차이만을 의미하므로, 두 이상점 외의 자료들의 산포는 측정할 수 없다는 단점이 있다. 이러한 범위의 단점을 일부 보완한 것이 다음의 사분위수 범위이다. 〈표 3.1〉의 최솟값은 48점이고 최댓값은 98점으로 범위는 50이다.

### 3.2.3 사분위수(Quartiles)

주어진 $n$개의 자료를 순서대로 나열하여 놓고 처음부터 $\frac{1}{4}$번째 오는 값을 제1사분위수(lower quartile)라고 하고, $\frac{3}{4}$번째 오는 값을 제3사분위수(upper quartile)라고 한다. 앞서 다룬 중앙값은 두 번째 사분위수를 의미한다. 제1사분위수를 $Q_1$, 제3사분위수를 $Q_3$로 표기한다. 사분위수 범위(interquartile range)란 제3사분위수와 제1사분위수의 차이를 의미한다.

SPSS에서는 사분위수를 각각 25백분위수, 75백분위수로 표시한다. 백분위수(percentile)란, 사분위수의 확대된 개념으로 크기 순서대로 나열된 자료값들을 백등분하는 값을 의미한다. 제 $P$ 백분위수는 자료값 중 $P$%가 그 값보다 작거나 같고 $(100 - P)$%가 그 값보다 크거나 같게 하는 값이다. 〈표 3.1〉 자료의 제1사분위수는 65.25이고 제3사분위수는 88.75이다.

## 3.3 그 외

대푯값과 산포도를 나타내는 통계량 외에 분포의 비대칭도를 나타내는 왜도(skewness)와 봉우리가 얼마나 뾰족한가를 나타내는 첨도(kurtosis)가 있다.

### 3.3.1 왜도

왜도(skewness)는 분포의 비대칭 정도, 즉 분포가 기울어진 방향과 정도를 나타내는 양이다. 히스토그램이 최빈값을 기준으로 왼쪽보다 오른쪽으로 길게 뻗어 있으면 우측 왜도(skewness to the right) 또는 양의 왜도(positive skewness)라고 하고, 그 반대의 경우 좌측왜도(skewness to the left) 또는 음의 왜도(negative skewness)라고 하며 최빈값이 오른쪽보다는 왼쪽에 있다.

왜도를 구하는 공식은 다음과 같다.

$$S_k = \frac{m_3}{\sqrt{m_2^{\,3}}}$$

$$\text{여기서, } m_3 = \sum_{i=1}^{n} (X_i - \overline{X})^3 / n$$

$$m_2 = \sum_{i=1}^{n} (X_i - \overline{X})^2 / n$$

자료의 분포가 좌우대칭인 경우에는 $S_k = 0$, 오른쪽 꼬리를 가지는 분포에서는 $S_k > 0$, 왼쪽 꼬리를 가지는 분포에서는 $S_k < 0$가 된다. 〈표 3.1〉에서 자료의 왜도는 −0.258로 약간의 왼쪽 꼬리를 갖는다고 볼 수 있다.

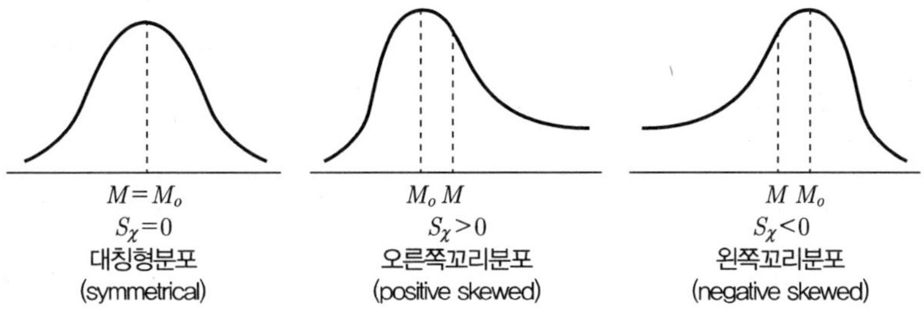


### 3.3.2 첨도

첨도(kurtosis)란 자료의 분포가 얼마나 중심에 집중되어 있는가, 다시 말해서 분포의 중심이 얼마나 뾰족한가를 측정하는 것이다. 정규분포[1]의 첨도는 3의 값을 가진다고 것으로 알려져 있어 정규분포를 기준으로 설명된다.

첨도를 구하는 공식은 다음과 같다.

$$a_4 = \frac{m_4}{m_2^2}$$

$$\text{여기서,}\quad m_4 = \sum_{i=1}^{n}(X_i - \overline{X})^4/n$$

$$m_2 = \sum_{i=1}^{n}(X_i - \overline{X})^2/n$$

자료의 분포가 정규분포보다 높은 봉우리를 가지면 $a_4 > 3$, 정규분포보다 낮은 봉우리를 가지면 $a_4 < 3$의 값을 갖는다. 그래서 0을 기준으로 첨도의 값에서 3을 뺀 값으로 첨도를 구하는 경우가 많다. 〈표 3.1〉 자료의 첨도는 −1.002로 나타났으며 평균이 76.2이고 표준편차 14.14인 정규분포보다 낮은 봉우리를 갖는다고 할 수 있다.

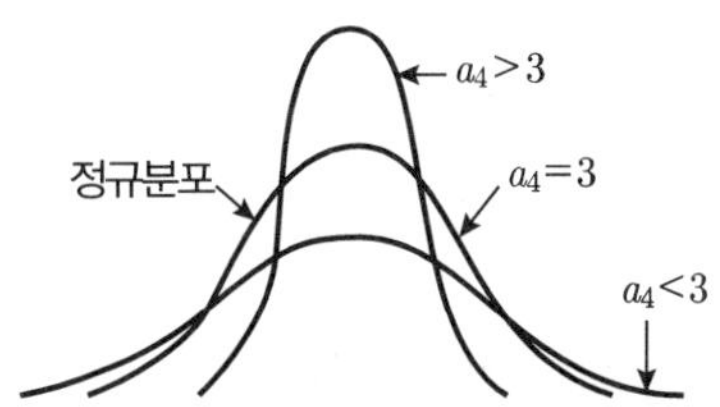


그림 3.1 첨도에 따른 분포 모양

1) 연속확률분포의 일종으로, 정규분포는 다음과 같은 사실을 만족하는 분포이다.
(1) 정규분포는 종모양(bell−shaped)의 확률밀도함수의 그래프를 가지며 평균에 대하여 대칭이다.
(2) 정규분포는 그것의 평균과 표준편차에 의해 완전히 결정된다. 평균이 0이고 분산이 1인 경우, 표준정규분포(Standard Normal Distribution)라고 하며 자세한 내용은 뒤에서 다시 다루기로 한다.

## 3.4 표준화된 자료(standardized data, $Z$-값)

$z$-값($z$-score)은 어떤 특정의 값을 평균으로부터 표준편차의 몇 배만큼 떨어져 있는가를 측정한다. $z$-값은 다음과 같이 정의된다.

$$Z = \frac{X-\mu}{\sigma}$$

$Z$: 표준화된 자료 $X$: 원래 자료
$\mu$: 평균 $\sigma$: 표준편차

예를 들어, 어느 학생이 국어와 수학 두 과목을 시험 친 결과 국어점수는 70점, 수학점수는 60점이었다고 한다. 그리고 이 반 전체의 국어 평균점수는 80점, 표준편차는 10점이었고, 수학 평균점수는 50점, 표준편차는 5점이었다고 한다. 이때 이 학생이 국어와 수학 중 어느 과목의 시험을 더 잘 치렀는지를 비교하고자 할 때 각각의 표준화된 점수를 구하여 비교하면, 국어점수의 표준화점수는 $(70-80)/10=-1$이고 수학점수의 표준화점수는 $(60-50)/5=2$가 된다. 따라서 이 학생의 경우는 국어보다 수학을 더 잘했다고 할 수 있다. 단위가 서로 다른 집단의 크기를 상대적으로 비교하기 위하여 표준화된 자료를 사용한다.

주어진 자료의 표준화된 자료는 그 평균이 0이고 표준편차를 1로 만들어주기 때문에 상대적 위치의 측도로서 사용할 수 있다. 이러한 상대적 위치를 파악할 수 있는 측도는 표준화된 자료 외에 앞서 언급한 사분위수와 백분위수가 있다.

SPSS에서는 표준화된 자료는 3.5.2절 기술통계 프로시저의 옵션을 통해서 데이터 편집기에 저장된다. 다음 절에서는 이 절에서 언급되었던 내용들을 SPSS로 구현하는 방법에 대해 자세히 살펴보기로 한다.

## 3.5 SPSS를 이용한 자료 요약

앞 절에서는 여러 가지 통계량을 이용하여 자료를 요약하는 방법에 대해 알아보았다. 이 절에서는 SPSS를 이용하여 여러 가지 통계량을 산출하는 방법에 대해 알아보도록 한다. 통계량으로 자료를 요약하는 경우는, 양적 자료에 적절하다. SPSS에서 통계량을 나타내는 방법은 다음과 같이 세 가지 프로시저로 나타낼 수 있다.

**분석 → 기술통계량 → 빈도분석**
**→ 기술통계 분석**
**→ 데이터 탐색**

위 세 가지 프로시저를 다음 예제를 통하여 살펴보도록 하자.

예제

다음은 어느 회사에서 매출액에 영향을 주는 요인들을 파악하고자 조사된 광고액, 회사원의 근무년수, 1일 문의전화건수, 매출액 자료이다. 요인들을 파악하기 전에 각 변수에 대해서 자료를 요약해 보도록 하자.

ch3-2.sav

| 광고액(단위: 천만 원) | 근무년수 | 1일 문의전화건수 | 매출액(단위: 천만 원) |
|---|---|---|---|
| 25 | 8 | 30 | 89 |
| 30 | 9 | 20 | 95 |
| 32 | 10 | 15 | 100 |
| 37 | 8 | 20 | 105 |
| 35 | 10 | 16 | 110 |
| 36 | 9 | 15 | 100 |
| 40 | 9 | 16 | 112 |
| 48 | 7 | 10 | 100 |
| 50 | 10 | 20 | 130 |
| 55 | 8 | 15 | 135 |

### 3.5.1 빈도분석

빈도분석(frequencies) 프로시저로 여러 종류의 변수를 설명할 수 있는 그래프와 통계량을 구할 수 있다. 자료를 살펴볼 때 빈도분석 프로시저를 사용하여 시작하는 것이 좋다. 이에 사용되는 데이터는 양적 자료나 질적 자료 모두 사용 가능하다. 빈도분석은 기본적으로 도수분포표를 나타내는 빈도표를 제시하는데, 사실상 빈도표는 연속형 자료보다는 이산형 자료 또는 범주형 자료에 사용하는 것이 좋다. 또한 선택적으로 막대형 차트, 히스토그램 등의 도표도 그릴 수 있어서 자료의 분포현황을 시각적으로도 파악하기 쉽다. 이산형 자료에 대해서 빈도표와 막대형 차트를 그릴 수 있고, 연속형 자료에 대해서는 여러 가지 기술통계량을 얻을 수 있으며 히스토그램을 그릴 수 있다. 연속형 자료에 대한 도수분포표를 나타내기 위해서는 몇 개의 계급으로 분류하여 그룹화한 후 도수분포표를 작성할 수 있다.

빈도분석을 실시하기 위한 기본적인 순서는 다음과 같다.

**분석 → 기술통계량 → 빈도분석: 정리할 변수 선택**
**통계량 및 도표(막대형 차트, 히스토그램) 선택**
**형식으로 여러 변수에 대한 출력 순서 선택**

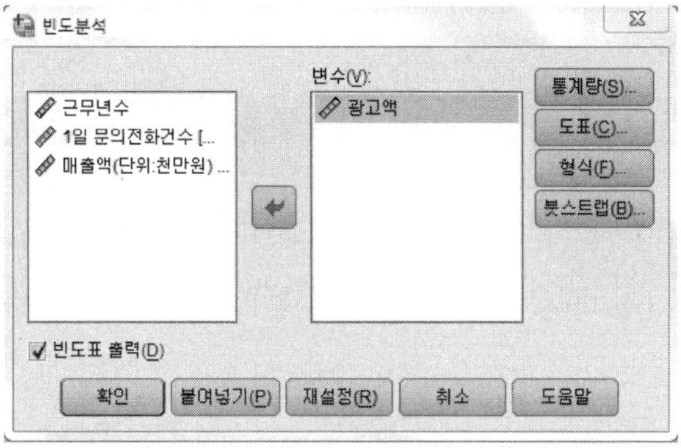


그림 3.2a 빈도분석

**빈도분석.** 정리하고자 하는 변수를 설정하고 「통계량」을 이용하여 분포를 파악할 것인지 「차트」를 이용하여 자료를 요약할 것인지를 선택한다. 만일 자료가 범주형이라면 「빈도표 출력」 옵션을 이용하여 도수분포표를 보여주는 것도 좋은 방법이다.

**빈도분석: 통계량.** 자료요약에 필요한 통계량을 설정한다. 〈그림 3.2b〉에서는 앞 절에 설명된 통계량을 선택하였다.

〈그림 3.2b〉에서 「백분위수」에서 「절단점」은 그룹수를 동일크기로 나눌 때 경곗값을 나타내어 준다. 예를 들어 「절단점」을 '4' 동일 크기 집단 수로 설정하면 사분위수와 같은 결과를 얻을 수 있다. 「백분위수」는 자료의 특성, 상대위치를 파악하고자 할 때 많이 사용된다. 예를 들어 광고액의 상위 3%에 해당되는 값을 알아보고자 할 때에는

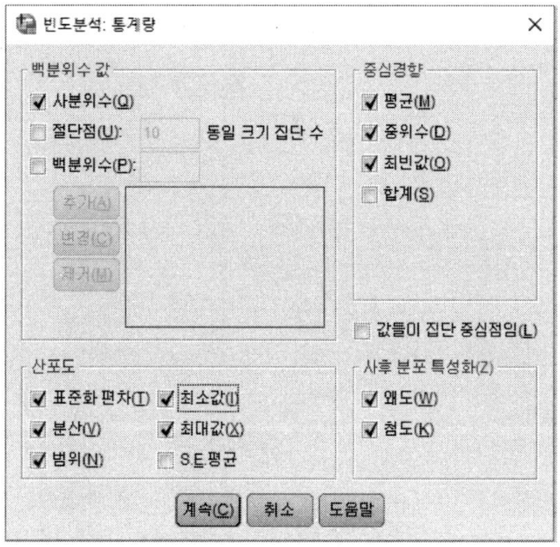


그림 3.2b 빈도분석: 통계량

「백분위수」에서 '97'을 입력, 추가하여 알아볼 수 있다.

〈표 3.2〉는 예제 자료를 빈도분석한 결과이다. 광고액의 평균액은 38.8(천만 원)이고 중앙값은 36.5로 평균보다 작다. 또한 최빈값은 25로서 중앙값과 평균보다 작게 나타나 있음을 볼 수 있다. 조사자료의 최솟값은 25이고 최댓값은 55로 그 범위는 30이고 사분위수의 위치는 각각 31.5, 36.5, 48.5이다. 분포의 왜도는 0.441로 오른쪽 꼬리분포를 보이고 있으며 최빈값이 평균보다 작다는 것을 반영하고 있다. 분포의 첨도는 −0.695로 약간 낮은 봉우리를 가지고 있다.

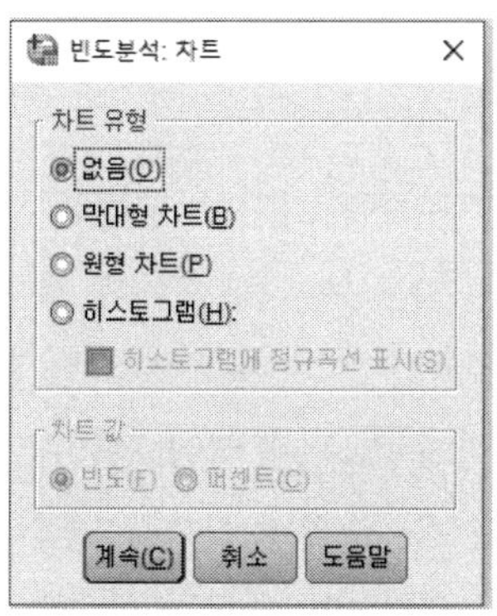


그림 3.2c 빈도분석: 차트

표 3.2 빈도분석 결과

**통계량**

광고액

| | | |
|---|---|---|
| N | 유효 | 10 |
| | 결측 | 0 |
| 평균 | | 38.80 |
| 중위수 | | 36.50 |
| 최빈값 | | 25[a] |
| 표준화 편차 | | 9.508 |
| 분산 | | 90.400 |
| 왜도 | | .441 |
| 표준화 왜도 오차 | | .687 |
| 첨도 | | -.695 |
| 표준화 첨도 오차 | | 1.334 |
| 범위 | | 30 |
| 최소값 | | 25 |
| 최대값 | | 55 |
| 백분위수 | 25 | 31.50 |
| | 50 | 36.50 |
| | 75 | 48.50 |

a. 여러 최빈값이 있습니다. 가장 작은 값이 나타납니다.

**빈도분석: 차트.** 자료의 막대형 차트, 원형 차트, 히스토그램 등을 그릴 수 있는 옵션이다. 차트에 대한 내용은 앞 장에서 다루었으므로 이 장에서는 생략한다.

## 3.5.2 기술통계분석

기술통계분석은 빈도분석보다는 간단한 형태의 분석이다. 빈도분석은 양적 자료와 질적 자료 모두를 다룰 수 있는 데 반해 기술통계분석은 질적 자료에는 부적절하다. 기술통계분석에서는 표준화 값($z$-점수)을 계산한 후 데이터 편집기에 추가되어 표준화 값에 대한 도표나 상대적인 비교, 분석이 가능하다. 단일 표의 여러 변수에 대해 일변량 요약통계량을 표시할 수 있어서 변수가 많을 때 효과적이다.

기술통계분석에 대한 기본적인 순서는 다음과 같다.

**분석 → 기술통계량 → 기술통계: 변수 선택**
**표준화된 자료, 옵션 선택**

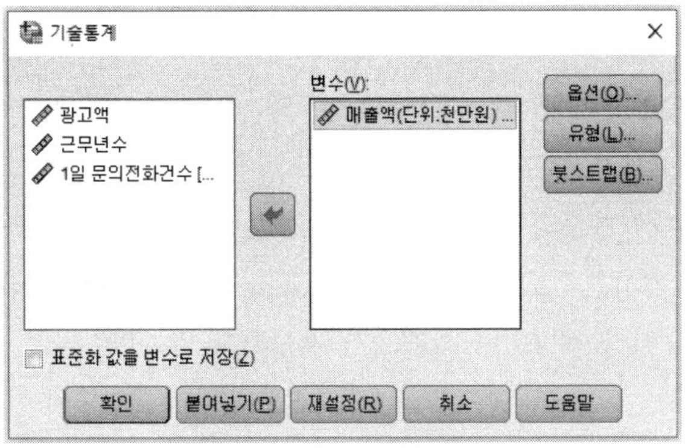


그림 3.3a 기술통계

**기술통계.** 필요한 변수들을 설정하여 오른쪽으로 보낸다. 표준화 값을 데이터 편집기에 나타내기 위해 「표준화 값을 변수로 저장」을 설정하였다.

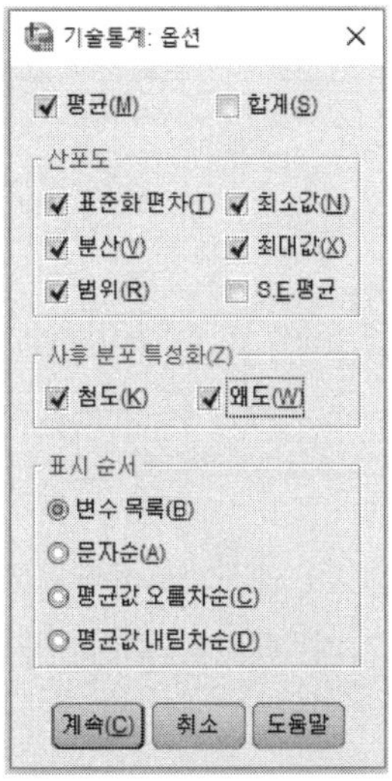


그림 3.3b 기술통계: 옵션

**기술통계:옵션.** 필요한 통계량들을 선택하여 나타낸다. 이 기능은 〈그림 3.2b〉의 빈도분석에서 보여주는 통계량과는 달리 「백분위수 값」의 결과는 보여주지 않는다.

표 3.3 기술통계 결과

**기술통계량**

| | N | 범위 | 최소값 | 최대값 | 평균 | 표준편차 | 분산 | 왜도 | | 첨도 | |
|---|---|---|---|---|---|---|---|---|---|---|---|
| | 통계량 | 통계량 | 통계량 | 통계량 | 통계량 | 통계량 | 통계량 | 통계량 | 표준오류 | 통계량 | 표준오류 |
| 매출액(단위:천만원) | 10 | 46 | 89 | 135 | 107.60 | 14.766 | 218.044 | .955 | .687 | .117 | 1.334 |
| 유효 N(목록별) | 10 | | | | | | | | | | |

〈표 3.3〉은 기술통계를 이용하여 얻은 결과이다. 표에 의하면, 매출액은 89(천만원)에서 135까지 분포되어 있으며 그 범위는 46이다. 평균은 107.6이고, 분산은 218.044이다. 왜도의 통계량은 0.995로 오른쪽 꼬리 분포를 하고 있으며 첨도는 0.117로서 정규분포보다 봉우리가 약간 높게 나타난다. 기술통계에서는 최빈값이나 백분위수 등의 통계량이나 그래프가 제시되지 않는다.

기술통계는 앞서 설명한 빈도분석 프로시저에 비해서 제시되는 통계량은 적지만 기술통계 프로시저를 통해서 표준화 값을 다음과 같이 데이터 편집기에 저장할 수 있다. 각 변수(여기서는 매출액)에 대한 표준화 값 변수는 변수명 앞에 Z가 붙는다(Z매출액).

| | 광고액 | 근무년수 | 전화건수 | 매출액 | Z매출액 |
|---|---|---|---|---|---|
| 1 | 25 | 8 | 30 | 89 | -1.25962 |
| 2 | 30 | 9 | 20 | 95 | -.85329 |
| 3 | 32 | 10 | 15 | 100 | -.51468 |
| 4 | 37 | 8 | 20 | 105 | -.17608 |
| 5 | 35 | 10 | 16 | 110 | .16253 |
| 6 | 36 | 9 | 15 | 100 | -.51468 |
| 7 | 40 | 9 | 16 | 112 | .29798 |
| 8 | 48 | 7 | 10 | 100 | -.51468 |
| 9 | 50 | 10 | 20 | 130 | 1.51696 |
| 10 | 55 | 8 | 15 | 135 | 1.85557 |
| 11 | | | | | |

그림 3.3c 표준화 값을 변수로 저장 결과

〈그림 3.3c〉는 〈그림 3.3a〉에서 「표준화 값을 변수로 저장」을 선택했을 때의 기술통계결과로, 데이터 편집기의 「데이터 보기」 마지막 변수에 표준화된 자료가 추가되어 나타나 있다.

### 3.5.3 데이터 탐색

탐색적 데이터 분석은 여러 가지 통계량을 제시하는 데는 기술통계분석과 비슷하지만, 정규성 검정을 통하여 어떠한 방법을 사용할 때 정규분포가 필요한 경우 데이터를 변환해야 한다는 사실을 검정을 통하여 나타낸다. 또한 데이터 탐색 프로시저에서 「도표」기능을 이용하여 상자그림이나 줄기-잎-그림, 히스토그램과 정규성 검정을 하는데 필요한 도표 등을 그릴 수 있다. 정규분포에 대해서는 6장을 참조하고, 정규성 검정에 대해서는 10장을 참조하기 바란다.

탐색 프로시저의 실행 순서는 다음과 같다.

**분석 → 기술통계량 → 데이터 탐색: 변수 선택**
**통계량 선택**

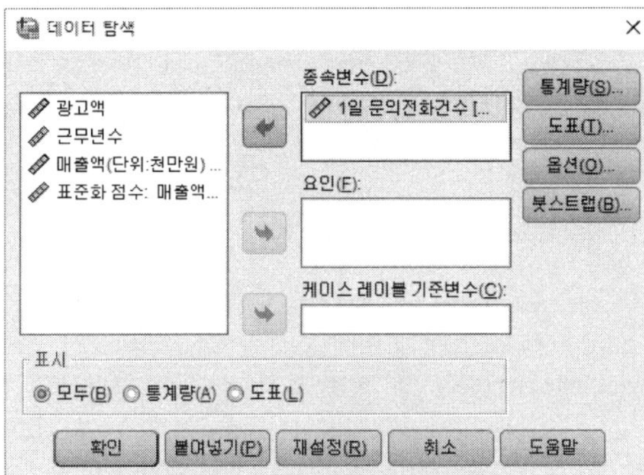


그림 3.4a 데이터 탐색

**데이터 탐색.** 「종속변수」에 필요한 변수들을 설정하여 보낸다. 「요인」은 종속변수가 여러 그룹으로 표현될 경우, 그룹을 나타내는 변수를 선택하는 것으로, 「종속변수」에 설정된 변수는 각 「요인」으로 설정된 변수에 따라 나누어져 데이터 탐색이 실행된다.

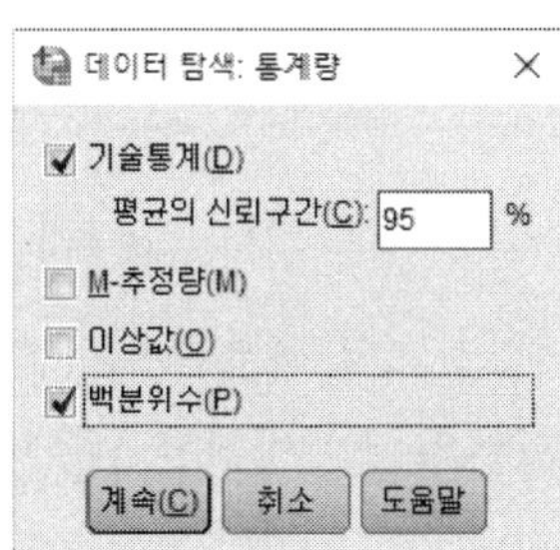


그림 3.4b 데이터 탐색: 통계량

**데이터 탐색: 통계량.** 여러 가지 통계량을 한꺼번에 제시하는 「기술통계」를 선택하고 필요한 통계량을 추가하여 선택한다. 「이상값」은 통계학에서 사용되고 있는 개념과는

다르게 사용된다. SPSS 데이터 탐색의 이상값은 모든 자료의 가장 큰 값으로부터 5개 자료와 가장 작은 자료 5개씩을 보여줄 뿐이다.

표 3.4a 데이터 탐색 결과: 기술통계

**기술통계**

| | | | 통계량 | 표준화 오류 |
|---|---|---|---|---|
| 1일 문의전화건수 | 평균 | | 17.70 | 1.680 |
| | 평균의 95% 신뢰구간 | 하한 | 13.90 | |
| | | 상한 | 21.50 | |
| | 5% 절사평균 | | 17.44 | |
| | 중위수 | | 16.00 | |
| | 분산 | | 28.233 | |
| | 표준화 편차 | | 5.314 | |
| | 최소값 | | 10 | |
| | 최대값 | | 30 | |
| | 범위 | | 20 | |
| | 사분위수 범위 | | 5 | |
| | 왜도 | | 1.270 | .687 |
| | 첨도 | | 2.961 | 1.334 |

<표 3.4a>는 데이터 탐색의 결과 중 기술통계부분이다. 1일 문의전화건수는 평균 17.7통이며 최소 10통에서 최고 20통까지 걸려 온다. 자료의 중위수는 16통으로 평균보다 작게 나타났다.

표 3.4b 데이터 탐색 결과: 백분위수

**백분위수**

| | | 백분위수 5 | 10 | 25 | 50 | 75 | 90 | 95 |
|---|---|---|---|---|---|---|---|---|
| 가중평균(정의 1) | 1일 문의전화건수 | 10.00 | 10.50 | 15.00 | 16.00 | 20.00 | 29.00 | . |
| Tukey의 Hinges | 1일 문의전화건수 | | | 15.00 | 16.00 | 20.00 | | |

<표 3.4b>는 데이터 탐색 프로시저에서 「백분위수」를 선택함으로써 제시된 결과이다. <표 3.4b>와 같이 여러 개의 백분위수를 볼 수 있으며, 제1사분위수는 15통, 제3사분위수는 20통으로 사분위수의 범위는 5통이다.

### 3.5.4 정리

위에서 언급된 세 가지의 프로시저들은 자료의 요약에 사용되는 프로시저들로 유사하지만 그 기능과 출력되는 결과들이 조금씩 틀리므로 표현하고자 하는 통계량 및 그래프에 따라서 적절하게 사용할 수 있다.

예제

계속) 토플반 모의시험 성적을 가지고 적절한 기술통계량을 제시하시오.

풀이 분포에 대한 이상값이나 표준화 값을 저장할 필요가 없으므로 분포의 형태를 파악하기 위해서 빈도분석을 이용하여 다음과 같은 결과를 나타내었다. 또한 남녀 점수를 비교하기 위해서 '파일분할'을 실시한 후 빈도분석을 다시 한번 실행하였다.

**통계량**

토플점수

| | | | |
|---|---|---|---|
| 남 | N | 유효 | 18 |
| | | 결측 | 0 |
| | 평균 | | 185.19 |
| | 중위수 | | 181.25 |
| | 최빈값 | | 114[a] |
| | 분산 | | 2215.122 |
| | 왜도 | | .655 |
| | 표준화 왜도 오차 | | .536 |
| | 첨도 | | .462 |
| | 표준화 첨도 오차 | | 1.038 |
| | 범위 | | 170 |
| | 백분위수 | 25 | 147.75 |
| | | 50 | 181.25 |
| | | 75 | 211.38 |
| 여 | N | 유효 | 18 |
| | | 결측 | 0 |
| | 평균 | | 194.22 |
| | 중위수 | | 183.25 |
| | 최빈값 | | 137[a] |
| | 분산 | | 2489.771 |
| | 왜도 | | .603 |
| | 표준화 왜도 오차 | | .536 |
| | 첨도 | | -.949 |
| | 표준화 첨도 오차 | | 1.038 |
| | 범위 | | 152 |
| | 백분위수 | 25 | 147.88 |
| | | 50 | 183.25 |
| | | 75 | 241.75 |

a. 여러 최빈값이 있습니다. 가장 작은 값이 나타납니다.

**통계량**

토플점수

| | | |
|---|---|---|
| N | 유효 | 36 |
| | 결측 | 0 |
| 평균 | | 189.71 |
| 중위수 | | 182.50 |
| 최빈값 | | 178[a] |
| 분산 | | 2306.191 |
| 왜도 | | .608 |
| 표준화 왜도 오차 | | .393 |
| 첨도 | | -.424 |
| 표준화 첨도 오차 | | .768 |
| 범위 | | 175 |
| 백분위수 | 25 | 148.25 |
| | 50 | 182.50 |
| | 75 | 213.63 |

a. 여러 최빈값이 있습니다. 가장 작은 값이 나타납니다.

평균이 189.71이고 중위수가 182.5로, 중위수가 평균보다 작게 나타났으며 최빈값 중 가장 작은 점수는 178점이다. 왜도는 0.608로 약간 왼쪽으로 치우친 분포모양을 하고 있고, 정규분포보다 낮은 봉우리 모양을 갖고 있다. 특히 상위 3%에 해당되는 점수는 288.45점이다.

위치를 나타내는 모든 측도들을 보면 남자 점수보다 여자의 점수가 전체적으로 높게 나타났다. 하지만 산포도나 분포의 모양을 나타내는 측도들을 살펴보면, 남자 점수 분포보다는 여자 점수 분포가 낮고, 넓게 퍼져있음을 파악할 수 있다.

## 3.6 연습문제

1. 다음은 한 학원의 수강생 나이를 나열한 것이다. SPSS를 이용하여 결과를 정리하시오.

| | | | | | | | | | |
|---|---|---|---|---|---|---|---|---|---|
| 31 | 25 | 34 | 32 | 21 | 46 | 23 | 34 | 25 | 41 |
| 52 | 35 | 35 | 23 | 49 | 22 | 21 | 55 | 35 | 39 |
| 47 | 41 | 38 | 26 | 41 | 33 | 26 | 27 | 32 | 40 |
| 30 | 42 | 22 | 24 | 39 | 28 | 20 | 27 | 28 | 32 |

(1) 기술통계량을 구하시오.
(2) 히스토그램을 그리시오.
(3) 상자도표를 그리시오.
(4) 연령대(20대, 30대, 40대 이상)로 코딩변환을 하여 도수분포표를 그리시오.
(5) (3)의 자료를 이용하여 원도표를 그리시오.
(6) (1)~(5)까지의 결과를 근거로 자료 분포를 설명하시오.

2. 아래 자료는 어느 도시의 8월 한 달 일일 최고 온도를 측정하여 기록한 것이다. SPSS를 이용하여 적절한 자료요약을 통해서 분포를 설명하시오.

| | | | | | | | | | |
|---|---|---|---|---|---|---|---|---|---|
| 32 | 30 | 34 | 32 | 33 | 35 | 31 | 34 | 35 | 33 |
| 36 | 31 | 30 | 32 | 35 | 36 | 37 | 31 | 35 | 34 |
| 33 | 32 | 34 | 33 | 36 | 31 | 35 | 36 | 33 | 34 |

3. 체중이 비슷한 암수 병아리를 각각 50마리씩 선별하여 새로 개발한 배합사료를 일정기간 동안 먹인 뒤 체중의 증가량을 조사하였다. 다음 질문에 답하시오(자료출처. 김우철 외(1996)).

(단위: g)

| 구분 | | | | | | | | | | |
|---|---|---|---|---|---|---|---|---|---|---|
| 수컷 | 13.4 | 15.7 | 14.9 | 14.2 | 15.0 | 13.7 | 13.0 | 16.6 | 16.0 | 15.5 |
| | 13.7 | 14.0 | 15.4 | 14.9 | 15.2 | 15.8 | 15.4 | 15.7 | 13.9 | 13.8 |
| | 14.8 | 14.8 | 15.8 | 14.2 | 14.2 | 15.4 | 14.1 | 14.5 | 16.6 | 14.8 |
| | 15.2 | 14.0 | 14.2 | 16.9 | 13.4 | 16.2 | 14.3 | 14.7 | 14.7 | 15.1 |
| | 16.0 | 14.1 | 16.6 | 15.4 | 14.5 | 14.5 | 15.4 | 15.3 | 15.0 | 15.4 |
| 암컷 | 15.3 | 7.7 | 15.8 | 13.6 | 11.7 | 14.6 | 13.1 | 15.5 | 12.7 | 11.9 |
| | 13.4 | 15.8 | 12.6 | 12.0 | 10.7 | 13.3 | 15.3 | 16.4 | 16.2 | 12.7 |
| | 15.5 | 11.7 | 14.9 | 11.9 | 12.8 | 12.6 | 16.0 | 12.9 | 14.2 | 13.1 |
| | 13.4 | 13.3 | 14.1 | 12.2 | 15.3 | 13.6 | 13.3 | 14.1 | 9.8 | 13.2 |
| | 13.5 | 14.0 | 14.2 | 14.5 | 15.8 | 15.5 | 17.5 | 13.8 | 8.7 | 10.3 |

(1) 성별, 전체 기술통계량을 나타내시오.

(2) 성별, 전체 도수분포표를 작성하시오.

(3) 성별, 전체 줄기-잎-그림을 그리시오.

(4) 성별, 전체 상위 5%에 해당하는 자료를 구하고, 그 자료의 표준화 값을 구하시오.

(5) 위 결과들을 토대로 체중의 증가량에 대하여 성별에 따라 체중이 어떻게 다른지 설명하시오.

제4장

# 설문데이터의 입력 및 처리

이 장에서는 설문조사를 할 경우 표현되는 자료의 형태와 SPSS를 이용한 자료의 처리 방법에 대해서 알아보고자 한다.

## 4.1 데이터 종류와 처리

### 4.1.1 측정의 척도

설문에 의거하여 얻어지는 데이터들은 대부분의 경우 숫자로 표현되지만 데이터의 성질은 같지 않다.

다음과 같은 설문을 고려하자.

**설문 1.** 성별 ① 남 ② 여
**설문 2.** 나이 ( ) 세
**설문 3.** 본 시설에 대해서
① 불만 ② 약간 불만 ③ 보통 ④ 약간 만족 ⑤ 매우 만족

위의 예에서 설문 1과 설문 3은 복수의 선택 중 하나를 골라 응답하는 자료이고, 이와 같이 얻어지는 자료가 질적 자료이다. 입력된 숫자는 단지 구분을 위한 목적으로 사용되며 그 외에는 의미가 없다. 설문 2 자료는 수량으로 얻어지는데, 그 값 자체로서 자료의 의미가 있는 양적 자료이다. 질적 자료와 양적 자료는 또한 다음과 같은 척도를 갖는 자료로도 나뉘어진다.

#### 4.1.1.1 명목척도(nominal scale)

측정 대상의 특성을 분류하거나 확인할 목적으로 숫자를 부여하는 경우이다. 즉, 가감승제의 대상이 아니라 식별할 목적으로 사용되는 데이터로, 예를 들어 혈액형을 1=A형, 2=B형, 3=O형, 4=AB형으로 코딩하게 한다면 혈액형 자료는 분류를 하기 위해 사용될 뿐 숫자적 의미는 없다.

#### 4.1.1.2 순서척도(ordinal scale)

측정대상 간의 순서관계를 밝혀주는 척도로 측정대상 간에 높고 낮음 등의 순위를 부여해주는 척도이다. 순서척도의 측정은 숫자에 순서의 의미가 있을 뿐, 등간격이라

는 것을 보증하는 것은 아니라는 것이 특징이다. 예를 들어, 설문 3과 같이 만족도에 대한 5점 척도에서 5−4≠2−1(만족−약간만족≠약간불만−불만)의 관계를 의미한다.

#### 4.1.1.3 간격척도(등간척도, interval scale)

속성에 대한 순위를 부여하되 순위 간의 간격이 동일한 척도를 말한다. 설문 2에서와 같이 나이에 대한 자료는 순서로서의 의미가 있고, 숫자 간의 차이에 등간격성이 있다. 즉, 등간척도에서 구별되는 단위간격은 동일하며, 각 대상을 크고 작은 것 또는 같은 것으로 그 순위를 구별한다.

#### 4.1.1.4 비율척도(ratio scale)

연구조사에서 가장 많이 사용되는 척도로 절대 0을 출발점으로 하여 측정 대상이 지니고 있는 속성을 양적 차이로 표현하고 있는 척도이다. 간격척도가 갖는 특성에 추가적으로 측정값 사이의 비율계산이 가능한 척도이다. 간격척도와 비율척도의 구별은 데이터를 통계적으로 처리하는 데 있어서 중요하지 않다.

명목척도와 서열척도로 측정된 자료는 질적 자료로 구분되고, 등간척도와 비율척도로 측정된 자료는 양적 자료로 구분된다.

### 4.1.2 데이터 처리의 기본

#### 4.1.2.1 질적 데이터의 정리방법

질적 데이터는 범주마다의 빈도의 집계와 비율을 계산하여 도수분포표나 막대형 차트, 원형 차트 등으로 표현하는 것이 데이터 처리의 기본이 된다.

#### 4.1.2.2 양적 데이터의 정리방법

양적 데이터는 구간을 나누어서 구간마다 도수의 집계를 나타내거나 평균, 중앙값, 표준편차 등의 통계량 계산이 데이터 처리의 기본이 된다.

설문 2의 경우, 구간을 정하여 히스토그램으로 나타내거나, 연령 데이터를 20대 미만, 20대, 30대, 40대 이상과 같이 구간을 나누어 각 구간의 데이터가 각각 몇 개 있는지 막대형 차트 등으로 시각화하면 좋다(SPSS에서는 1.6.1절에서 소개된 코딩변경 기능을 사용하면 구간을 나누는 것이 가능하다).

또한 연령의 위치나 산포도 관련 통계량들을 계산하여 분포의 형태를 파악할 수 있다. 처리방법에 대한 자세한 내용은 2장과 3장을 참고하기 바란다.

## 4.2 데이터의 입력

### 4.2.1 단일응답의 입력

**【설문 예】**

1. 성별 (　　　)
2. 혈액형 (　　　)
3. 가장 좋아하는 색 (　　　)
4. 연령 (　　　)
5. 상품을 접하게 된 계기는?
   (1) TV 광고
   (2) 라디오 광고
   (3) 신문 광고
   (4) 점두(店頭)
   (5) 아는 사람의 소개
   (6) 기타 (　　　)
6. 이 상품에 대한 만족도
   (1) 대단히 불만
   (2) 불만
   (3) 약간 불만
   (4) 약간 만족
   (5) 만족
   (6) 대단히 만족

**설문 1과 2.** 설문 1과 2는 각각 2가지와 4가지로 표현될 수밖에 없는 경우이다. 이처럼 사전에 몇 가지의 답이 출현할 것인지를 알 수 있는 경우에는, 입력하기 전에 다음과 같이 코드화해 놓고 거기에서 정한 숫자를 입력하는 것이 좋다.

(성별)　남 → 1　　　여 → 2

(혈액형) A → 1　　　B → 2　　　O → 3　　　AB → 4

SPSS에서는,

1) 위와 같이 코드화해놓고 입력을 하는 경우라면 값 레이블에서 레이블 정의를 해주면 된다.
2) 만일, 특정의 문자로 입력이 되는 경우는 코딩변환을 통해서 숫자화해주면 된다. 그래프를 이용하여 자료를 정리하는 경우는 굳이 변환하여 나타낼 필요는 없다.

**설문 3.** 설문 3인 경우는 여러 가지의 색이 선택되므로, 이와 같이 사전에 몇 가지의 답이 출현할지 알 수 없는 경우는 답 그 자체를 입력하는 것이 좋다. 코드화는 입력 후 조절하는 것이 효율적이다.

**설문 4.** 설문 4는 연속형 자료이므로, 이 경우는 조사되는 값 자체를 입력하는 것이 좋다. 구간을 나눌 경우는 1.6.1절 코딩변경을 통해서 새로운 변수로 입력하는 것이 좋다.

**설문 5와 6.** 선택된 문항을 그대로 입력하면 된다. 설문 5와 같은 경우에는 '기타'를 선택하면 필요에 따라서 구체적인 어구를 입력하여야 하므로, 별도의 변수를 추가적으로 만들어야 한다. 예를 들어, 변수 이름 '설문 5'와 '설문 5X'를 만들었다고 하자. '설문 5' 변수에는 '1'에서 '6'까지를 기입할 수 있고, '설문 5X'에는 '설문 5'에서 '6'을 기입한 경우에 추가 설명할 수 있도록 변수를 마련한다.

**무응답.** 설문문항에 대한 무응답은 기입하는 것을 잊어버리거나, 회답이 불가능한 경우, 또는 회답을 거부하는 경우가 있다. 설문지로부터는 이러한 경우를 판단하기가 어렵다. 또한 조사하는 측이 제멋대로 답을 예측해서 기입하는 것을 피해야 한다. 이러한 경우는 'dot(.)'으로 처리하거나 문항 외의 수(예를 들어, 99)로서 기입을 해두는 것이 좋다.

### 4.2.2 복수회답의 입력

복수회답은 한 문항의 여러 개 항목을 선택하는 방법으로, 이러한 질문에서는 가능한 개수만큼 변수를 확보해두어야 한다. 다음 예를 통해서 살펴보도록 하자.

**【설문 예】**

1. 제품을 구입한 이유로서 맞는 것을 ○표 하시오(복수선택 가능).
   (1) 가격이 싸다.
   (2) 품질이 좋다.
   (3) 디자인이 좋다.
   (4) 아는 사람의 권유

2. 제품을 두는 장소로 어울린다고 생각하는 공간으로서 적합한 것을 2개까지 ○표 하시오.
   (1) 사무실
   (2) 가정의 서재
   (3) 연구실
   (4) 학교의 교실

**설문 1.** 설문 1의 경우는 최대 4개까지 선택할 수 있으므로, 코딩할 때 모든 경우를 수용할 수 있도록 4개의 변수를 확보하는 것이 좋다. 예를 들어, 이 설문에 대해 6명의 회답자가 다음과 같이 답을 했다고 가정하자.

표 4.1 복수회답 예: 무제한 선택

| 회답자 | ○을 표시한 번호 | | | |
|---|---|---|---|---|
| A | 1 | | | |
| B | 2 | 3 | | |
| C | 3 | | | |
| D | 1 | 3 | 4 | |
| E | 1 | 2 | 3 | 4 |
| F | 1 | 3 | 4 | |

코딩할 때에는 〈그림 4.1〉과 같이 각 보기를 하나의 변수로 간주하여 선택을 했으면 1, 하지 않았으면 0으로 코딩하면 된다.

ch4-1.sav

| | 가격 | 품질 | 디자인 | 아는사람 |
|---|---|---|---|---|
| 1 | 1 | 0 | 0 | 0 |
| 2 | 0 | 1 | 1 | 0 |
| 3 | 0 | 0 | 1 | 0 |
| 4 | 1 | 0 | 1 | 1 |
| 5 | 1 | 1 | 1 | 1 |
| 6 | 1 | 0 | 1 | 1 |
| 7 | 1 | 0 | 0 | 0 |
| 8 | 0 | 1 | 0 | 0 |
| 9 | 1 | 0 | 0 | 1 |
| 10 | 0 | 1 | 0 | 1 |
| 11 | 1 | 0 | 1 | 1 |
| 12 | 0 | 1 | 0 | 1 |
| 13 | 0 | 1 | 0 | 1 |

그림 4.1 복수응답코딩: 무제한 선택

**설문 2.** 설문 2의 경우는 선택 수에 제한이 있는 복수응답이다. 예를 들어, 다음과 같이 응답자의 답이 얻어졌다고 하자.

표 4.2 복수회답 예: 제한 선택

| 회답자 | ○을 표시한 번호 | |
|---|---|---|
| A | 1 | 2 |
| B | 2 | 3 |
| C | 3 | 4 |
| D | 1 | 3 |
| E | 1 | 2 |
| F | 1 | 3 |

위와 같은 경우는 두 개의 변수만이 필요하고, 〈그림 4.2〉에서와 같이 위의 형태와 같이 입력을 하면 된다.

ch4-1b.sav

| | 선택1 | 선택2 | 변수 | 변수 |
|---|---|---|---|---|
| 1 | 1 | 2 | | |
| 2 | 2 | 3 | | |
| 3 | 3 | 4 | | |
| 4 | 1 | 3 | | |
| 5 | 1 | 2 | | |
| 6 | 1 | 3 | | |
| 7 | 2 | 4 | | |
| 8 | 1 | 3 | | |

그림 4.2 복수응답코딩: 제한 선택

### 4.2.3 순위응답의 입력

**【설문 예】**

1. 다음 6가지의 음료수 중 어느 순서로 좋아하는지, 가장 좋은 쪽부터 순서대로 1위에서 6위까지 순위를 매겨주십시오.
   (1) 커피
   (2) 홍차
   (3) 우유
   (4) 녹차
   (5) 탄산음료
   (6) 과즙음료

2. PC를 구입할 때에 특히 중요시하는 항목을 다음의 6개 중 3개를 골라 1위에서 3위까지 순위를 매겨주십시오.
   (1) 가격
   (2) 기능(그래픽, 통신 등)
   (3) 디자인
   (4) 계산속도
   (5) 메이커
   (6) 서비스

위의 설문에 대해서는 〈표 4.3a〉와 〈그림 4.3a〉와 같이 각 보기를 하나의 변수로 간주하여 각 순위를 입력하는 방식과, 〈표 4.3b〉, 〈그림 4.3b〉와 같이 순위를 변수로 생각하고 각 순위에 해당하는 항목을 입력하는 것이 있다. 하지만 많은 설문을 입력하는 방법에 있어 설문지의 보기를 변수로 설정하여 응답내용을 코딩하는 것이 일반적이이서 〈그림 4.3b〉 방법보다는 〈그림 4.3a〉 방법이 더 바람직하다.

표 4.3a 순위응답 예

| | 커피 | 홍차 | 우유 | 녹차 | 탄산음료 | 과즙음료 |
|---|---|---|---|---|---|---|
| A | 4 | 1 | 6 | 5 | 2 | 3 |
| B | 2 | 6 | 5 | 4 | 1 | 3 |
| C | 3 | 2 | 4 | 6 | 5 | 1 |
| D | 5 | 5 | 2 | 1 | 3 | 4 |

ch4-2a.sav

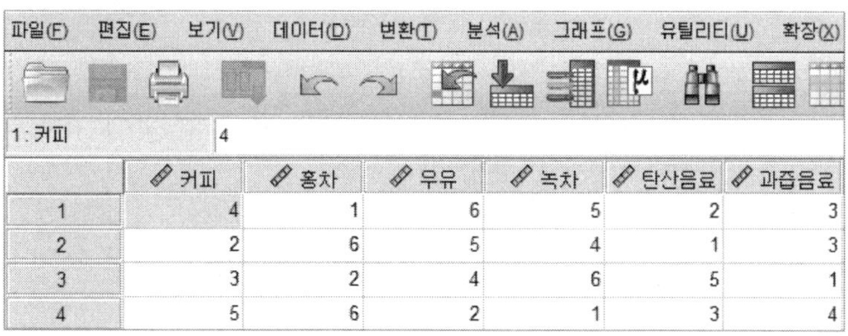


그림 4.3a 순위응답코딩: 순위입력

표 4.3b 순위응답 예

| | 제1순위 | 제2순위 | 제3순위 | 제4순위 | 제5순위 | 제6순위 |
|---|---|---|---|---|---|---|
| A | 홍차 | 탄산 | 과즙 | 커피 | 녹차 | 우유 |
| B | 탄산 | 커피 | 과즙 | 녹차 | 우유 | 홍차 |
| C | 과즙 | 홍차 | 커피 | 우유 | 탄산 | 녹차 |
| D | 녹차 | 우유 | 탄산 | 과즙 | 커피 | 홍차 |

ch4-2b.sav

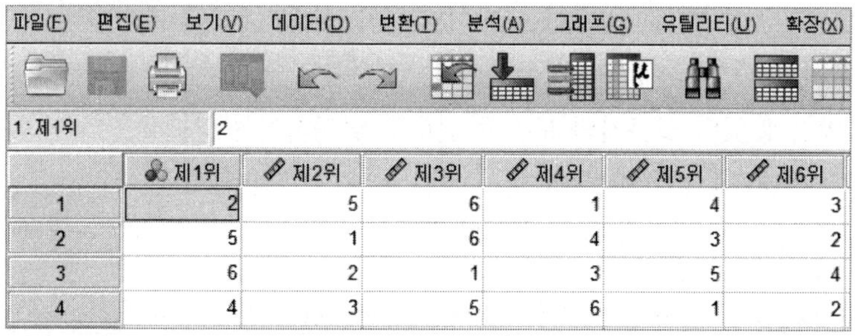


그림 4.3b 순위응답코딩: 항목입력

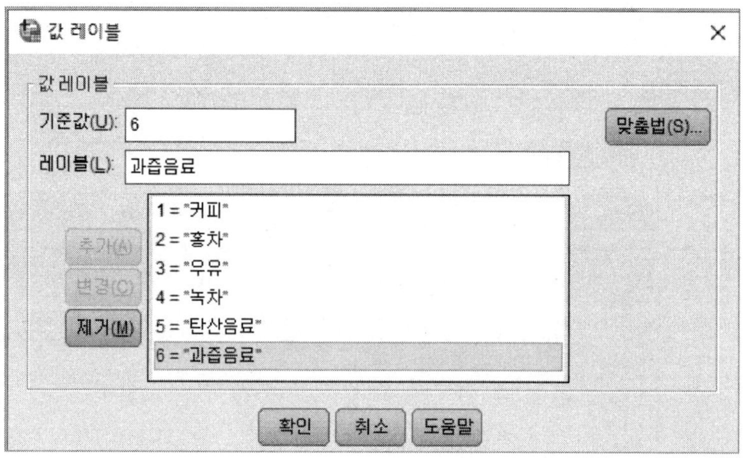


그림 4.4 값 레이블

〈그림 4.3b〉의 형태에서는 〈그림 4.4〉에서와 같이, 값 레이블을 통해서 각 값이 어떠한 항목을 나타내는 것인지를 설명하는 것이 좋다.

## 4.3 데이터 요약

그래프는 메뉴 바에서 그래프로 나타내는 경우와, 통계분석의 기초통계의 여러 가지 프로시저에서 옵션으로 선택되는 경우가 있다. 이 절에서는 설문 응답의 형태에 따라 적절한 표현 방법을 알아보고자 한다.

## 4.3.1 단일응답

〈그림 4.5〉는 4.2.1절의【설문 예】를 입력한 자료이다. 이에 대하여 시각적으로 또는 통계량으로 데이터를 요약하는 방법에 대해서 알아보고자 한다.

우선, 설문은 형식이 간단하게 되어 있으므로 자료는 〈그림 4.5〉와 같이 간단하게 입력 가능하다.

ch4-3.sav

파일(F) 편집(E) 보기(V) 데이터(D) 변환(T) 분석(A) 그래프(G) 유틸리티(U) 확장(X)

| | 설문1 | 설문2 | 설문3 | 설문4 | 설문5 | 설문6 |
|---|---|---|---|---|---|---|
| 1 | 1 | 1 | 적 | 32 | 3 | 3 |
| 2 | 1 | 3 | 황 | 20 | 5 | 4 |
| 3 | 1 | 2 | 적 | 25 | 6 | 5 |
| 4 | 2 | 4 | 청 | 38 | 1 | 6 |
| 5 | 2 | 4 | 백 | 45 | 1 | 3 |
| 6 | 2 | 3 | 흑 | 36 | 2 | 4 |
| 7 | 1 | 2 | 백 | 39 | 4 | 5 |
| 8 | 1 | 1 | 적 | 23 | 3 | 1 |
| 9 | 1 | 1 | 녹 | 22 | 2 | 2 |
| 10 | 1 | 1 | 백 | 40 | 3 | 3 |
| 11 | 2 | 1 | 백 | 35 | 3 | 1 |
| 12 | 1 | 1 | 적 | 32 | 5 | 2 |
| 13 | 2 | 2 | 적 | 40 | 6 | 3 |
| 14 | 1 | 3 | 적 | 38 | 3 | 4 |
| 15 | 2 | 4 | 녹 | 40 | 3 | 3 |
| 16 | 1 | 1 | 녹 | 35 | 2 | 5 |
| 17 | 2 | 3 | 녹 | 42 | 1 | 3 |
| 18 | 1 | 2 | 백 | 35 | 1 | 5 |
| 19 | 2 | 1 | 백 | 20 | 2 | 5 |
| 20 | 2 | 3 | 적 | 18 | 3 | 4 |

그림 4.5 자료입력 형태

기본적으로, 자료가

① 성별과 같이 이항선택인 경우에는 빈도를 막대형 차트로 나타내고, 비율은 원형 차트로 나타내면 좋다.

② 혈액형과 같이 다항선택인 경우에는 막대형 차트로 나타내는 것이 좋다. 또한 선

택문항 간에 순서의 관계가 없을 경우에는 도수가 많은 순서로 정렬하고 막대형 차트로 표현하는 것이 보기 쉬워진다.

③ 설문 6과 같은 만족도에 관한 설문은 순서의 의미가 있는 경우이므로 자료를 정렬하지 않고 순서관계를 그대로 그래프에 적용시켜 막대형 차트로 표현한다.

그리는 방법과 해석은 2장에서 자세히 다루었다.

### 4.3.2 복수응답

여러 가지의 선택항목 중에서 2개 이상을 고르게 하는 복수응답은 한 사람이 여러 개의 항목을 선택할 수 있기 때문에 설문문항 한 개라도 최대 허용할 수 있는 변수를 확보해야 한다고 앞 절에서 언급한 바 있다. 복수응답에 대한 결과를 표현하는 방법은 도수가 많은 순서로 정렬하여 막대형 차트로 나타내는 것이 좋다. 4.2.2절의 설문 1에 대해서 자료를 정리한 결과, 다음과 같은 표와 그래프로 정리할 수 있다.

표 4.4 복수응답 예

| | 품질이 좋다 | 아는 사람의 권유 | 디자인이 좋다 | 가격이 싸다 |
|---|---|---|---|---|
| 선택 | 10 | 14 | 9 | 10 |
| 비선택 | 10 | 6 | 11 | 10 |
| 합계 | 20 | 20 | 20 | 20 |

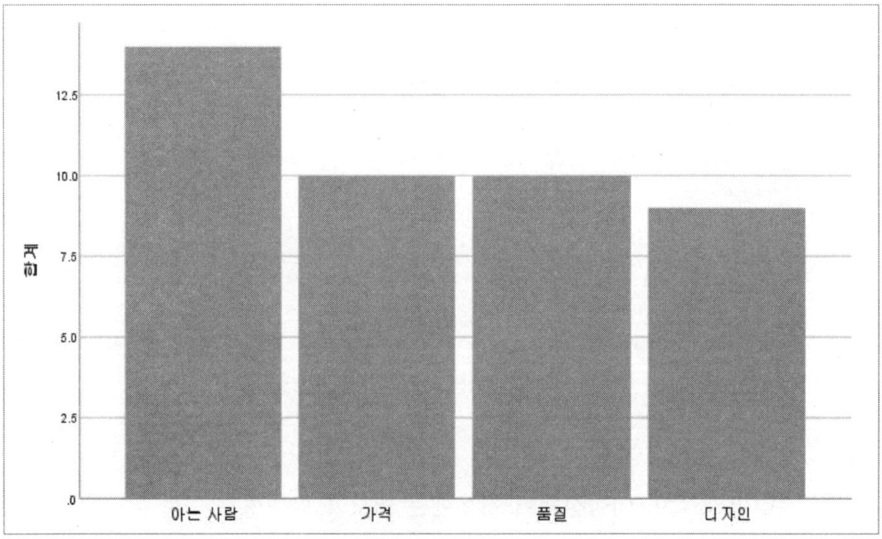


그림 4.6 복수응답 결과 막대형 차트

〈그림 4.6〉은 여러 개 변수를 한 그래프에 표현한 것이다. 이 외에 여러 변수들을 묶어서 확장 개념으로 변수군을 형성하는 방법에 대해서는 4.3.2.2절에서 알아보도록 한다.

### 4.3.2.1 복수응답의 자료요약

이 절에서는 〈그림 4.6〉을 SPSS에서 구현하는 방법에 대해서 살펴보고자 한다. 〈그림 4.6〉은 4개의 변수를 이용하여 하나의 막대형 차트로 그린 것이므로 2장에서 설명된 대로 '그래프→레거시 대화 상자→막대형 차트'를 선택한 후, 〈그림 4.7a〉와 같이 '단순'과 '개별변수의 요약값'을 선택한다.

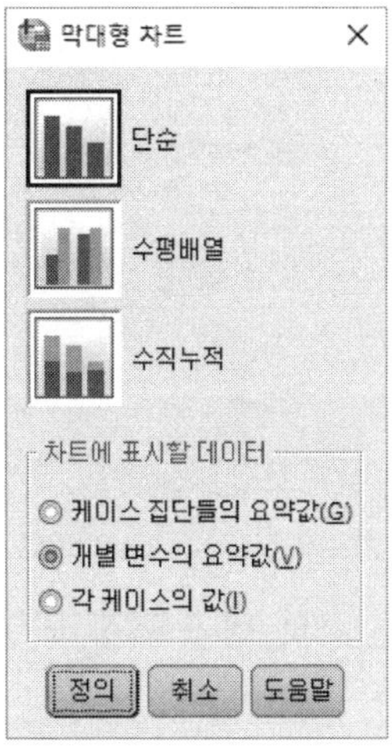


그림 4.7a 막대형 차트

**단순 막대 정의: 개별 변수의 요약값.** 그리고자 하는 막대형 차트의 특징을 정의하고 나면 〈그림 4.7b〉의 대화상자에서 어떤 막대를 표시할 것인가를 정의하여야 한다. 먼저 표시하고자 하는 변수들을 「막대 표시」 목록에 보내고, 선택하면 「통계량 변경」이 활성화되면서 원하는 막대 표시를 할 수 있게 된다.

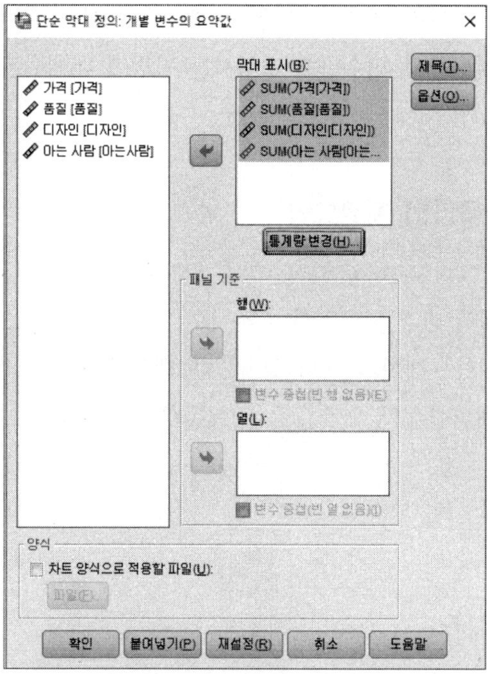


그림 4.7b 개별변수 요약값

**통계량.** 선택된 변수들을 살펴보면, 응답을 하였을 경우에는 1을, 응답하지 않았으면 0을 입력하였다. 따라서 각 변수들이 얼마만큼 선택되었는지를 알아보고자 한다면 각 개별변수의 「합계」를 통해서 몇 명이 특정 변수를 선택하였는지 살펴볼 수 있다.

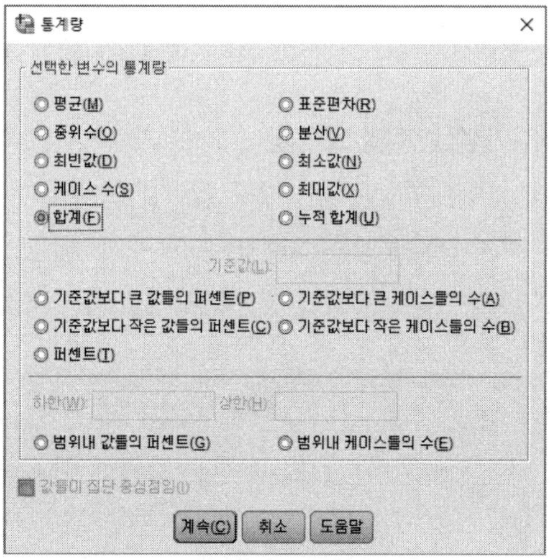


그림 4.7c 통계량

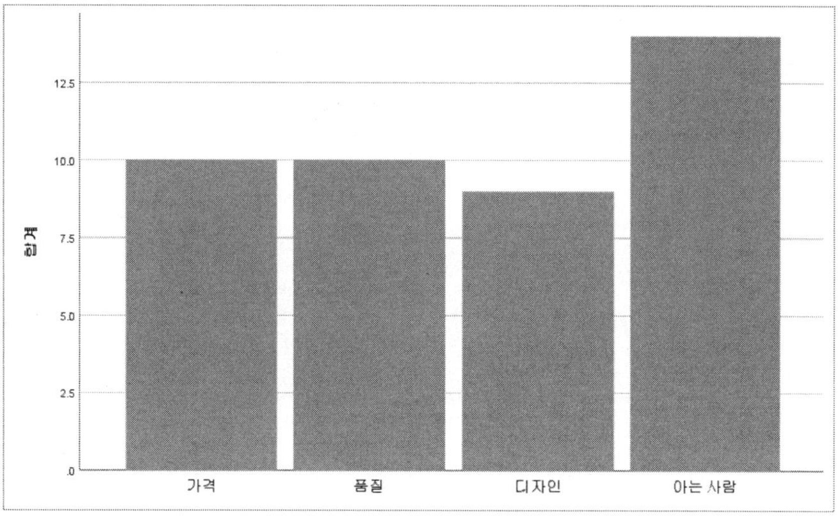


그림 4.8 요약된 막대형 차트

위의 설명대로 진행하다 보면 〈그림 4.8〉과 같은 결과를 얻게 된다.

〈그림 4.6〉과 〈그림 4.8〉은 같은 자료를 이용하여 그린 막대형 차트이다. 시각적인 효과를 돕기 위해서 〈그림 4.6〉에서처럼 도수나 상대도수가 많은 순서대로 막대를 표시하는 것이 좋다. 〈그림 4.6〉과 같이 표현하는 방법에 대해서는 2장에서 다루었다.

### 4.3.2.2 복수응답의 변수 그룹화

복수응답에서 각 문항들을 하나의 변수로 간주하여 입력하였으므로, 문항개수만큼의 변수에 입력되었기 때문에 분석하고자 할 때에는 변수를 그룹화할 필요가 있다. 〈그림 4.1〉에서와 같이 하나의 문항에 4가지의 항목을 4개의 변수로 입력하였을 때 그룹화하기 위하여 다음과 같은 과정을 거친 후 〈그림 4.9〉를 띄운다.

**분석 → 다중반응 → 변수군 정의**

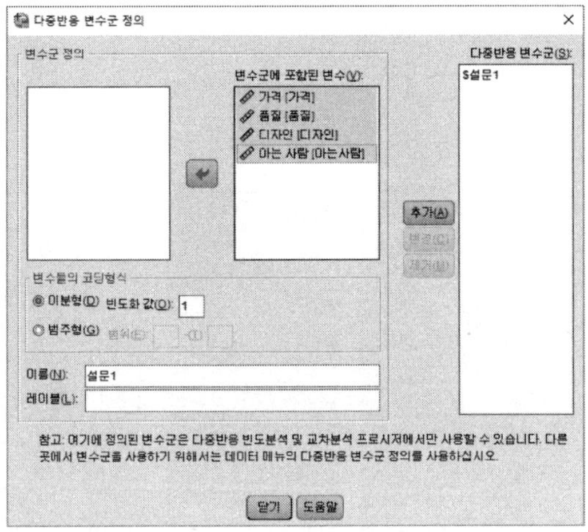


그림 4.9 다중반응

**다중반응 변수군 정의.** 〈그림 4.9〉의 「변수군 정의」에서 필요한 변수들을 선택한 후, 「변수군에 포함된 변수」로 옮긴다. 각 변수들은 0 또는 1의 값을 갖고 있으므로 「변수들의 코딩형식」은 「이분형」을 선택하여 1의 값을 갖는 자료들을 「빈도화 값」으로 설정한다. 여러 개의 변수들을 변수군으로 정의하기 위해서는 「이름」에 변수군 이름을 입력하고 필요한 「레이블」을 나타낸다. 다중반응 변수군의 이름을 7문자까지 입력한다. SPSS에서는 지정한 이름 앞에 달러($) 부호가 자동으로 붙어 「다중반응 변수군」에 나타난다. 다중반응 변수군은 분석 당시에만 만들어진다는 일회성이 특징이다.

다중반응 변수군은 다중반응 외의 다른 프로시저에서는 사용할 수 없다. 즉, 다중반응변수가 정의된 경우는 다중반응 프로시저에서만 가능한 빈도분석이나 교차분석이 가능하게 된다. 위의 자료로 다중반응 변수를 정의한 후 빈도분석을 하면 다음과 같다.

| 분석 → 다중반응 → 빈도분석 |
|---|

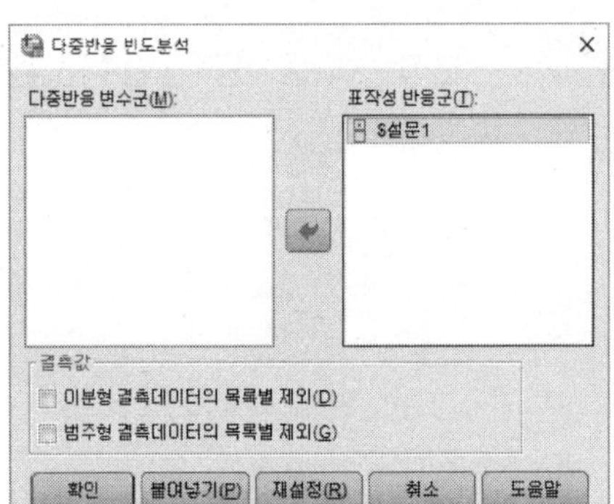


그림 4.10 다중반응 빈도분석

**다중반응 빈도분석.** 다중반응 빈도분석을 하게 되면「다중반응 변수군」에는 분석자가 만든 다중반응 변수군만 나타난다.

표 4.5 다중반응분석 결과

케이스 요약

| | 케이스 | | | | | |
|---|---|---|---|---|---|---|
| | 유효 | | 결측 | | 전체 | |
| | N | 퍼센트 | N | 퍼센트 | N | 퍼센트 |
| $설문1[a] | 20 | 100.0% | 0 | 0.0% | 20 | 100.0% |

a. 값 1을(를) 가지는 이분형 변수 집단입니다.

$설문1 빈도

| | | 반응 | | 케이스 중 % |
|---|---|---|---|---|
| | | N | 퍼센트 | |
| $설문1[a] | 가격 | 10 | 23.3% | 50.0% |
| | 품질 | 10 | 23.3% | 50.0% |
| | 디자인 | 9 | 20.9% | 45.0% |
| | 아는 사람 | 14 | 32.6% | 70.0% |
| 전체 | | 43 | 100.0% | 215.0% |

a. 값 1을(를) 가지는 이분형 변수 집단입니다.

다중반응 빈도분석을 통해서 4개의 개별변수가 마치 각 범주인 것처럼 간주되어 빈도표가 만들어졌다. 〈표 4.5〉에서「$설문1 빈도」의 합계는 43이지만「케이스 요약」부분을 통해 20명의 응답자가 43개의 항목을 선택했음을 알 수 있다.

## 4.3.3 순위응답

선택사항에 순위를 매기게 하는 경우는 대상을 가로축으로 하여 나타내거나 순위를 가로축으로 만들 수도 있다. 분석자가 보고자 하는 목적에 따라 다르게 나타낼 수 있는데, 대상을 가로축으로 하는 경우는 대상 간의 비교를 해볼 수 있고, 순위를 가로축으로 하는 경우는 몇 %의 응답자가 1위에 커피를 택하고 있는지를 살펴볼 수 있다. 일반적으로는 선택 대상을 가로축으로 설정하는 것이 일반적이다.

〈표 4.6〉은 4.2.3절의 설문 1에 대한 집계결과의 예이다.

표 4.6 요약된 자료

| | 1위 | 2위 | 3위 | 4위 | 5위 | 6위 |
|---|---|---|---|---|---|---|
| 커피 | 80 | 60 | 30 | 15 | 10 | 5 |
| 홍차 | 50 | 80 | 40 | 20 | 5 | 5 |
| 우유 | 40 | 20 | 50 | 40 | 30 | 20 |
| 녹차 | 20 | 15 | 50 | 60 | 45 | 10 |
| 탄산음료 | 5 | 15 | 20 | 60 | 80 | 20 |
| 과즙음료 | 5 | 10 | 10 | 5 | 30 | 140 |

〈표 4.6〉과 같은 요약된 자료를 입력하기 위해서는 〈그림 4.11〉과 같이 대상을 나타내는 변수와 순위를 나타내는 변수, 가중값을 주기 위한 빈도 변수가 필요하다. 〈그림 4.11〉은 숫자형으로 입력한 후, 메인 메뉴의 '보기→값 레이블'을 선택하여 데이터 편집기 창에 값 레이블을 직접 보여주고 있다.

ch4-4.sav

| | 음료 | 순위 | 빈도 |
|---|---|---|---|
| 1 | 커피 | 1위 | 80 |
| 2 | 커피 | 2위 | 60 |
| 3 | 커피 | 3위 | 30 |
| 4 | 커피 | 4위 | 15 |
| 5 | 커피 | 5위 | 10 |
| 6 | 커피 | 6위 | 5 |
| 7 | 홍차 | 1위 | 50 |
| 8 | 홍차 | 2위 | 80 |
| 9 | 홍차 | 3위 | 40 |
| 10 | 홍차 | 4위 | 20 |
| 11 | 홍차 | 5위 | 5 |
| 12 | 홍차 | 6위 | 5 |
| 13 | 우유 | 1위 | 40 |
| 14 | 우유 | 2위 | 20 |
| 15 | 우유 | 3위 | 50 |
| 16 | 우유 | 4위 | 40 |
| 17 | 우유 | 5위 | 30 |
| 18 | 우유 | 6위 | 20 |
| 19 | 녹차 | 1위 | 20 |
| 20 | 녹차 | 2위 | 15 |
| 21 | 녹차 | 3위 | 50 |
| 22 | 녹차 | 4위 | 60 |
| 23 | 녹차 | 5위 | 45 |
| 24 | 녹차 | 6위 | 10 |
| 25 | 탄산음료 | 1위 | 5 |

그림 4.11 자료입력의 일부

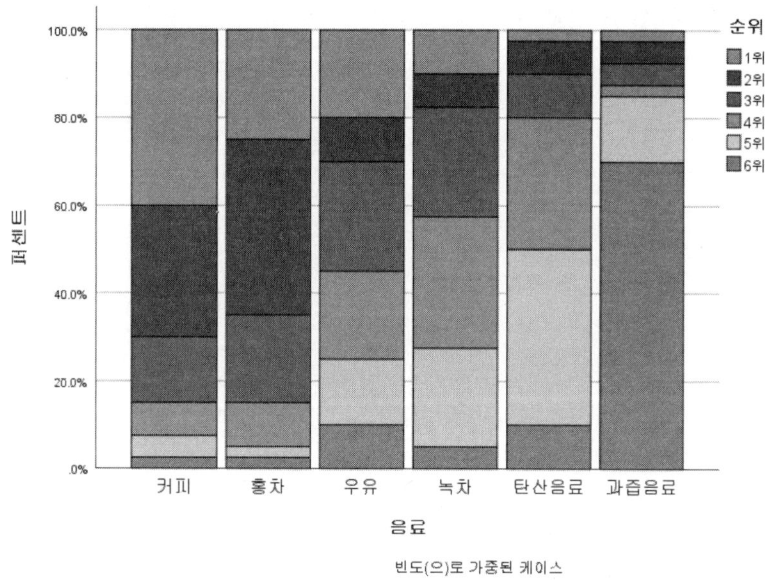


그림 4.12 순위응답에 대한 수직 막대형 차트

〈표 4.6〉의 자료를 이용하여 〈그림 4.12〉의 그래프를 그려보자. 〈그림 4.12〉를 통해서 음료별 순위가 어떻게 분포되어 있는지 파악할 수 있다. 이와 같은 그래프를 나타내기 위해서 메인 메뉴에서 '그래프→레거시 대화 상자→막대형 차트'를 선택하여 〈그림 4.13a〉의 창을 띄운다.

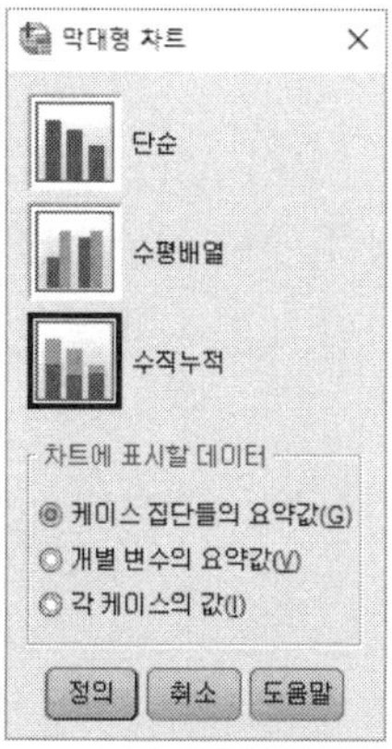


그림 4.13a 막대형 차트

**막대형 차트.** 〈그림 4.12〉는 한 막대에 모든 순위에 대한 분포를 표시하고 있으므로 수직누적 막대 모양이고, 〈그림 4.11〉에서 살펴보듯이, 순위 변수와 음료 변수의 각 범주의 조합으로 자료를 나타내었기 때문에 「차트에 표시할 데이터」에 「케이스 집단들의 요약값」을 선택한 후, 「정의」하여 〈그림 4.13b〉의 창을 띄운다.

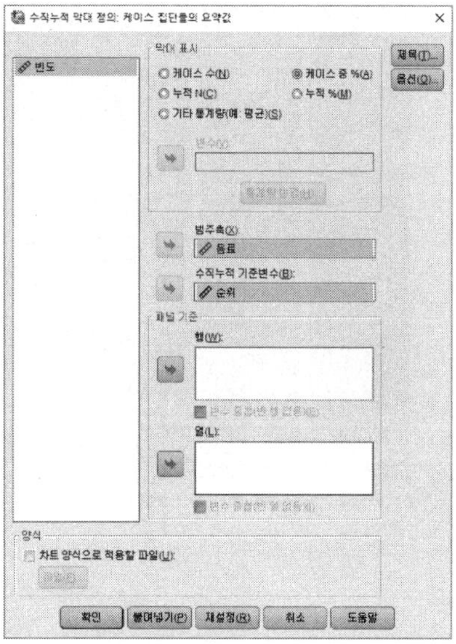


그림 4.13b 수직누적 막대 정의

**수직누적 막대 정의.** 〈그림 4.12〉를 살펴보면 $Y$ 축은 퍼센트를 표시하고 있고 한 개의 막대에는 한 음료에 대한 각 순위의 퍼센트가 누적되어 있음을 볼 수 있다. 따라서 「막대 표시」는 '케이스 중 %'를 선택하고, 막대를 표시하는 「범주축」은 '음료' 변수를, 막대를 구성하는 「수직누적 기준변수」는 '순위' 변수를 설정하여 「확인」하면 〈그림 4.12〉의 결과를 볼 수 있다.

만일, 「범주축」의 변수와 「수직누적 기준변수」의 변수를 바꾸어 나타낸다면 〈그림 4.14〉와 같이 나타낼 수 있다. 따라서 해석하고자 하는 기준변수가 어떤 것인지에 따라 수직 막대형 차트를 〈그림 4.12〉 또는 〈그림 4.14〉처럼 달리 표현할 수 있다.

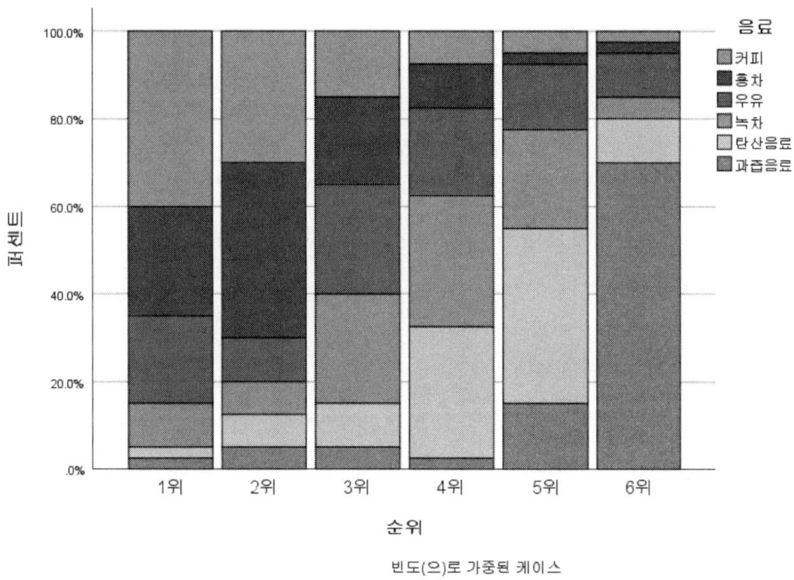


그림 4.14 순위응답에 대한 수직 막대형 차트

## 4.4 연습문제

1. 다음은 설문지 예이다. 아래 설문지를 보고 SPSS에 자료를 코딩하기 위한 지침서를 작성해보시오.(예. 변수 이름, 내용, 코딩형식, 변수값 등)

I. 개인 신상 정보
1. 이름 ( )
2. 성별 ① 남 ② 여
3. 귀하의 나이는? ( ) 세

II. 다음 질문에 답하여 주시기 바랍니다.
1. 어떤 종류의 칫솔을 사용하십니까?
① 부드러운 모 ② 중간 모 ③ 단단한 모
2. 스케일링을 해보신 적이 있으십니까? ① 있다 ② 없다
⇒ 만일, 있으시다면 마지막으로 한지 얼마나 되셨습니까? ( ) 개월

3. 어떤 치아 검사를 받기를 원하십니까?
   ① 전체적으로 검사받고 싶다.
   ② 아픈 치아만 검사받기를 원한다.

2. 다음은 휴대전화회사에 대한 만족도 조사에서 사용된 설문지이다.(자료출처: 강병서, 김계수(2001))

I. 만족도에 대한 조사

다음 사항에 대하여 귀하가 느끼는 만족 정도를 표시하여 주십시오.

1. 통화품질

| 매우불만 | | 보통 | | 매우만족 |
|---|---|---|---|---|
| 1 | 2 | 3 | 4 | 5 |

| | | | | | |
|---|---|---|---|---|---|
| (1) 지상수신율 | 1 | 2 | 3 | 4 | 5 |
| (2) 지하공간수신율 | 1 | 2 | 3 | 4 | 5 |

2. 서비스

| | | | | | |
|---|---|---|---|---|---|
| (3) 절차의 용이성 | 1 | 2 | 3 | 4 | 5 |
| (4) 절차의 신속성 | 1 | 2 | 3 | 4 | 5 |
| (5) 직원의 친절성 | 1 | 2 | 3 | 4 | 5 |
| (6) 직원의 업무처리능력 | 1 | 2 | 3 | 4 | 5 |
| (7) 타회사와 비교한 가격 | 1 | 2 | 3 | 4 | 5 |

3. 이미지

| | | | | | |
|---|---|---|---|---|---|
| (1) 회사이미지 | 1 | 2 | 3 | 4 | 5 |
| (2) 제품의 이미지 | 1 | 2 | 3 | 4 | 5 |
| (3) 브랜드 이미지 | 1 | 2 | 3 | 4 | 5 |

(4) 광고 이미지 1 2 3 4 5

4. 전반적인 만족도 1 2 3 4 5

II. 개인 신상에 대한 조사

(1) 귀하의 성별은? ① 남 ② 여

(2) 최종학력은? ① 고졸 이하 ② 전문대졸 ③ 대졸 이상

(3) 현재의 직업? ① 학생 ② 직장인 ③ 개인사업 ④ 전업주부 ⑤ 기타( )

(4) 당신의 연령? ( )세

(5) 현재 가입번호는? ① 011 ② 016 ③ 017 ④ 018 ⑤ 019

(6) 한 달 평균 통신 요금? ( )천 원

수집된 설문지의 자료를 입력하기 위하여 다음과 같이 정리하였다. 자료를 적절한 방법으로 요약하고 해석하시오.

ch4-5.sav

```
01 4 4 3 4 4 3 4 3 3 4 4 5 1 3 1 42 1
02 4 . 4 2 2 3 3 4 4 4 3 3 2 2 3 28 3
03 3 . 4 2 3 2 3 3 2 4 3 4 1 1 3  . 1
04 3 3 3 2 2 4 2 3 2 4 3 3 2 3 1  . 2
05 4 3 4 5 2 3 2 3 2 5 3 4 1 3 4 35 1
06 4 3 4 2 2 2 3 5 5 2 2 3 1 3 1 30 2
07 3 4 2 3 3 2 3 2 2 3 4 4 2 2 3 31 3
08 4 4 3 4 3 4 4 4 3 4 3 4 1 1 3 22 4
09 4 3 4 4 4 3 3 2 3 3 4 3 2 3 1 35 1
10 4 3 4 5 4 3 4 3 4 4 3 4 1 3 4 28 2
11 3 4 4 5 3 3 2 3 4 5 4 4 1 3 1 40 2
12 5 5 5 3 2 2 3 4 5 3 2 4 2 2 3 30 4
13 4 3 3 4 4 4 4 4 3 4 4 3 1 1 3 37 1
14 5 4 4 2 2 2 5 4 4 3 2 4 2 3 1 32 1
```

```
15 4 5 2 3 3 3 2 3 3 3 4 5 1 3 4 30 3
16 3 3 3 3 4 3 4 4 4 3 2 4 1 3 1 31 4
17 3 4 3 3 4 2 5 3 3 3 4 3 2 2 3 32 1
18 4 5 3 2 3 3 2 3 3 4 2 3 1 1 3 28 1
19 4 4 2 5 4 3 5 4 4 5 4 4 2 3 1 45 3
20 3 3 5 3 2 4 3 2 3 3 3 4 1 3 4 27 4
21 4 2 3 4 4 2 2 2 3 4 4 3 1 3 1 25 1
22 4 5 4 2 2 2 4 5 4 2 2 4 2 2 3 23 2
23 4 4 2 5 4 3 3 3 3 5 4 4 1 1 3 40 3
24 3 3 5 3 2 2 2 2 5 3 2 4 2 3 1 30 4
25 4 5 3 4 4 3 4 2 3 4 3 5 1 3 4 35 1
26 3 4 4 1 2 3 2 3 4 3 3 4 1 3 1 26 2
27 5 5 1 2 1 2 2 5 3 4 4 4 2 2 3 31 3
28 3 3 2 1 2 3 3 3 2 4 3 4 1 1 3 35 1
29 3 4 1 5 4 3 2 2 4 5 4 4 2 3 1 39 2
30 4 4 5 2 2 2 3 4 5 2 2 5 1 3 4 34 2
```

# 제5장

# 이산형 확률분포

이 장에서는 확률분포의 개념과 자료분석에서 많이 사용되는 이산확률분포인 베르누이 분포(Bernoulli distribution), 이항분포(Binomial distribution) 및 포아송 분포(Poisson distribution)에 대해서 살펴보도록 한다.

## 5.1 확률분포

확률변수(random variable)란 표본 공간에서 정의된 실수값의 함수를 말한다. 즉, 우리가 알고자 하는 특징이 나타날 가능성을 실수값, 즉 확률로서 나타낸 것이다. 이를 통계학에서는 대체로 대문자 $X$ 등으로 표현되며, 확률변수가 취하는 수의 값은 소문자 $x$로 표시된다. 확률변수는 자료의 특성에 따라 이산확률변수와 연속확률변수로 나뉜다. 이산확률변수(discrete random variable)는 확률변수가 취할 수 있는 모든 값들을 하나씩 셀 수 있는 경우를 말한다. 이산확률변수 $X$가 어떤 특정한 값 $x$를 취하는 사상은 $(X=x)$이고 그때의 확률은 $\Pr(X=x)$로 표현된다. 연속확률변수(continuous random variable)가 취할 수 있는 모든 값들을 하나씩 셀 수 없는 경우를 의미한다. 연속확률변수는 정수값만 가지고 표시할 수 없고 $a \leq X \leq b$와 값이 어떤 구간값을 가지는 변수로 나타내야만 한다. 그때의 확률은 $\Pr(a \leq X \leq b)$와 같이 표현한다. 예를 들어, 52장의 카드로부터 3장을 뽑을 때 나오는 퀸의 수, 어떤 야구 선수가 경기에서 치는 안타의 수, 20문항의 객관식 시험에서 어떤 학생이 맞춘 정답 수 등은 이산확률변수이고, 어느 공장에서 생산되는 전구의 수명, 신생아의 체중, 어떤 학생이 집에서 학교까지 등교하는 데 걸리는 시간은 연속확률변수이다.

확률분포(probability distribution)는 확률변수가 취할 수 있는 모든 값에 대응하는 확률을 나타내는 분포를 말하며 $f_X(x)$로 표현한다. 즉, 확률변수 $X$가 $x$를 가질 확률에 대한 함수식으로 표현된다. 이산확률변수에 대응하는 확률분포를 이산확률분포라고 하고 연속확률변수에 대응하는 확률분포를 연속확률분포라고 한다.

### 5.1.1 확률변수의 기댓값과 분산

확률변수의 기댓값(expectation)은 간단히 확률변수에 대한 평균을 의미한다. 즉, 확률분포에 해당되는 가중치에 따라 나타내는 평균으로, 분포에서의 중앙 위치를 나타내는 개념이다. 즉, 확률분포에 따라서 확률변수의 값에 가중치를 달리함으로써, 확률변수의 관측값들에 대한 요약값을 제공한다. 확률변수의 기댓값은 $E(X)$로 표기한다. 다음 예를 살펴보도록 하자.

**예제**

어느 복권의 상금의 종류는 1000만 원, 500만 원, 100만 원, 50만 원 등이며 각각에 대한 확률은 다음과 같다. 복권에 대한 상금을 확률변수 $X$라고 할 때, 이에 대한 평균을 구하시오.

| 상금 | 1000원 | 500만 원 | 100만 원 | 50만 원 | 0 |
|---|---|---|---|---|---|
| 확률 | 0.001 | 0.002 | 0.01 | 0.1 | 0.887 |

각 당첨금액과 당첨확률이 각각 확률변수 값과 그 가중치를 나타내므로, 평균을 구하기 위해서는 다음과 같이 모든 가능한 확률변수의 값에 그것의 확률을 곱한 다음 이를 모두 합한다. 즉,

$$E(X) = 1000 \times 0.001 + 500 \times 0.002 + 100 \times 0.01 + 50 \times 0.1 = 8(\text{만원}).$$

확률변수의 기댓값 $E(X)$는 임의 상수 $a, b$에 대해서 다음과 같은 특징을 갖는다.

$$E(aX+b) = aE(X) + b$$

확률변수의 분산은 확률변수 $X$와 그의 기댓값 $E(X)$의 차이의 제곱, 즉, $(X-E(X))^2$의 평균으로 정의되고, $Var(X)$로 표기한다. 즉, 기댓값이 확률변수에 가까울수록 그 값이 작아져 그 변동을 나타내는 데 좋은 척도가 된다. 확률변수의 분산은 임의의 상수 $a, b$에 대해서 다음과 같은 특징을 갖는다.

$$Var(aX+b) = a^2 Var(X).$$

## 5.2 베르누이 시행과 분포

베르누이 시행은 한 번 시행으로 두 가지 중 한 가지로 결과가 설명되는 개념으로, 다음과 같은 세 가지 조건을 만족하는 시행을 베르누이 시행(Bernoulli trials)이라고 한다.

(1) 각 시행의 결과는 두 가지(성공과 실패, Yes와 No, 흑과 백 등) 중 한 가지만 나온다.
(2) 시행마다 성공확률 $p$는 동일하다.
(3) 각 시행은 서로 독립이다. 즉, 앞의 시행의 결과와 다음 시행의 결과는 서로 무관하다.

베르누이 시행의 조건을 만족하는 단 1회의 시행에서 성공의 횟수를 확률변수 $X$라고 하면 $X$는 다음과 같은 분포를 따르게 되는데 이러한 분포함수를 베르누이 분포함수(Bernoulli distribution function)라고 한다.

$$f(x) = p^x (1-p)^{1-x} \quad x = 0,1$$

단, $p$는 성공확률

**베르누이 분포를 따르는 확률변수 $X$의 평균과 분산**

$$E(X) = p$$

$$Var(X) = p(1-p) = pq$$

## 5.3 이항분포

성공확률이 $p$인 베르누이 시행을 $n$번 반복하여 그 성공횟수를 $X$라고 할 때, 확률변수 $X$가 가지는 분포를 이항분포(binomial distribution)라고 하며, $n$번 중, $x$번 성공할 확률에 대한 분포함수는 다음과 같다.

$$f(x) = \binom{n}{x} p^x (1-p)^{n-x}, \ x = 0,1,2,\cdots,n$$

$$\text{단, } \binom{n}{x} = {}_nC_x = \frac{n!}{(n-x)!x!}$$

여기서, $\binom{n}{x}$는 성공 $x$번과 실패 $(n-x)$번을 순서대로 늘여놓을 수 있는 경우의 수이다.

확률변수 $X$가 성공확률이 $p$이고 시행횟수가 $n$인 이항분포를 따를 때 이를 간단히 $X \sim B(n,p)$로 표기한다.

> **이항분포를 따르는 확률변수 $X$ 평균과 분산**
>
> $$E(X) = np$$
>
> $$Var(X) = np(1-p) = npq,\ \sigma(X) = \sqrt{npq}$$

**예제**

어느 큰 항공회사는 국내선의 경우 자기 회사 항공권을 예약한 승객 중 10% 정도가 도중에 예약을 취소한다는 사실을 과거의 경험으로 알았다. 어느 특정한 날의 항공권을 예약한 승객이 10명이라면 이 중 3명이 예약을 취소할 확률은 얼마인가?

**풀이** 확률변수 X를 예약취소 승객이라고 할 때 확률변수 X는 시행횟수는 10이고 성공확률이 0.1인 이상분포를 따른다고 할 수 있다. 따라서 예약 승객 중 3명이 예약취소할 확률은 다음과 같이 표시할 수 있다.

$$\Pr(X=3) = \binom{10}{3} 0.1^3 (1-0.1)^7 = \frac{10!}{(10-3)!3!} 0.1^3 0.9^7 = 0.0574$$

따라서 예약한 승객 10명 중 3명이 예약 취소할 확률은 0.0574이다.

## 5.4 포아송 분포

이 분포는 1837년 프랑스 수학자 포아송(S.D. Poisson)에 의해 발표된 분포로, 일정한 시간, 길이, 넓이 및 부피 내에서 발생한 사건의 개수 등의 변수가 따르는 분포로 알려져 있다. 전화교환대에서 교환양이 3분 동안 자리를 비웠을 때 걸려오는 전화 통화수나, 책자 한 페이지당 오자의 수 등이 그 예이다.

포아송 분포는 이산확률분포의 하나로 확률변수 $X$는 다음 식과 같은 분포함수를 갖는다.

$$f(x) = \frac{e^{-\lambda}\lambda^x}{x!}, x = 0, 1, 2, \cdots$$

$\lambda$: 평균 발생 횟수

이때 확률변수 $X$는 포아송 분포를 따른다고 하며, $X \sim Poi(\lambda)$라고 표기한다.

포아송 분포는 이항분포에서 $np = \lambda$로 놓고 $n$을 무한대로 하는 극한 분포로부터 유도할 수 있으며 그 과정을 보면 다음과 같다.

$$\begin{aligned} f(x) &= \binom{n}{x} p^x q^{n-x} = \frac{n!}{x!(n-x)!} p^x q^{n-x} \\ &= \frac{n!}{x!(n-x)!}\left(\frac{\lambda}{n}\right)^x \left(1-\frac{\lambda}{n}\right)^{n-x} \\ &= \lim_{n\to\infty} \frac{n!}{x!(n-x)!}\left(\frac{\lambda}{n}\right)^x \left(1-\frac{\lambda}{n}\right)^{n-x} \\ &= \frac{\lambda^x}{x!} \lim_{n\to\infty} \frac{n(n-1)\cdots(n-x+1)}{n^x}\left(1-\frac{\lambda}{n}\right)^{n-x} \\ &= \frac{e^{-\lambda}\lambda^x}{x!}, \qquad x = 0,1,2,\cdots \end{aligned}$$

이 사실을 이용하여 $n$이 크고 성공확률이 아주 작은 이항분포에 대한 확률은 포아송 분포로 근사시켜 계산할 수 있다.

**포아송 분포를 따르는 확률변수 $X$ 기댓값과 분산**

$$E(X) = \lambda$$

$$Var(X) = \lambda$$

예제

어느 교환원이 전화를 교환해주고 있는 교환대에 1분에 평균 3통화가 걸려온다고 한다. 교환원이 1분 동안 자리를 비웠다고 할 때 이 교환대에 1통화의 전화가 걸려올 확률을 구해보자.

풀이 확률변수 X를 1분 동안 걸려올 전화통화 수라고 할 때 확률변수 X는 평균이 3인 포아송 분포를 따른다고 할 수 있다. 따라서 확률변수 X가 1일 확률은 다음과 같이 구할 수 있다.

$$\Pr(X=1) = \frac{e^{-3}3^1}{1!} = 0.149$$

교환대를 비웠을 경우 1통화의 전화가 걸려올 확률은 0.149이다.

## 5.5 SPSS를 이용한 이산확률분포의 확률계산

앞에서 언급된 확률분포에 대한 확률계산은 그 수가 크게 되면 손수 계산이 힘들어진다. 기존에 계산되어 있는 부록의 확률분포표를 이용하여 쉽게 계산할 수도 있지만 이 절에서는 SPSS에서 확률계산 방법에 대해서 살펴보고자 한다. 5.2절 이항분포 예제의 시행횟수 $n=10$과 성공확률 $p=0.1$에 대해서 확률변수 $X$가 3일 확률 $\Pr(X=3)$을 구해보자. SPSS의 프로시저는 자료가 열려있지 않는 경우에 실행되지 않으므로, 자료를 다음과 같이 간단하게 나타낸다.

| | n | p |
|---|---|---|
| 1 | 10.00 | .10 |

확률계산을 위해서 SPSS의 메인 메뉴에서는 다음과 같이 실행한다.

**변환 → 변수 계산**

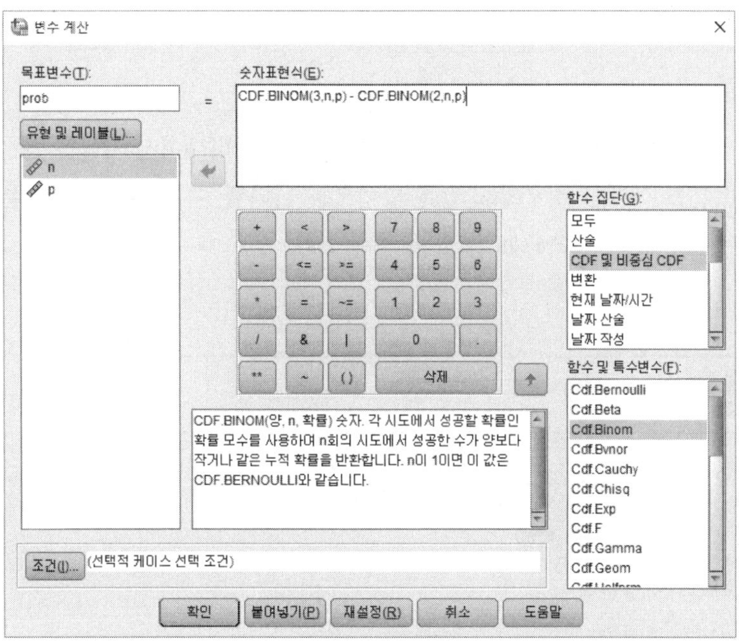


그림 5.1 SPSS를 이용한 확률계산

**변수 계산.** 「변수 계산」 대화창에서는 계산된 확률이 저장될 「목표변수(T)」 이름을 설정하고, 계산식을 「숫자표현식(E)」에 나타낸다. 이를 나타내기 위해서 확률을 나타내는 해당 함수식을 「함수 및 특수변수(F)」에서 찾아 화살표 를 이용하여 「숫자표현식(E)」에 보낸다. 함수식에서 'CDF'는 누적확률함수를 나타내고 'BINOM'은 이항분포를 나타낸다. 확률변수 $X$가 실행횟수 $n$ (여기서는 10)을 따르고 성공확률이 $p$ (여기서는 0.1)인 이항분포를 따른다고 할 때, 'CDF.BINOM(3,n,p)'는 확률변수 $X$가 3보다 같거나 작을 확률, 즉

$$\text{CDF.BINOM(3,n,p)} = P(X \leqq 3)$$

을 의미한다. 따라서 「대상변수」 'prob'에는

$$P(X \leqq 3) - P(X \leqq 2) = P(X = 3)$$

가 저장된다. 이를 「확인」하면, 다음과 같이 'prob'라는 변수가 생성되고 계산된 확률이 저장된다.

| | n | p | prob |
|---|---|---|---|
| 1 | 10.00 | .10 | .06 |

이처럼 해당 분포와 관련 모수들을 적절히 나타내어서 확률을 계산할 수 있다. 포아송 분포 예제의 경우에도 같은 방법으로 나타낼 수 있다. 포아송 분포는 「함수 및 특수변수」에서 'CDF.POISSON'을 이용한다.

## 5.6 연습문제

1. 다음 용어를 간단히 설명하시오.
   (a) 베르누이 시행
   (b) 이항분포
   (c) 포아송 분포

2. 다음 표는 확률변수 $X$의 확률분포표를 나타내고 있다. 이를 이용하여 다음 물음에 답하시오.

| $X$ | 0 | 2 | 4 | 6 | 8 | 10 |
|---|---|---|---|---|---|---|
| $f(x)$ | 0.1 | 0.2 | 0.3 | 0.2 | 0.1 | 0.1 |

(a) $X$의 기댓값을 구하시오.

(b) $X$의 분산을 구하시오.

(c) $3X-1$의 기댓값과 분산을 구하시오.

3. 어느 공장에서 생산되는 제품 중 3%가 불량품이라고 한다. 이 공장에서 생산되는 제품 100개를 살펴보았을 때,

   (a) 불량품이 10개 이상일 확률은 얼마인가?

   (b) 불량품이 정확히 12개가 나올 확률은 얼마인가?

   (c) 불량품이 5개 미만으로 나올 확률은 얼마인가?

4. 동전을 12번 던져 앞면이 3번 이상, 7번 미만 나올 확률을 구하시오.

5. 어느 편의점에 손님이 1시간에 4명 온다고 한다. 3시간에 10명 이상 올 확률을 구하시오.

6. 어느 가게에는 손님이 30분마다 손님이 물건을 사러 온다고 한다. 주인이 4시간의 시간을 비웠을 때 10명 미만으로 손님이 헛걸음할 확률을 구하시오.

7. 5.4절 예제의 확률을 SPSS로 계산하여 비교하시오.

# 제6장

# 연속확률분포

연속확률변수는 어떤 구간의 값을 변수값으로 가지기 때문에 연속확률분포에서 확률을 구하기 위해서는 그 구간 값에 대하여 연속확률분포함수를 적분하여야 한다. 특히 연속확률분포에서는 어떤 한 점에서의 확률이 0이 된다. 이러한 특성을 가지는 연속확률분포로는 정규분포와 표준정규분포, $t-$ 분포, $F-$ 분포, 카이제곱분포($\chi^2-$ distribution) 등이 있다.

## 6.1 정규분포와 표준정규분포

### 6.1.1 정규분포

확률변수 $X$의 확률밀도함수(probability density function, pdf) $f(x)$가 다음과 같을 때 확률변수 $X$는 평균 $\mu$, 분산 $\sigma^2$을 갖는 정규분포를 따른다고 한다.

$$f(x) = \frac{1}{\sqrt{2\pi}\,\sigma} exp\left\{-\frac{1}{2}\left(\frac{x-\mu}{\sigma}\right)^2\right\}, \quad -\infty < x < \infty$$

정규분포(normal distribution)는 연속확률분포의 일종으로, 가우스 분포(Gauss distribution)라고 한다. 정규분포는 평균 $\mu$와 표준편차 $\sigma$에 의해 결정되는 분포로 종모양(bell-shaped)의 확률밀도함수의 그래프를 갖는다. 확률변수 $X$가 평균 $\mu$이고 표준편차 $\sigma$인 정규분포를 따를 때,

$$X \sim N(\mu, \sigma^2)$$

으로 표현한다.

정규분포의 확률밀도곡선은 평균에 대하여 대칭이며, 평균값 $\mu$에서 그 높이가 가장 크게 됨을 알 수 있다. 평균으로부터 좌우로 표준편차의 3배 이상 떨어진 값은 거의 취하지 않는다. 정규분포의 평균으로부터 좌우로 표준편차의 3배 이상 떨어진 값을 이상값 또는 이상점(outlier)이라고 한다. 3.5.3절에서 언급한 바와 같이 SPSS 데이터 탐색의 옵션 중 하나인 「이상값」과는 개념이 다르게 사용된다.

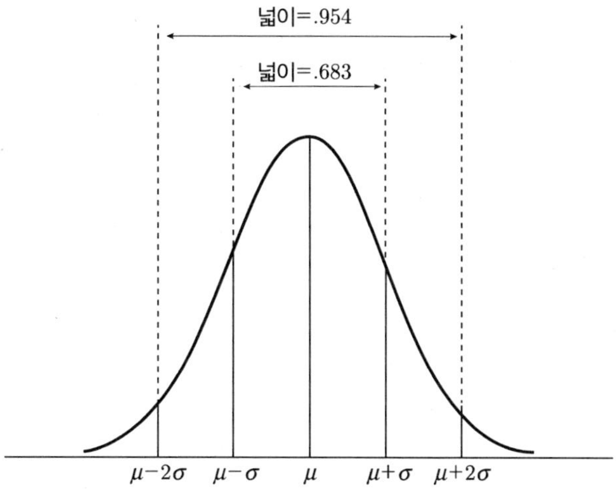


그림 6.1 평균 $\mu$, 분산 $\sigma^2$인 정규분포의 확률밀도함수

### 6.1.2 표준정규분포

확률변수 $X$가 평균이 $\mu$이고 분산이 $\sigma^2$ 인 정규분포를 따른다고 하자. 확률변수 $X$를 표준화하는 자료의 변환(transformation)을 통해서 만들어진 새로운 변수 $Z$는 평균이 0, 분산이 1인 정규분포 $N(0,1)$를 따르게 되는데 이렇게 평균이 0이고 분산이 1인 정규분포를 표준정규분포(standardized normal distribution)라고 한다. 흔히 이에 상응하는 확률변수를 다음과 같이 $Z$로 표현한다.

$$Z = \frac{X-\mu}{\sigma} \sim N(0,1)$$

$$f(z) = \frac{1}{\sqrt{2\pi}} exp\left(-\frac{z^2}{2}\right), \quad -\infty < z < \infty$$

정규확률변수가 특정의 평균과 편차를 갖게 되면, 그 확률을 계산하기 위해서 무수히 많은 정규분포의 확률계산이 필요하게 되어 번거롭다. 모든 정규분포의 확률계산은 표준정규분포로 변환하여 확률을 계산한다.

### 6.1.3 일반 정규분포와 표준정규분포의 관계

일반 정규분포에 대한 확률을 구하기 위해서는 다음과 같이 표준화한 값으로 확률을 구한다.

$$X \sim N(\mu, \sigma^2) \qquad Z \sim N(0,1)$$

$$P(a \leq X \leq b) \Rightarrow P\left(\frac{a-\mu}{\sigma} \leq \frac{X-\mu}{\sigma} \leq \frac{b-\mu}{\sigma}\right) = P\left(\frac{a-\mu}{\sigma} \leq Z \leq \frac{b-\mu}{\sigma}\right)$$

예를 들어 확률변수 $X$가 평균이 100이고 표준편차가 5인 정규분포를 따른다고 하자. 이때 확률변수 $X$가 108보다 작거나 같을 확률을 구하고자 할 때에는 다음과 같이 표준화하여 표준정규분포의 확률표를 참고하면 확률을 구할 수 있다. 확률분포표는 표준정규분포의 누적확률을 보여주고 있다(부록 A 참고).

$$X \sim N(100, 25)$$

$$P(X \leq 108) = P\left(\frac{X-100}{5} \leq \frac{108-100}{5}\right) = P(Z \leq 1.60) = 0.9452$$

예제

어느 회사 연구과정에서 시험성적의 분포는 근사적으로 평균이 55이고 표준편차가 15인 정규분포를 따른다고 한다. 만약 40점 이하를 받은 사람은 재교육과정을 거쳐야 한다면, 재교육 대상인 사람의 비율을 구하여라.

풀이 40점 이하를 받은 사람의 비율은

$$\Pr(X \leq 40) = \Pr\left(\frac{X-55}{15} \leq \frac{40-55}{15}\right)$$

$$= \Pr(Z \leq -1.0)$$

$$= 1 - \Pr(Z \leq 1.0)$$

$$= 0.1587$$

로서 교육자의 약 15.87%가 재교육 대상이다.

### 6.1.4 정규분포에 의한 이항분포의 근사적 확률

이산확률분포인 이항분포를 따르는 확률변수 $X$에 대해서 만일 시행횟수인 $n$이 크다면 이항분포를 이용하여 확률을 계산한다는 것은 매우 복잡하다. 확률분포표를 이용하더라도 $n$이 어느 정도의 수를 넘어서면 계산이 불가능하게 된다. 물론 요즘에는 컴퓨터로 확률계산이 가능해졌지만, 분포표를 이용하여 정확한 확률을 계산할 수 없는 경우에는 다음과 같이 정규분포로 근사시켜서 근사 확률을 계산할 수 있다.

이항분포에서 확률 $P(X=a)$는 정규분포에서 $P(a-0.5 \leq X \leq a+0.5)$로 표현된다. 따라서 다음과 같이 확률분포를 정규분포로 근사시킨 후, 앞에서와 같이 확률계산을 할 수 있게 된다.

$$B(n,p) \simeq N(np, np(1-p))$$

예제

한 농구선수의 자유투 성공률이 75%이다. 이 선수가 120번의 자유투를 시도하는 경우 80번 미만 성공할 확률은 얼마인가?

풀이 시행횟수가 120번이고 성공률이 75%인 이항분포이지만 평균이 90, 표준편차가 4.7434인 정규분포로 근사시켜 다음과 같이 계산할 수 있다. 80번 미만일 확률은

$$\begin{aligned} \Pr(X<80) &= \Pr\left(\frac{X-90}{4.7434} < \frac{80-90}{4.7434}\right) \\ &= \Pr(Z < -2.11) \\ &= 0.017 \end{aligned}$$

로, 약 1.7%이다.

**이항분포는 n이 커짐에 따라서 포아송 분포와 정규분포로 근사되는데, 성공확률 p가 작은 경우에는 포아송 분포로, 작지 않은 경우에는 정규분포로서 근사시켜 이항분포에 대한 확률계산을 할 수 있다.**

### 6.1.5 중심극한정리

모집단이 어떤 분포를 형성하든 간에 평균이 $\mu$ 이고 분산이 $\sigma^2$ 인 모집단으로부터 $n$개의 독립인 표본을 뽑아 만든 표본평균 $\overline{X}$는 표본의 크기 $n$이 충분히 크면 모집단의 분포와는 상관없이 모평균 $\mu$와 같고, 분산은 $\sigma^2/n$인 정규분포를 따른다. 또한 표준화한 형태인

$$\frac{\overline{X}-\mu}{\sigma/\sqrt{n}}$$

은 표준정규분포 $N(0,1)$를 따른다.

이 정리를 중심극한정리(Centeral Limit Theorem, CLT)라고 한다. 중심극한정리는 라플라스(Laplace, 1812)에 의해 발견되었고, 리아푸노프(Liapounov, 1901)에 의해서 증명되었다.

**예제**

우리나라 TOEFL의 평균성적은 250점이고, 편차는 200점이라고 한다. 응시자 400명을 뽑아 TOEFL 점수가 275점 이상인 경우는 상위 몇 %에 속하는지 알아보시오.

**풀이** TOEFL 성적 평균이 250, 편차가 200이므로, 400명 표본의 평균은 평균이 250이고, 편차가 10인 정규분포에 근사시킬 수 있다. 따라서 275점 이상일 확률은,

$$\begin{aligned} P(\overline{X}>275) &= 1-P(\overline{X}<275) \\ &= 1-P\left(Z<\frac{275-250}{10}\right) \\ &= 1-P(X<2.5) \\ &= 1-0.9938 \\ &= 0.0062 \end{aligned}$$

로, 약 0.62% 정도이다.

## 6.2 $t$-분포

중심극한정리에 의해 모표본 표준편차 $\sigma$가 알려진 경우 다음과 같이 표본평균을 표준화하면 표본정규분포를 따른다.

$$\frac{\overline{X}-\mu}{\sigma/\sqrt{n}} \sim N(0,1)$$

하지만 일반적으로 설문 등을 통하여 얻어진 자료에 대하여 표준편차는 알려지지 않고 자료를 통하여 얻어진 표본에 대한 표준편차 $S$를 주로 사용하게 된다. 이러한 과정을 스튜던트화(Studentize)라고 하며, $\sigma$ 대신 $S$를 사용하여 얻어진 표준화 자료는 자유도가 $n-1$인 $t$-분포를 따르게 된다고 알려져 있다.

$$\frac{\overline{X}-\mu}{S/\sqrt{n}} \sim t(n-1)$$

여기서, $(n-1)$은 자유도이다.

$t$-분포는 정규모집단에서 표본의 크기가 작을 때 이들의 표본평균들이 이루는 분포이다. 고셋(Gosset, 1876 ~ 1937)이 Student라는 가명으로 발표한 논문에서 처음으로 등장했다. $t$-분포는 표준정규분포와 같이 0을 중심으로 좌우대칭의 종모양을 하고 있지만 표준정규분포에 비해서 두터운 꼬리를 가지고 있는 것이 특징이다. 또한 표본의 크기에 따라 그 분포의 모양이 변하게 되므로 이 분포에서는 자유도의 개념이 고려되어야 한다. 자유도(degress of freedom)란, 관찰된 표본의 수에서 계산해 내고자 하는 통계량의 수 또는 제약식의 수를 뺀 수로 분석에서 사용되는 정보의 양이다. 부록 B에 $t$-분포의 확률분포표가 있다. 예를 들어, 확률변수가 자유도가 9인 $t$-분포를 따르는데, 꼬리 부분의 확률이 0.025인 통계량을 알아보면 1.833이 된다. 즉, 자유도가 9인 $t$-분포에서 1.833보다 크거나 같을 확률이 0.025인 것이다. 이와 달리 특정 통계량보다 클 확률을 계산하고자 할 때, 확률분포표를 이용해서는 정확한 확률을 계산하지 못하지만, SPSS를 이용해서는 정확한 확률계산을 할 수 있다. 이에 대해서는 6.5절에서 다루고 있다. $t$-분포는 일표본의 평균의 분포, 이표본 평균값들의 차에 대한 분포를 설명하는 데 활용된다.

### 6.2.1 일표본평균의 분포

일표본의 평균에 대한 앞서 설명한 대로, 모집단의 표준편차가 알려지지 않은 경우 표본평균의 표준화값에 모표준편차 대신 표본표준편차 $S$를 이용하여 표준화시켜 $t-$ 분포에 적합시킨다.

예제

평균이 50이고 분산이 100인 정규분포에서 9개의 표본을 임의추출하여 구한 분산이 $S^2 = 144$ 일 때, 표본의 평균이 45과 55 사이일 확률을 구하시오.

풀이 9개의 표본추출한 자료는 자유도가 8인 t-분포를 따른다. 표본평균을 이용하여 다음과 같이 표준화를 시키면,

$$
\begin{aligned}
P(45 \leq \overline{X} \leq 55) &= P\left(\frac{45-50}{12/3} \leq T \leq \frac{55-50}{12/3}\right) \\
&= P(-1.25 \leq T \leq 1.25) \\
&= P(T \leq 1.25) - \{1.0 - P(T \leq 1.25)\} \\
&= 2P(T \leq 1.25) - 1.0
\end{aligned}
$$

가 된다. 위의 식과 확률분포표를 대조하여 보면, 자유도가 8인 t-분포에서 1.25에 해당되는 값 $P(T > 1.25)$ 은 0.1과 0.25 사이가 되어 확률분포표를 통해서는 정확한 결과를 얻을 수 없다. 이에 대한 정확한 계산은 6.5절에서 다시 다루기로 한다.

### 6.2.2 이표본평균 차의 분포

이 절에서는 두 개의 독립인 모집단으로부터 조사된 자료를 고려하자. 두 모집단 $N(\mu_1, \sigma_1^2)$, $N(\mu_2, \sigma_2^2)$으로부터 각각 $n_1, n_2$ 개의 표본을 추출하고, 추출한 표본들의 표준편차가 각각 $S_1, S_2$ 라고 하자.

두 모집단의 분산이 알려져 있는 경우, 두 모집단의 평균차인 $\overline{X_1} - \overline{X_2}$ 는 평균이 $\mu_1 - \mu_2$ 이고, $\sigma_1^2/n_1 + \sigma_2^2/n_2$ 인 정규분포를 따르게 된다. 즉,

$$(\overline{X_1} - \overline{X_2}) \sim N\left(\mu_1 - \mu_2, \frac{\sigma_1^2}{n_1} + \frac{\sigma_2^2}{n_2}\right)$$

가 되어 이를 표준화하면, 다음과 같이 평균이 0이고 분산이 1인 표준정규분포를 따르게 된다.

$$Z = \frac{(\overline{X_1} - \overline{X_2}) - (\mu_1 - \mu_2)}{\sqrt{\sigma_1^2/n_1 + \sigma_2^2/n_2}} \sim N(0,1)$$

평균 차에 대한 표본편차를 모르는 경우는 다음과 같이 $t-$분포를 따르게 된다. 이때, 자유도는 $(n_1 - 1) + (n_2 - 1) = n_1 + n_2 - 2$ 이다.

$$T = \frac{(\overline{X_1} - \overline{X_2}) - (\mu_1 - \mu_2)}{\sqrt{S_1^2/n_1 + S_2^2/n_2}} \sim t(n_1 + n_2 - 2)$$

이표본의 경우, 앞에서는 두 모집단의 분산이 다를 경우에 대해서 살펴보았지만, 두 모집단의 분산이 같은 경우는 공통분산($S_p^2$, common variance)을 사용해서 다음과 같이 나타낼 수 있다.

$$S_p^2 = \frac{(n_1 - 1)S_1^2 + (n_2 - 1)S_2^2}{n_1 + n_2 - 2}$$

여기서, $S_1^2$ 와 $S_2^2$ 는 각각의 집단의 표본분산이다. 공통분산을 사용할 경우의 두 표본 평균차에 대한 분포는 다음과 같다.

$$T = \frac{(\overline{X_1} - \overline{X_2}) - (\mu_1 - \mu_2)}{S_p\sqrt{1/n_1 + 1/n_2}} \sim t(n_1 + n_2 - 2)$$

두 집단의 표본이 같은지에 대한 검정은 $F-$ 분포에서 다루기로 한다.

## 6.3 $X^2$−분포

모분산 $\sigma^2$의 추정치로 사용되는 표본분산 $S^2$도 다음과 같이 표준화하여 나타내면 자유도가 $(n-1)$인 카이제곱분포(chi−square distribution)를 따른다고 알려져 있다.

$$X^2 = \frac{(n-1)S^2}{\sigma^2} \sim \chi^2(n-1)$$

여기서, $n$은 표본의 크기이다. 카이제곱분포를 따르는 확률변수는 0부터 무한대 사이의 값을 가지며 비대칭분포로, 자유도에 따라 형태가 다르지만, 자유도가 클수록, 즉 표본의 크기가 클수록 대칭적인 분포형태를 따른다.

## 6.4 $F$−분포

서로 다른 두 모집단의 분산을 각각 $\sigma_1^2$, $\sigma_2^2$라고 하자. 두 모집단에서 각각 $n_1$, $n_2$개를 표본추출하여 표본분산을 $S_1^2$, $S_2^2$라고 하자. 각 집단의 표본분산의 비를 다음과 같이 나타낸 확률변수를 $F$라고 하면, 확률변수 $F$는 자유도가 $(n_1-1, n_2-1)$인 $F$−분포를 따른다고 한다. 즉,

$$F = \frac{S_1^2/\sigma_1^2}{S_2^2/\sigma_2^2} \sim F(n_1-1, n_2-1).$$

$F$−분포는 위와 같이 두 개의 자유도를 가지고 있으며, 확률변수의 범위는 0부터 무한대까지이다. 그 형태는 카이제곱과 같이 비대칭분포이고 표본의 크기, 즉 자유도가 커질수록 대칭적인 분포를 갖는다. $F$−분포의 확률분포표는 두 개의 자유도가 정해졌을 때 특정 크기의 꼬리부분확률을 갖는 통계량값을 정해준다. 부록 D, E, F를 참조하기 바란다.

## 6.5 SPSS를 이용한 연속확률분포의 확률계산

이 절에서는 이 장에서 다루고 있는 연속확률분포들의 확률계산을 SPSS로 나타내보고자 한다. 기본적인 내용은 5.5절에서 다룬 과정과 같으며, 「변수 계산」 메뉴를 이용한다. 확률계산에 필요한 함수와 해당 분포에 대해서 살펴보면 다음과 같다.

- **CDFNORM(z값).** 평균 0과 표준편차 1을 가지는 표준정규분포의 확률계산이며, 변수가 'z값'보다 작을 확률, 즉 $\Pr(Z \leq z\text{값})$을 계산한다. 'z값'은 숫자형이어야 한다.
- **CDF.NORMAL(양, 평균, 표준편차).** 지정한 '평균'과 '표준편차'를 따르는 정규분포로부터 추출된 값이 '양' 보다 작을 누적 확률을 계산한다.
- **CDF.CHISQ(양, 자유도).** 자유도가 '자유도'인 카이제곱분포를 따르는 확률변수가 '양'보다 작을 누적 확률을 반환한다. 즉, $X^2 \sim \chi^2(\text{df})$일 때, $\Pr(X^2 \leq \text{양})$을 계산해주는 함수이다. '자유도'와 '양'은 숫자형이어야 한다.
- **CDF.F(양, 자유도1, 자유도2).** CDF.CHISQ와 같이, 자유도가 '자유도1'과 '자유도2'인 $F-$ 분포를 따르는 확률변수가 그 값이 '양'보다 작을 누적 확률을 나타낸다.

SPSS의 「변수 계산」에서의 확률계산은 누적분포함수(CDF, cumulative distribution function)를 이용하기 때문에, 구간확률에 대해서는 간단한 변환식이 필요하다.

확률변수가 한 분포를 따를 때, 꼬리부분 확률에 해당되는 통계량을 계산하는 것에 관심이 있을 수 있다. 예를 들어 표준정규분포에서 꼬리 부분이 5%, 즉 0.05를 갖게끔 하는 통계량을 구하는 것에 관심이 있다고 하자. $\Pr(Z > z) =$ 0.05가 되는 $z$값을 계산하는 것이다. 위에 설명된 확률계산과 같은 방법으로, 사용되는 「함수」를 달리한다. 역분포함수(IDF, inverse distribution function)를 이용하는데, 누적함수값에 해당되는 통계량을 돌려주는 함수이다. 여러 가지 분포에 대한 사용법은 다음과 같다.

- **IDF.NORMAL(확률, 평균, 표준편차).** 원하는 누적확률을 '확률'에 지정하며, 설정된 '평균'과 '표준편차'를 가지는 정규분포로부터 해당 통계량값을 계산한다.
- **IDF.T(확률, 자유도).** 누적 확률이 '확률'이며, 지정한 '자유도'를 갖는 $t-$분포로부터 추출된 값을 계산한다.

- **IDF.CHISQ(확률, 자유도).** 누적 확률이 '확률'이며, 지정한 '자유도'를 따르는 카이제곱분포로부터 추출된 값을 계산한다.
- **IDF.F(확률, 자유도1, 자유도2).** 누적 확률이 '확률'이며, 지정한 '자유도'를 가지는 $F$-분포로부터 추출된 값을 계산한다.

예에서, 표준정규분포에 대해서 꼬리부분확률이 0.05일 통계량, 즉 $\Pr(Z>z)=0.05$인 $z$값은 누적확률로 표시하고 SPSS의 함수로 나타내면 다음과 같다.

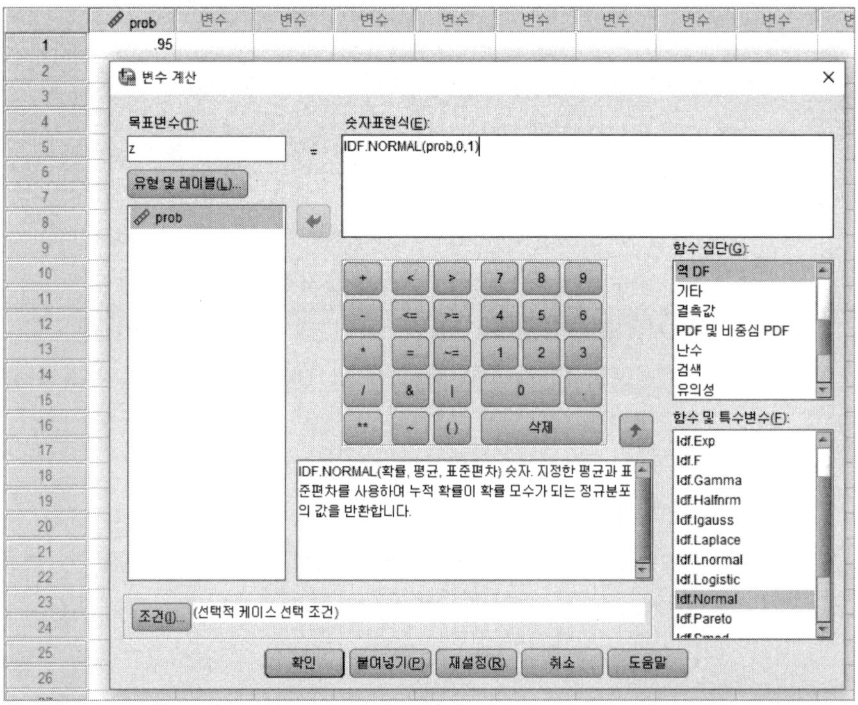


그림 6.2 확률을 이용한 통계량 계산

SPSS의 IDF 함수는 누적확률에 대한 통계량을 제시해주므로 꼬리부분확률 0.05를 구하기 위해서는 〈그림 6.2〉의 「함수 집단(G)」에서 '역 DF'를 선택한 후, 「함수 및 특수변수(F)」에서 정규분포의 역분포함수인 'Idf.Normal'를 선택하여 「숫자표현식(E)」으로 보낸다. 그 다음, 〈그림 6.2〉의 'prob' 변수와 같이 누적확률에 해당되는 0.95를 넣고 '평균' 0과 '표준편차' 1을 넣어 「확인」하면 다음과 같이 $z=1.64$가 계산된다.

| | prob | z |
|---|---|---|
| 1 | .95 | 1.64 |

다른확률분포에 대해서도 같은 방법으로 응용할 수 있다.

## 6.6 연습문제

1. 다음 용어를 설명하시오.
   (a) 중심극한정리
   (b) 자유도
   (c) 공통분산

2. 정규분포를 이용하여 다음 확률을 계산하시오.
   (1) 어느 공장에서 생산되는 제품 중 4%가 불량품이라고 한다. 이 공장에서 생산되는 제품 중 300개를 추출하여 검사할 때, 불량품이 8개 미만일 확률은 얼마인가?
   (2) 어떤 사람이 자기 집에서 직장까지 차를 몰고 가는 데 걸리는 시간이 평균 40분, 표준편차 6분인 정규분포를 따른다고 한다. 이 사람이 아침 7시 반에 출발하여 아침 8시 정각에 도착할 수 있을 확률은 얼마인가?

3. 어느 모집단에서 표본을 추출할 때, 25개의 표본을 추출할 경우와 2500개의 표본을 추출할 경우의 표본평균에 대한 표준편차는 어떻게 변하는지 설명하시오.

4. 6.2.1절의 예제를 SPSS를 이용하여 계산하시오.

5. 사과를 생산하는 과수원에서 사과의 무게를 조사하였더니 분산이 125g이었다고 한다. 12개의 사과를 임의로 추출하였을 때 표본의 분산이 250g보다 클 확률을 구하시오.

6. 확률변수 $X$가 자유도 (9,11)을 갖는 $F-$분포를 따른다고 할 때 확률을 구하시오.
   (a) $\Pr(0 < X < 4.259)$
   (b) $\Pr(X > 2.50)$
   (c) $\Pr(1.83 < X < 5.27)$

# 제7장

# 추정과 검정

앞 장까지는 주어진 자료를 정리하여 자료가 가진 여러 가지 특성을 나타내는 방법을 검토하였다. 이 장에서는 추론통계학에 해당되는 추정과 검정에 대해서 살펴보도록 한다.

## 7.1 추정

추정(estimation)은 표본을 이용하여 모집단의 어떤 미지의 값을 추측하는 과정이다. 미지의 수를 추정하는 방법에는 두 가지가 있다. 모수를 하나의 값으로 추정하는 점추정(point estimation)이고, 다른 하나는 모수가 포함된다고 기대할 수 있는 구간을 추정하는 구간추정(interval estimation)이다.

### 7.1.1 점추정

3장에서 한 표본을 설명하는 통계량들을 다룬 바 있다. 이 중 대표적인 모수인 평균, 분산, 표준편차에 대해서 모집단에 대한 이들의 모평균 $\mu$, 모분산 $\sigma^2$, 모표준편차 $\sigma$ 에 대한 점추정을 알아보자.

모평균은 가장 많이 사용되는 모수이다. 이를 추정하기 위해서 표본을 추출하고 추출된 표본을 기초로 하여 모평균을 구하는 방법은 여러 가지가 많이 있지만 그 중 대표적인 방법이 표본평균이다. 모수의 추정에 사용되는 통계량을 추정량(estimator)이라고 하고 추정량에 자료를 대입하여 얻은 값을 추정값(estimate)이라고 한다. 여기서는 표본평균이 모평균의 추정량이 된다. 임의로 추출된 $n$ 개의 확률변수 $X_1, \cdots, X_n$ 에 대한 표본평균은 다음과 같이 정의된다.

$$\overline{X} = \frac{X_1 + X_2 + \cdots + X_n}{n} = \frac{\sum_{i=1}^{n} X_i}{n}.$$

모집단의 평균이 $\mu$ 이고 분산이 $\sigma^2$ 일 때, 표본평균은 다음과 같은 성질을 갖는다.

$$E(\overline{X}) = \mu,$$

$$Var(\overline{X}) = \frac{\sigma^2}{n}.$$

일반적으로, 어떤 모수의 추정값의 기댓값이 그 모수와 같은 경우를 불편추정량

(unbiased estimator)이라고 하는데, 표본평균 $\overline{X}$는 모평균 $\mu$의 불편추정량이다. 표본평균 $\overline{X}$의 분산이 $\sigma^2/n$이므로 표준편차는 $\sigma/\sqrt{n}$이다. 만일, 같은 모집단에서 서로 다른 두 개의 표본을 추출하여 비교하였을 때, 두 표본의 기댓값은 같고 모두 불편추정량일 경우, 두 추정량 중에서 표준편차가 작은 추정량을 더 좋은 추정량이라고 한다. 이처럼 추정량의 표준편차가 추정량의 정밀도를 나타내는 측도로 사용되는데, 추정량의 표준편차를 표준오차(standard error, $SE$)라고 한다. 즉,

$$SE(\overline{X}) = \frac{\sigma}{\sqrt{n}}$$

이다. 하지만 대개의 경우 $\sigma$가 미지이기 때문에, 표본을 통해 추정량 $S$를 대신해서 표준오차의 추정량인 $\widehat{SE}(\overline{X}) = S/\sqrt{n}$을 사용한다. 표본의 크기가 클수록 $\overline{X}$는 $\mu$에 밀집된 분포를 나타낸다.

**모평균 추정량 표본평균 $\overline{X}$은 불편추정량 $E(\overline{X}) = \mu$이고 표준오차는 그 추정값 $\widehat{SE}(\overline{X}) = S/\sqrt{n}$을 이용한다.**

3장에서 설명되었듯이, 각 관측값과 표본평균들의 차이들의 합은 항상 영이다. 하지만 이들 편차들의 제곱의 합을 이용하여 자료가 얼마나 퍼져있는가에 대한 산포를 알아볼 수 있다. 이들의 제곱의 합인

$$\sum_{i=1}^{n}(x_i - \overline{x})^2$$

를 제곱합(sum of squares)이라고 한다. 서로 다른 자료의 제곱합이 같더라도 그 자료의 수가 다르면 산포가 같다고 말할 수 없기 때문에, 이들의 산포를 비교하기 위해서 자료의 수에 따라 다른 산포를 나타내게끔 나눠준 측도를 사용한다. 앞서 언급했던 바와 같이 편차의 합이 0이므로 자료 중 $n-1$개만을 알면 나머지 한 개의 자료를 알 수 있는데, 이렇듯 자료가 가지고 있는 정보의 양이 자유도(degree of freedom)이다. 산포를 나타내는 측도로 제곱합을 자유도로 나눈 통계량을 사용한다.

이를 확장하여 $n$개의 임의추출된 확률변수 $X_1, \cdots, X_n$을 고려하여 보자. 이들의 표본분산은 다음과 같이 정의된다.

$$S^2 = \frac{\sum_{i=1}^{n}(X_i - \overline{X})^2}{n-1}$$

표본분산은 모분산의 불편추정량이다. 즉,

$$E(S^2) = \sigma^2$$

이다. 한편, 모표준편차 $\sigma$의 추정량으로는 표본표준편차 $S$를 이용하는데, $S$는 $\sigma$의 불편추정량이 아니다.

| | |
|---|---|
| **모분산의 추정량** | $S^2 = \frac{\sum_{i=1}^{n}(X_i - \overline{X})^2}{n-1}$ |
| **모표준편차의 추정량** | $S = \sqrt{S^2} = \sqrt{\sum_{i=1}^{n}(X_i - \overline{X})^2/(n-1)}$ |

### 7.1.2 구간추정

구간추정(interval estimation) 또는 신뢰구간(confidence interval)은 추정치가 모수에 대한 정확도를 알 수 있는 추정방법으로, 모수의 추정치를 어느 구간의 값으로 추정하는 것이다.

예를 들어 추정하고자 하는 모수를 $\theta$, 그 추정치를 $\hat{\theta}$라고 하고, 오차를 $e$라고 하면 모수 $\theta$의 구간추정치는 $(\hat{\theta} - e\ ,\ \hat{\theta} + e)$와 같이 표현하고 있다. 그리고 여기서 $(\hat{\theta} - e)$를 구간추정치의 하한치(lower bound)라고 하고 $(\hat{\theta} + e)$를 구간추정치의 상한치(upper bound)라고 한다. 오차 $e$는 $\alpha$값과 모수가 따르는 확률분포에 따라 다르게 나타난다.

**100(1−$\alpha$)% 신뢰구간(confidence interval)**

$$P(\hat{\theta} - e \leqq \theta \leqq \hat{\theta} + e) = 1 - \alpha$$

여기서 $(1-\alpha)$를 신뢰수준(significant level)이라고 한다. SPSS 데이터 탐색에서는 평균에 대한 95% 수준의 신뢰구간이 표시되며 다른 신뢰수준을 지정할 수도 있다.

### 7.1.2.1 일표본 평균의 구간추정

확률변수 $X_1, X_2, \cdots, X_n$ 이 평균이 $\mu$ 이고 분산이 $\sigma^2$ 인 정규분포를 따른다고 가정하자. 표본평균 $\overline{X}$ 는 기댓값이 $\mu$ 이고 분산이 $\sigma^2/n$ 인 정규분포를 따른다. 표본평균을 표준화하면

$$Z = \frac{\overline{X} - \mu}{\sigma / \sqrt{n}}$$

가 되고 표준정규분포를 따르는 확률변수로 변환된다. 표준정규분포에서 $\Pr(Z > z_\alpha) = \alpha$ 라고 할 때, 표준정규분포의 성질을 이용하여

$$\Pr(-z_{\alpha/2} < Z < z_{\alpha/2}) = 1 - \alpha$$

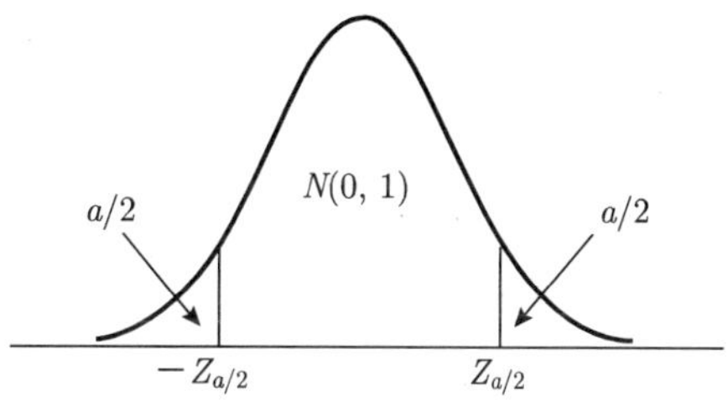


를 만족하는 $z_{\alpha/2}$ 값을 찾을 수 있다. 확률변수 $Z$를 원래의 형태로 다음과 같이 변환한다. 즉,

$$\Pr\left(-z_{\alpha/2} < \frac{\overline{X} - \mu}{\sigma/\sqrt{n}} < z_{\alpha/2}\right) = 1 - \alpha$$

$$\Pr\left(\overline{X} - z_{\alpha/2} \cdot \sigma/\sqrt{n} < \mu < \overline{X} + z_{\alpha/2} \cdot \sigma/\sqrt{n}\right) = 1 - \alpha$$

따라서 정규분포를 따르는 분포의 모평균에 대한 $100(1-\alpha)\%$ 신뢰구간은

$$\left(\overline{x} - z_{\alpha/2} \cdot \frac{\sigma}{\sqrt{n}},\ \overline{x} + z_{\alpha/2} \cdot \frac{\sigma}{\sqrt{n}}\right)$$

이 된다. 하지만 6장에서 다루었듯이, 표본의 크기가 작거나 모표준편차를 모르는 경우에는 $t$ − 분포를 사용하였다. 소표본에 의한 신뢰구간의 $t$ − 분포를 이용하여 계산한다. 계산하는 방법은 정규분포에서 다룬 방법과 같다.

자유도가 $n-1$ 인 $t$ − 분포에서 $\Pr(T > t_\alpha(n-1)) = \alpha$ 를 만족하는 통계량값을

$t_\alpha(n-1)$ 이라고 하자. 표준화 형태는

$$T = \frac{\overline{X} - \mu}{S/\sqrt{n}}$$

이고, 분포를 이용하여

$$\Pr(-t_{\alpha/2}(n-1) < T < t_{\alpha/2}(n-1)) = 1-\alpha$$

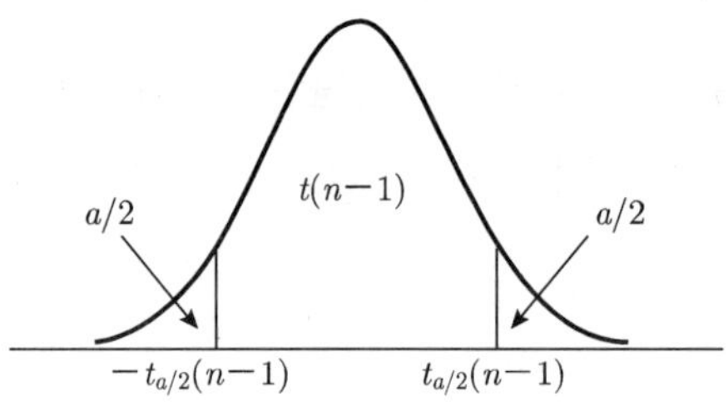


를 만족하는 $t_{\alpha/2}(n-1)$ 값을 찾을 수 있다. 확률변수 $T$를 원래의 형태로 다음과 같이 변환한다. 즉,

$$\Pr\left(-t_{\alpha/2}(n-1) < \frac{\overline{X}-\mu}{S/\sqrt{n}} < t_{\alpha/2}(n-1)\right) = 1-\alpha$$

$$\Pr\left(\overline{X} - t_{\alpha/2}(n-1)\cdot S/\sqrt{n} < \mu < \overline{X} + t_{\alpha/2}(n-1)\cdot S/\sqrt{n}\right) = 1-\alpha$$

따라서 $t$-분포를 따르는 분포의 모평균에 대한 $100(1-\alpha)\%$ 신뢰구간은

$$\left(\overline{x} - t_{\alpha/2}(n-1)\cdot\frac{S}{\sqrt{n}},\ \overline{x} + t_{\alpha/2}(n-1)\cdot\frac{S}{\sqrt{n}}\right)$$

이다.

### 7.1.2.2 이표본 평균차의 구간추정

평균이 $\mu_1, \mu_2$ 이고 분산이 $\sigma_1^2, \sigma_2^2$ 인 두 모집단에서 독립적으로 표본을 각각 $n_1, n_2$ 개 추출하여 계산된 표본평균과 표본분산을 $\overline{X_1}, \overline{X_2}$ 와 $S_1^2, S_2^2$ 라고 하자. 이때 두 모평균의 차 $\mu_1 - \mu_2$ 의 추정량은 $\overline{X_1} - \overline{X_2}$ 로, 기댓값은

$$E(\overline{X_1} - \overline{X_2}) = \mu_1 - \mu_2$$

로 불편추정량이고, 분산은

$$Var(\overline{X_1} - \overline{X_2}) = \sigma_1^2/n_1 + \sigma_2^2/n_2$$

이다. $\mu_1 - \mu_2$ 의 신뢰구간을 구하기 위해서 $\overline{X_1} - \overline{X_2}$ 를 표준화시킨

$$Z = \frac{(\overline{X_1} - \overline{X_2}) - (\mu_1 - \mu_2)}{\sigma_1^2/n_1 + \sigma_2^2/n_2}$$

은 표준정규분포를 따른다. 앞 절에서와 같은 방법으로 위 식을 이용하여 모평균 차에 대한 신뢰구간을 구하면 다음과 같다.

$$\left((\overline{x_1} - \overline{x_2}) - z_{\alpha/2} \cdot \sqrt{\frac{\sigma_1^2}{n_1} + \frac{\sigma_2^2}{n_2}},\ (\overline{x_1} - \overline{x_2}) + z_{\alpha/2} \cdot \sqrt{\frac{\sigma_1^2}{n_1} + \frac{\sigma_2^2}{n_2}}\right)$$

소표본이거나 표본분산 $S_1^2$ 과 $S_2^2$ 이 알려져 있는 경우는 $t-$분포를 이용한다. 또한 두 모집단의 분산이 같다고 가정할 수 있을 경우 두 모집단 평균차에 대한 신뢰구간은 공통분산($S_p^2$, common variance)을 이용한다.

$$S_p^2 = \frac{(n_1 - 1)S_1^2 + (n_2 - 1)S_2^2}{n_1 + n_2 - 2}$$

$S_p^2$ 을 이용하여 $\overline{X_1} - \overline{X_2}$ 의 표준화 통계량은 자유도가 $(n_1 - 1) + (n_2 - 1) = n_1 + n_2 - 2$ 인 $t-$분포를 따른다.

$$T = \frac{(\overline{X_1} - \overline{X_2}) - (\mu_1 - \mu_2)}{S_p\sqrt{\frac{1}{n_1} + \frac{1}{n_2}}} \sim t(n_1 + n_2 - 2)$$

위의 표준화와 $t-$분포를 이용하여 두 모평균의 차에 관한 $100(1-\alpha)\%$ 신뢰구간을 구하면 다음과 같다.

$$\left((\overline{x_1} - \overline{x_2}) - t_{\alpha/2}(n_1 + n_2 - 2) \cdot s_p\sqrt{\frac{1}{n_1} + \frac{1}{n_2}},\ (\overline{x_1} - \overline{x_2}) + t_{\alpha/2}(n_1 + n_2 - 2) \cdot s_p\sqrt{\frac{1}{n_1} + \frac{1}{n_2}}\right)$$

## 7.2 검정

가설검정(hypothesis testing)은 관측된 결과와 기대되는 결과를 비교하여 표본으로부터 모집단에 대한 어떤 가설을 설정하고 그 가설을 검정하는 것이다. 통계학에서는 이론치와의 차이가 확률적인 오차의 범위를 넘어 오류라고 판단될 때 가설을 기각(reject)한다고 한다. 이 절에서는 이들의 차이를 판단하기 위해 설정되는 가설들의 종류와 판단기준에 대해 설명하도록 한다.

### 7.2.1 귀무가설과 대립가설

예를 통해서 가설설정의 과정을 살펴보도록 하자. 어느 공정의 전구의 수명시간이 1000시간이라고 알려져 있다. 품질을 개선하기 위해 비슷한 원가의 새로운 공정을 통해서 전구를 생산하였고, 수명시간이 이전에 비해 길어졌다고 주장하였다. 이 주장을 검증하기 위해서 새로운 공정을 통해서 생산된 전구를 임의로 100개를 뽑아 수명시간을 조사하였더니 전구의 평균 수명시간이 1040시간이었고, 표준편차가 100시간이었다.

가설에는 자기가 주장하는 가설과 주장하는 그 가설이 받아들이지 못할 때 채택하는 가설로 나뉜다. 예의 경우, 기존의 가설은 '전구의 평균수명시간이 1000시간이다'라고 할 수 있고, 주장하고자 하는 가설은 '전구의 평균수명시간이 1000시간보다 길다'이다. 이를 다음과 같이 표시한다.

$$H_0:\ \mu = 1000$$
$$H_1:\ \mu > 1000$$

일반적인 가설검정에서는 모집단의 모수에 대해서 어떤 조건(등호 혹은 임의의 숫자)을 가정하여 가설을 설정하는데, 이때 이 가설을 귀무가설(null hypothesis)이라고 하고 $H_0$ 라고 표기한다. 또한 이 가설과 반대되는 가설을 대립가설(alternative hypothesis) 혹은 연구가설이라고 하며 $H_1$ 으로 나타낸다. $H_0$ 와 $H_1$ 은 서로 배타적인 관계에 있고 동시에 성립할 수는 없다.

귀무가설은 "아무런 차이가 없다" 또는 "전혀 효과가 없다"는 내용을 의미하는 주장이고, 대립가설은 "차이가 있다" 또는 "효과가 있다"는 귀무가설의 반대개념으로 생각하면 된다. 두 가지 가설에 대해서 기각여부를 결정하는 것을 가설검정(hyphothesis test)이라고 한다. 귀무가설을 기각함으로써 대립가설을 채택하게 된다. 기각여부는

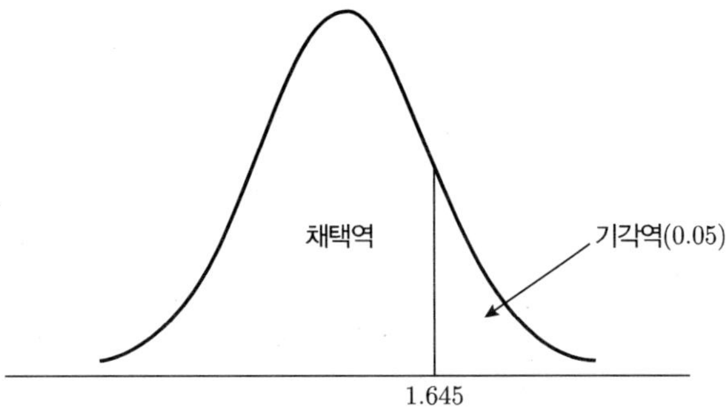


그림 7.1 기각역과 채택역

기각역을 이용하거나 뒤에서 설명될 유의수준과 유의확률을 이용한다. 기각역(critical region)이란 귀무가설이 기각되는 영역으로, 검정통계량이 기각역에 속하게 되면 귀무가설이 기각됨을 의미한다. 위의 예에서 표본평균 $\overline{X}$를 다음과 같이 표준화하여

$$Z = \frac{\overline{X} - 1000}{100/\sqrt{100}} \sim N(0,1)$$

와 같이 나타내면, 이 확률변수는 귀무가설이 참일 때 근사적으로 표준정규분포를 따른다. 또한 오차의 허용범위를 5%로 간주한다면 귀무가설하에서의 꼬리부분 확률이 0.05가 되는 값이 기각역의 경곗값이 되는 것이다. 표준정규분포에서 오른쪽부분의 꼬리부분확률이 0.05가 되는 값은 1.645이다(〈그림 7.1〉 참고).

귀무가설이 참일 때의 분포와 자료를 통해 통계량을 계산하게 되므로, 만일 자료가 귀무가설을 따른다고 할 때에는 분포의 꼬리부분에 위치하지 않고, 채택역에서 통계량을 갖게 될 것이다. 반대로, 자료가 귀무가설을 따르지 않는다고 할 때에는 분포의 꼬리부분, 즉 기각역에 속하게 되는 통계량이 계산될 것이다. 다시 말해, 계산되는 통계량이 1.645보다 작으면 귀무가설을 기각하지 않고, 1.645보다 크면 귀무가설을 기각하여 주장하는 가설을 받아들일 수 있다. 여기서, 귀무가설의 기각여부를 나타내기 위해 계산되는 통계량을 검정통계량(test statistic)이라고 한다. 예의 경우, 표본의 평균이 1040이므로 이를 이용하여 검정통계량을 구하면,

$$Z = \frac{1040 - 1000}{10} = 4.0$$

으로, 기각치 1.645보다 크므로 기각역에 속하여 귀무가설을 기각한다. 따라서 예의

경우에는, 새로운 공법으로 만들어진 전구의 평균수명은 기존의 것보다 수명시간이 길다고 할 수 있다.

- **귀무가설(null hypothesis, $H_0$)**: 어떤 모수에 대하여 가정하거나 예상하는 것
- **대립가설(alternative hypothesis, $H_1$)**: 귀무가설이 받아들여지지 않은 경우 대안으로 만든 가설. 표본을 통하여 확인하고자 하는 주장
- **검정통계량(test statistic)**: 귀무가설과 대립가설 중 한 가설을 선택하는 데 이용되는 통계량
- **기각역(critical region)**: 귀무가설을 기각시키는 검정통계량값의 영역

기각역을 만드는 기준, 오차허용범위는 분석자가 설정할 수 있다. 이를 설명하기 위해 다음과 같이 가설검정에 사용되는 두 종류의 오류에 대해서 살펴보자.

표 7.1 제1종 오류와 제2종 오류

| 검정결과 \ 실제 현상 | $H_0$ 사실 | $H_1$ 사실 |
|---|---|---|
| $H_0$ 채택 | 옳은 결과 | 제2종 오류($\beta$) |
| $H_0$ 기각 | 제1종 오류($\alpha$) | 옳은 결과 |

제1종 오류는 귀무가설이 모집단의 특성을 제대로 반영하고 있는 데도 불구하고 이를 기각하는 오류를 말하며 $\alpha$로 나타낸다. 제2종 오류는 귀무가설이 모집단의 특성을 제대로 반영하지 못함에도 불구하고 이를 받아들이는 오류를 말하며 $\beta$로 나타낸다. 일반적으로 검정을 할 때는 우선 제1종 오류가 일어날 확률을 어느 수준 $\alpha$ 이하로 고정하고, 제2종 오류가 일어날 확률을 될 수 있는 한 작게 하는 방법을 취하고 있다. 여기서 $\alpha$는 가설을 기각 혹은 채택하는 판단기준이 되는 것으로 유의수준(significant level, $\alpha$)이라고 하는데 제1종 오류를 범할 확률의 최대 허용한계를 의미한다. 유의수준이 작을수록 제1종 오류를 범할 확률이 작아지므로 귀무가설을 지키려는 경향이 있다. 예에서, 분석자가 설정한 0.05, 즉 5%의 오차허용범위가 유의수준이다.

또한, 대립가설이 참일 때 귀무가설을 기각할 확률 $1-\beta$를 검정력(power)이라고 한다. 좋은 검정법은 고정된 유의수준하에서 검정력이 높은 검정법을 의미한다.

## 7.2.2 양측검정과 단측검정

가설 설정하는 방법에 따라 다음과 같이 양측검정과 단측검정으로 나눌 수 있다. 예를 들어 우리 나라 성인 남자의 평균체중이 70kg인가를 알아보기 위하여 다음과 같이 세 가지의 가설을 설정할 수 있다.

**가설(I)**

$H_0$: 우리나라 성인 남자의 평균체중은 70kg이다.

$H_1$: 우리나라 성인 남자의 체중은 70kg이 아니다.

**가설(II)**

$H_0$: 우리나라 성인 남자의 평균체중은 70kg이다.

$H_1$: 우리나라 성인 남자의 체중은 70kg 이상이다.

**가설(III)**

$H_0$: 우리나라 성인 남자의 평균체중은 70kg이다.

$H_1$: 우리나라 성인 남자의 체중은 70kg 미만이다.

가설(I)은 가설(II)와 가설(III)을 포함하는 내용이다. 즉, 특정의 수(여기서는 70)보다 클 수도 있고 작을 수도 있는 대립가설영역을 취한다. 이러한 가설설정에 대한 검정을 양측검정(two-sided test)이라고 하며 이를 식으로 표현하면 다음과 같다.

$$H_0: \ \mu = 70$$
$$H_1: \ \mu \neq 70$$

가설(II)와 가설(III)은 특정의 수보다 작거나 큰 영역에서 대립가설의 영역을 취하므로 이러한 형태의 가설검정법을 단측검정(one-tailed test)이라고 한다. 대립가설에서 가설(II)의 검정법을 우측검정(right-sided test), 가설(III)의 검정법을 좌측검정(left-sided test)이라고 한다. 가설(II)와 가설(III)에 대해 식으로 표현하면 다음과 같다.

$$H_0: \mu = 70 \quad vs. \quad H_1: \mu > 70 \quad (\text{우측검정})$$

$$H_0: \mu = 70 \quad vs. \quad H_1: \mu < 70 \quad (\text{좌측검정})$$

이와 같이 양측검정과 단측검정을 결정하는 기준은 대립가설의 형태이다. 만일 귀무가설이 기각될 때에 주장하는 가설인 대립가설에 대한 확신이 있을 때 단측검정을 위한 대립가설을 세울 수 있다. 앞 절의 예에서 전구의 평균수명이 1040시간이고, 분석자가 기존의 평균수명인 1000시간보다 확실히 길다고 할 수 있는지에 대해서 문제 제기를 하였으므로, 단측검정을 위한 가설을 세운 것이다.

### 7.2.3 유의수준과 유의확률

유의수준(significance level)은 앞서 설명한 대로 제1종 오류를 범할 확률의 최대허용한계이고, 유의수준 $\alpha$ 인 검정법이란 제1종 오류를 범할 확률이 $\alpha$ 이하인 검정법을 말한다. 가설이 기각된 경우는 유의(significant)하다고 한다. 그러나 단순히 '유의하다'라고만 하지 않고 반드시 '유의수준 몇 % 내에서 유의하다'라고 말한다. 실제 검정에서는 유의수준 $\alpha$ 의 크기는 5%나 1%가 선택되는 경우가 대부분이다.

검정통계량의 관측값에 대하여 귀무가설 $H_0$ 을 기각할 수 있는 최소의 유의수준을 유의확률(significance probability) 또는 $p-$값($p-$value)이라고 한다. 즉, 귀무가설 $H_0$이 참일 때 검정통계량에 해당하는 귀무가설을 기각하는 방향으로 형성되는 모든 값들의 확률이다. 〈그림 7.2〉는 7.2.1절의 예에서 검정통계량 $Z = 4.0$ 에 해당되는 유의확률과 유의수준 $\alpha = 0.05$ 에 해당되는 통계량 1.645를 나타낸 그림이다.

〈그림 7.2〉에서와 같이 자료로부터 얻은 통계량을 기준으로 귀무가설이 기각되는 확률은 유의확률 0.0001이고, 오차의 허용범위는 분석자가 미리 설정한 유의수준 0.05이다.

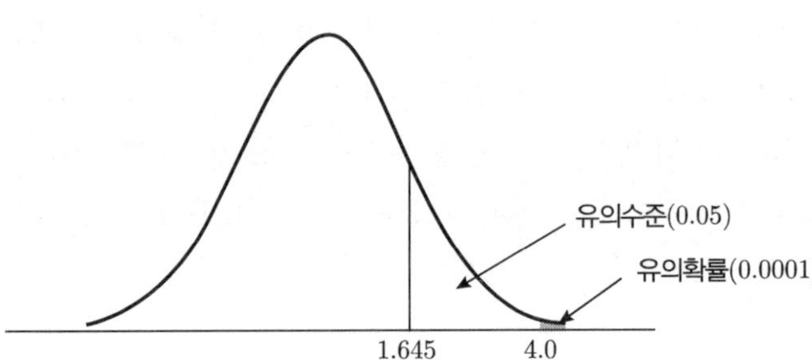


그림 7.2 유의수준과 유의확률

요즘 들어 통계분석은 대부분의 통계패키지를 이용하고 있는데, 통계패키지의 통계 분석 결과는 귀무가설의 채택 여부를 가능하도록 $p-$값을 계산해주고 있다. 따라서 $p-$값은 유의수준 $\alpha$와 비교하여 귀무가설의 채택여부를 결정하는 지표로 사용된다. 즉,

> $\alpha > p-$**값이면 귀무가설 기각**
> $\alpha < p-$**값이면 귀무가설 채택**

이다. 이 귀무가설에 대한 판정기준은 특정한 검정에만 국한된 것이 아니고 어떤 검정법에 대해서도 동일하게 적용된다.

## 7.3 분석기법의 분류

이 절에서는 본격적인 분석방법을 알아보기 이 전에 변수의 수나 변수 간의 종속관계, 또는 변수의 성격에 따른 통계분석기법을 간단히 소개하고자 한다.

### 7.3.1 변수의 수에 따른 분석기법

분석기법을 분류하는 가장 기본적인 기준으로, 변수의 수에 따라 변수의 수가 한 개인 경우를 단변량 통계분석(univariate analysis), 두 개인 경우를 이변량 통계분석(bivariate analysis), 그리고 세 개 이상인 경우에 대한 분석을 다변량 분석(multivariate analysis)이라고 한다.

### 7.3.2 변수 간의 종속관계에 의한 분석기법

변수들 간의 종속관계에 따라 변수들을 독립변수(independent variable)와 종속변수(dependent variable)로 나눈다. 독립변수는 영향을 주는 변수를, 종속변수는 영향을 받는 변수를 의미한다. 독립변수와 종속변수는 때로 각각 설명변수(explanatory variable)와 반응변수(response variable)로 표현하기도 한다.

앞서 언급한 대로 자료는 특성에 따라 이산형(discrete)과 연속형(continuous)으로 구분된다. 이산형 자료는 도수자료와 범주형 자료로 나뉘기도 한다. 자료의 특성에 따라 종속관계를 설명하는 분석기법은 〈표 7.2〉와 같다.

표 7.2 설명변수와 반응변수 형태에 따른 분석기법

| | | 반응변수 | |
|---|---|---|---|
| | | 이진형/범주형 | 연속형 |
| 설명변수 | 이진형 | 분할표 | $t$ − 검정 |
| | 범주형 | 분할표<br>일반화선형모형 | 분산분석(ANOVA) |
| | 연속형 | 일반화선형모형 | 회귀분석 |

설명변수와 반응변수가 이진형, 또는 범주형일 때에는 자료는 분할표로 요약되고 이에 대한 분석은 13장에서 다루게 될 빈도분석 또는 교차분석을 이용한다. 예를 들어, 흡연여부와 폐암발병의 관련성이라던가 연령대별(20대, 30대, 40대) 선호하는 프로그램(다큐멘터리, 오락, 뉴스, 드라마)이 다른지를 알아볼 수 있다. 반응변수가 연속형인 경우, 설명변수가 이진형이면 두 그룹을 나타내게 되므로 두 그룹의 차이를 살펴보는 $t$ − 검정을 실시하게 된다. 또한 설명변수가 여러 개의 그룹을 나타내는 범주형일 때에는 분산분석을 통해서 그 차이를 살펴볼 수 있다. 그룹 차이에 대한 분석법은 8장과 9장에서 각각 다루게 된다. 반응변수와 설명변수가 모두 연속형인 경우에는 두 변수의 상관성이나 함수적 관계를 살펴보는 상관분석, 회귀분석을 실시하며 이에 대해서는 10장부터 12장까지 다루고 있다. 그 외의 분석기법에 대해서는 이 책의 수준을 넘으므로 생략하기로 한다.

### 7.3.3 자료의 특성에 따른 분석기법

4장에서 설명한 대로 자료를 구분하는 데 있어서 자료의 특성을 나타내는 4가지의 척도가 있다. 각 척도의 특성을 구분하면 〈표 7.3〉과 같이 정리할 수 있다.

표 7.3 각 척도에 포함된 내용

| 척도 \ 특성 | 범주 | 순위 | 등간격 | 절대영점 |
|---|---|---|---|---|
| 명목척도 | ○ | × | × | × |
| 서열척도 | ○ | ○ | × | × |
| 등간척도 | ○ | ○ | ○ | × |
| 비율척도 | ○ | ○ | ○ | ○ |

표 7.4 척도별 자료의 분석방법

| 척도 | 비교방법 | 평균의 측정 | 분석방법 |
|---|---|---|---|
| 명목척도 | 확인, 분류 | 최빈값 | 빈도분석<br>비모수통계<br>분할표 |
| 서열척도 | 순위비교 | 중앙값 | 서열상관관계<br>비모수통계 |
| 등간척도 | 간격비교 | 산술평균 | 모수통계 |
| 비율척도 | 절대적 크기 비교 | 기하평균<br>조화평균 | 모수통계 |

명목척도는 단지 구분을 위해 부여되므로 범주로만 형성되고, 만족도나 학년과 같은 자료는 구분되기도 하지만 순위의 특성을 갖는 서열척도이다. 또한 비율척도에서는 그 값이 영인 경우에는 측정대상이 아무 것도 가지고 있지 않다는 의미를 갖는다. 이러한 특징을 갖는 척도별 분석방법은 〈표 7.4〉에 제시되어 있다.

예를 들어, 성별에서 1='남', 2='여'로 설정하였을 때, 평균을 산출하여 "평균이 1.38이므로 여자가 더 적다"라고 하기보다는 "최빈값이 1=남자로 총 100명 중 62명이 남자로 나타났다"라고 하는 것이 더 바람직하다.

## 7.4 연습문제

1. 다음 용어를 정리하시오.
   (1) 귀무가설과 대립가설
   (2) 한쪽검정과 양쪽검정
   (3) 유의수준
   (4) 유의확률

2. 다음 내용을 보고 분석하기 위한 귀무가설과 대립가설을 정의하시오.
   (1) 어느 대학에서는 인터넷 강의를 수강한 학생들을 대상으로 강의평가를 하였다. 평가 항목 중 전반적으로 인터넷 강의에 만족을 하는 지와 인터넷을 통해서 질문을 해본 적이 있는지를 물었다. 인터넷을 통해서 질문을 해본 학생과

아닌 학생들이 인터넷 강의에 대한 만족도가 같은지를 알아보고자 한다.

(2) 한 회사에서는 판매전략을 효과적으로 사용하기 위해 판매사원에게 판매 시 사용하고 있는 판매전략과 판매 성공여부를 물었다. 판매전략 종류에 따라 판매 효과가 차이가 있는지를 검정하시오.

제8장

# 집단 간 평균 비교(1)

앞 장에서는 추정과 검정에 대한 개념을 간략히 살펴보았다. 이 장부터는 통계분석과 관련하여 필요한 통계적 개념과 SPSS의 사용방법, 해석을 위주로 다루게 된다.

8, 9장에서는 일반적으로 많이 사용되는 분석기법으로 집단 간의 평균을 비교하는 방법에 대해서 알아보기로 한다. 8장에서는 한 그룹에 대한 평균을 검정하는 방법과 두 그룹에 대한 평균 비교에 대해서 알아보고 그 확장된 개념으로 세 그룹 이상의 검정방법에서는 9장에서 다루기로 한다.

## 8.1 일표본에서의 평균비교

일표본에 대해서 모평균의 특정한 값을 갖는지를 검정하는 방법으로, 다음 예를 들어 알아보자.

**예제**

어떤 집단의 13명으로부터, 50m 달리기 기록을 다음과 같이 얻었다.

ch8-1.sav

| | | | | | | |
|---|---|---|---|---|---|---|
| 7.92 | 10.29 | 19.89 | 17.73 | 10.36 | 13.50 | |
| 8.81 | 6.18 | 7.02 | 11.71 | 8.33 | 9.32 | 14.61 |

위 자료를 가지고 그 집단의 평균기록이 10초라고 할 수 있는지 유의수준 5%하에서 검정하시오.

위 예제의 검정하고자 하는 대립가설에 대한 확신이 없기 때문에 양쪽검정을 이용한다.

$$H_0:\ \mu = 10 \quad vs. \quad H_1:\ \mu \neq 10$$

위의 자료를 이용하여 SPSS로 분석하기 위해 다음의 과정을 거치면 〈그림 8.1〉과 같은 대화상자가 나타난다.

분석 → 평균 비교 → 일표본 T 검정

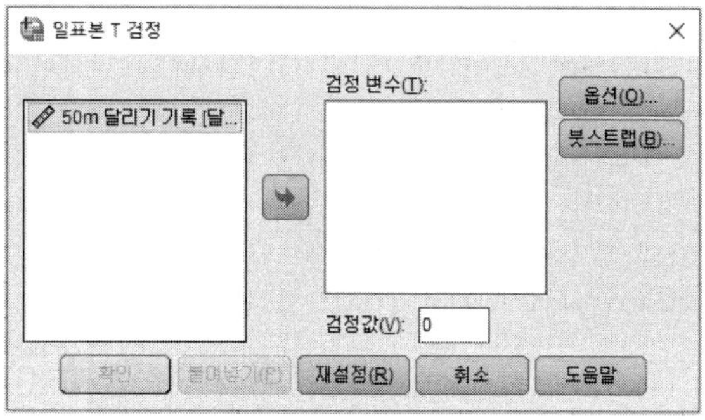


그림 8.1 일표본 T 검정

**일표본 T 검정.** 「검정 변수」는 검정하고자 하는 변수를 옮겨놓는 것이고, 「검정값」은 귀무가설에 해당하는 수를 입력하는 곳이다. 분석 해당변수를 선택하고 「검정값」에 귀무가설상의 값인 '10'을 입력한 후 「확인」을 선택하면 〈표 8.1〉과 같은 결과가 나타난다.

표 8.1 일표본 T 검정 결과

**일표본 통계량**

| | N | 평균 | 표준화 편차 | 표준오차 평균 |
|---|---|---|---|---|
| 50m 달리기 기록 | 13 | 11.2054 | 4.16116 | 1.15410 |

**일표본 검정**

| | 검정값 = 10 | | | | | |
|---|---|---|---|---|---|---|
| | | | | | 차이의 95% 신뢰구간 | |
| | t | 자유도 | 유의확률 (양측) | 평균차이 | 하한 | 상한 |
| 50m 달리기 기록 | 1.044 | 12 | .317 | 1.20538 | -1.3092 | 3.7199 |

〈표 8.1〉은 자료에 대한 기술통계량과 일표본 검정결과를 보여주고 있다. 「일표본 통계량」에 의하면 자료의 수는 13개이고 평균은 11.20초를 나타내고 있다. 분석 결과, $t-$통계량은 「일표본 검정」에서와 같이 1.044로, 자유도는 12이고, 이에 대한 유의확률은 0.317로서 0.05보다 크게 나타났으므로, 유의수준 $\alpha=0.05$ 하에서 기각하지 못한다. 따라서 50m 기록의 모평균이 10이라고 할 수 있다. 참고적으로 결과에서 자료의 평균값과 검정값 10의 차이는 1.2054이고, 차이에 대한 95% 신뢰구간이 0을 포함하는 것으로 보아 귀무가설이 기각되지 못함을 알 수 있다.

예제

전구를 생산하는 한 회사에서 현재 생산하는 전구의 평균수명은 1950시간으로 알려져 있다. 새로이 개발 중인 전구의 평균수명도 1950시간인지를 알아보기 위하여 다음과 같이 9개 전구를 시험하여 수명시간을 조사하였다. 이에 적절한 가설을 세우고, 유의수준 5%하에서 검정하시오.

ch8-2.sav

| 2000, 1975, 1900, 2000, 1950, 1850, 1950, 2100, 1975 |
|---|

풀이 귀무가설은 '전구의 평균수명은 1950시간이다'이고, SPSS에서는 일표본 T검정을 이용하여 검정값을 귀무가설 값에 해당되는 1950을 입력한다. 이를 실시한 결과는 다음과 같다.

일표본 검정

| | 검정값 = 1950 | | | | | |
|---|---|---|---|---|---|---|
| | | | | | 차이의 95% 신뢰구간 | |
| | t | 자유도 | 유의확률 (양측) | 평균차이 | 하한 | 상한 |
| 전구수명 | .718 | 8 | .493 | 16.667 | -36.83 | 70.16 |

위 결과에 의하면 통계량 값은 0.718이고 유의확률은 0.493으로 유의수준 0.05 하에서 귀무가설을 기각하지 못한다. 따라서 전구 수명은 1950시간이라고 할 수 있다.

## 8.2 이표본에 의한 평균비교

이 절에서는 두 개의 독립인 모집단으로부터 조사된 자료의 평균을 비교하는 방법인 독립표본 $t-$검정에 대해 알아보고자 한다.

두 모집단 $N(\mu_1, \sigma_1^2)$, $N(\mu_2, \sigma_2^2)$으로부터 각각 $n_1, n_2$개의 표본을 추출했다고 가정하자. 이 경우, 두 모집단의 평균차의 추정량 $\overline{X_1} - \overline{X_2}$는 평균이 $\mu_1 - \mu_2$이고 분산이 $\sigma_1^2/n_1 + \sigma_2^2/n_2$인 정규분포를 따르게 되고, 모평균 차에 대한 표본편차를 모르는 경우

는 앞에서와 같이 $t-$분포를 따르게 된다. 이때, 자유도는 $(n_1-1)+(n_2-1)=n_1+n_2-2$ 이다. 각 모집단의 분산이 같다고 할 수 있는 경우와 두 모집단의 분산이 다르다고 하는 경우에 대해 결과가 달리 제시되는데, 분산이 같다고 할 수 있는 경우는 자유도가 $n_1+n_2-2$이고 분산이 같다고 할 수 없는 경우는 수정된 자유도를 나타낸다. SPSS를 통해서 두 그룹 간의 분산이 같은지에 대한 분산의 동질성 검정결과도 확인할 수 있다. 이표본의 평균을 비교하기 위한 가설검정은 다음과 같다.

$H_0: \ \mu_1 = \mu_2$ (첫 번째 그룹의 평균과 두 번째 그룹의 평균이 같다)

$H_1: \ \mu_1 \neq \mu_2$ (첫 번째 그룹의 평균과 두 번째 그룹의 평균이 같다고 할 수 없다)

다음 예제를 이용하여 두 집단 평균 비교에 관한 SPSS의 활용과 해석 방법을 알아보기로 한다.

**예제**

다음 데이터는 어떤 건축재료에 대해서 열처리 후의 늘어난 길이(mm)를 측정한 것이다. A그룹의 데이터는 A사 제품 18개에 대해서 측정한 것이며, B그룹의 데이터는 B사 제품 16개에 대해서 측정한 것이다. A사 제품과 B사 제품의 늘어난 길이에는 차이가 있다고 할 수 있는지를 검토하시오.

**ch8-3.sav**

| | | | | | | | | | |
|---|---|---|---|---|---|---|---|---|---|
| A그룹 | 22.00 | 19.00 | 16.00 | 17.00 | 19.00 | 16.00 | 26.00 | 24.00 | 18.00 |
| | 19.00 | 13.00 | 16.00 | 22.00 | 18.00 | 19.00 | 22.00 | 19.00 | 26.00 |
| B그룹 | 22.00 | 20.00 | 28.00 | 24.00 | 22.00 | 28.00 | 22.00 | 19.00 | 25.00 |
| | 21.00 | 23.00 | 24.00 | 23.00 | 23.00 | 29.00 | 23.00 | | |

예제 자료를 분석하기 위한 가설은 다음과 같다.

$$H_0: \ \mu_A = \mu_B \quad vs. \quad H_1: \ \mu_A \neq \mu_B$$

여기서, $\mu_A$ 는 A사 제품의 늘어난 평균길이를 의미하고, $\mu_B$ 는 B사 제품의 늘어난 평균길이를 의미한다. 독립이표본 검정 시 자료입력은 〈그림 8.2〉와 같으며, 다음 절에 나오는 대응표본 검정과는 다른 입력 형태를 취한다. 검정하고자 하는 변수 '길이' 와 그룹을 나타내는 '그룹' 변수로 나타내어 입력하였다. 그룹을 나타내는 변수는 정수로 입력되어야 한다.

| | 길이 | 그룹 | 변수 |
|---|---|---|---|
| 1 | 22.00 | 1.00 | |
| 2 | 19.00 | 1.00 | |
| 3 | 16.00 | 1.00 | |
| 4 | 17.00 | 1.00 | |
| 5 | 19.00 | 1.00 | |
| 6 | 16.00 | 1.00 | |
| 7 | 26.00 | 1.00 | |
| 8 | 24.00 | 1.00 | |
| 9 | 18.00 | 1.00 | |
| 10 | 19.00 | 1.00 | |
| 11 | 13.00 | 1.00 | |
| 12 | 16.00 | 1.00 | |
| 13 | 22.00 | 1.00 | |
| 14 | 18.00 | 1.00 | |
| 15 | 19.00 | 1.00 | |
| 16 | 22.00 | 1.00 | |
| 17 | 19.00 | 1.00 | |
| 18 | 26.00 | 1.00 | |
| 19 | 22.00 | 2.00 | |
| 20 | 20.00 | 2.00 | |

그림 8.2 독립이표본의 자료입력

서로 독립인 이표본의 평균비교는 다음과 같은 과정을 거친다.

**분석 → 평균 비교 → 독립표본 T 검정**

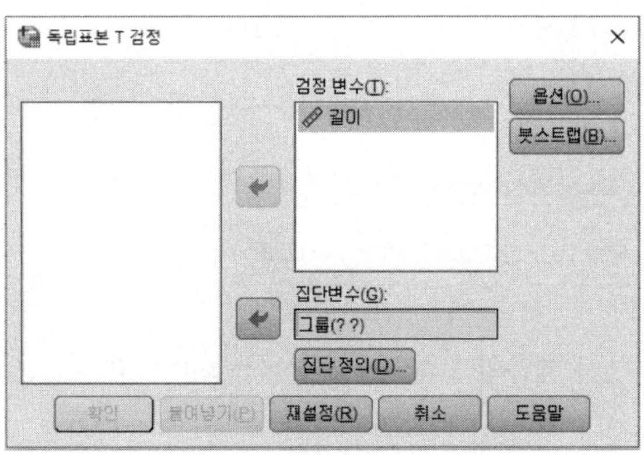


그림 8.3 독립이표본 검정

**독립표본 T 검정.** 〈그림 8.3〉과 같이 그룹을 나타내는 변수와 검정하고자 하는 자료 변수를 설정하면, 「집단변수」에는 '그룹(? ?)' 이 나타난다. 「집단 정의」를 클릭하여 〈그림 8.4a〉와 같이 두 개의 그룹을 정의하는 정수를 설정하여야 한다. 「분리점」은 집단변수에 대해 두 집단을 분리하는 값을 지정한다. 분리점보다 작은 코드가 한 집단에 속하고 분리점보다 크거나 같은 코드는 다른 집단에 속하게 된다.

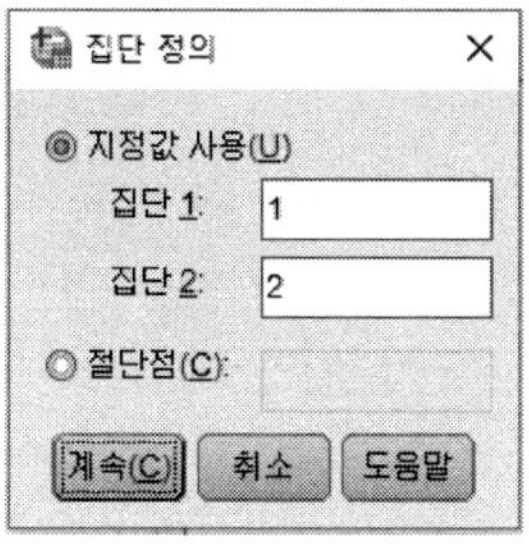


그림 8.4a 집단 정의

**독립표본 T 검정: 옵션.** 신뢰구간의 신뢰수준을 정한다.

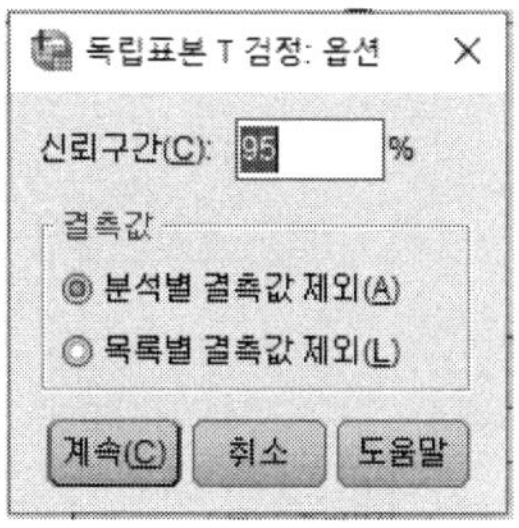


그림 8.4b 독립표본 T검정: 옵션

이들을 설정하여 「계속」, 「확인」하면 〈표 8.2〉와 같은 결과가 제시된다.

표 8.2 독립표본 검정 결과

**집단통계량**

| | 그룹 | N | 평균 | 표준화 편차 | 표준오차 평균 |
|---|---|---|---|---|---|
| 길이 | A그룹 | 18 | 19.5000 | 3.55213 | .83725 |
| | B그룹 | 16 | 23.5000 | 2.82843 | .70711 |

**독립표본 검정**

| | | Levene의 등분산 검정 | | 평균의 동일성에 대한 T 검정 | | | | | | |
|---|---|---|---|---|---|---|---|---|---|---|
| | | | | | | | | | 차이의 95% 신뢰구간 | |
| | | F | 유의확률 | t | 자유도 | 유의확률 (양측) | 평균차이 | 표준오차 차이 | 하한 | 상한 |
| 길이 | 등분산을 가정함 | .936 | .340 | -3.601 | 32 | .001 | -4.00000 | 1.11088 | -6.26278 | -1.73722 |
| | 등분산을 가정하지 않음 | | | -3.650 | 31.651 | .001 | -4.00000 | 1.09589 | -6.23323 | -1.76677 |

결과에는 각 그룹에 대한 기술통계량과 독립이표본 검정 결과를 제시하고 있다. 독립표본검정 결과를 보면 '등분산이 가정'될 때와 '등분산이 가정되지 않는' 경우의 결과를 제시하고 있다. 이는 'Levene의 등분산 검정'을 통하여 두 그룹이 등분산이 가정되는지를 검정 후, 분산 동질성 검정결과에 따른 평균비교 분석 결과를 사용하면 된다. Levene의 등분산 검정의 귀무가설은 '두 그룹 간 분산이 같다'이며 이에 대한 검정 결과를 제시한다. 예제의 경우, 등분산 검정결과 유의확률이 0.340으로 유의수준 0.05 하에서 귀무가설이 기각되지 못하므로 등분산이 만족됨을 알 수 있다. 따라서 두 표본 간의 평균차이에 대한 통계량은 −3.601이고 자유도는 32, 유의확률 0.001로서 유의수준 0.05하에서 귀무가설이 기각된다. 따라서 두 그룹의 평균의 차이가 있다고 할 수 있다.

**예제**

다음 자료는 기존의 강의방식과 새로운 강의방식으로 강의한 후 기존방법으로 배운 학생과 새로운 강의방식으로 배운 학생들의 점수이다. 기존의 강의방식에 의한 평균 점수와 새로운 방법에 의한 평균 점수 간에 차이가 있는지를 유의수준 0.05하에서 검정하시오.

ch8-4.sav

| 기존방법 | 65 | 70 | 76 | 63 | 72 | 71 | 68 | 68 |
|---|---|---|---|---|---|---|---|---|
| 새로운 방법 | 75 | 80 | 72 | 77 | 69 | 81 | 71 | 78 |

**풀이** 위 예제의 귀무가설은 '기존방법에 의한 평균점수와 새로운 방법에 의한 평균점수 간에 차이가 없다'이며 조사 결과, 기존방법에 의한 평균 성적은 69.125이고 새로운 방법에 의한 평균 성적은 75.375로 새로운 방법에 의한 성적이 6.25점 높게 나타났다.

**집단통계량**

| | 강의방식 | N | 평균 | 표준화 편차 | 표준오차 평균 |
|---|---|---|---|---|---|
| 독해력 성적 | 기존방법 | 8 | 69.1250 | 4.08613 | 1.44466 |
| | 새로운방법 | 8 | 75.3750 | 4.37321 | 1.54616 |

**독립표본 검정**

| | | Levene의 등분산 검정 | | 평균의 동일성에 대한 T검정 | | | | | | |
|---|---|---|---|---|---|---|---|---|---|---|
| | | | | | | | | | 차이의 95% 신뢰구간 | |
| | | F | 유의확률 | t | 자유도 | 유의확률 (양측) | 평균차이 | 표준오차 차이 | 하한 | 상한 |
| 독해력 성적 | 등분산을 가정함 | .207 | .656 | -2.954 | 14 | .010 | -6.25000 | 2.11605 | -10.78848 | -1.71152 |
| | 등분산을 가정하지 않음 | | | -2.954 | 13.936 | .011 | -6.25000 | 2.11605 | -10.79044 | -1.70956 |

결과에 의하면 두 그룹 간의 분산은 동일하다고 할 수 있으며(유의확률=0.656 〉 0.05), 분산의 동질성 가정하에서 평균차이에 대한 통계량은 −2.954이고 자유도는 14, 유의확률은 0.010으로 유의수준 0.05하에서 귀무가설이 기각된다. 따라서 두 방법에 의한 성적 간에 차이가 있다고 할 수 있다. 즉, 새로운 방법에 의한 성적이 통계적으로 유의하게 높게 나왔다.

## 8.3 대응비교 분석

대응비교(paried comparison)란, 두 모집단의 평균을 비교할 때 비교대상의 쌍들을 조사하고 각 쌍내에서의 차를 이용하여 추론하는 방법을 말한다.

예를 들어, 한 약품의 효과를 살펴보기 위하여 사람마다 약을 복용 전에 혈압을 재고, 약 복용 30분 후에 혈압을 재서 약품의 복용 전과 복용 후에 혈압의 차이를 보고자 할 때 대응비교 분석방법이 사용된다.

앞 절의 독립표본 $t-$검정과는 달리 각 쌍으로 이루어진 자료들은 주로 한 개체 내에서 두 개의 자료가 얻어지기 때문에 서로 독립이 아니다. 따라서 이 방법을 종속표본 검정법이라고도 한다. 가설의 형태는 독립표본에서와 같다. 대응비교를 위한 SPSS 분석 과정은 다음과 같다.

**분석 → 평균 비교 → 대응표본 T 검정**

예제

새로운 교육방법(treat)이 있어 학생들에게 교육방법의 실행 전(control)과 실행 후(treat) 효과가 차이가 있는지를 분석하고자 한다고 하자. 자료는 〈그림 8.5〉에 있다.

ch8-5.sav

| | 실행전 | 실행후 | 변수 |
|---|---|---|---|
| 1 | 45.00 | 64.00 | |
| 2 | 55.00 | 85.00 | |
| 3 | 33.00 | 56.00 | |
| 4 | 24.00 | 78.00 | |
| 5 | 64.00 | 50.00 | |
| 6 | 98.00 | 97.00 | |
| 7 | 45.00 | 50.00 | |
| 8 | 12.00 | 60.00 | |
| 9 | 65.00 | 23.00 | |
| 10 | 97.00 | 97.00 | |

그림 8.5 대응비교 자료

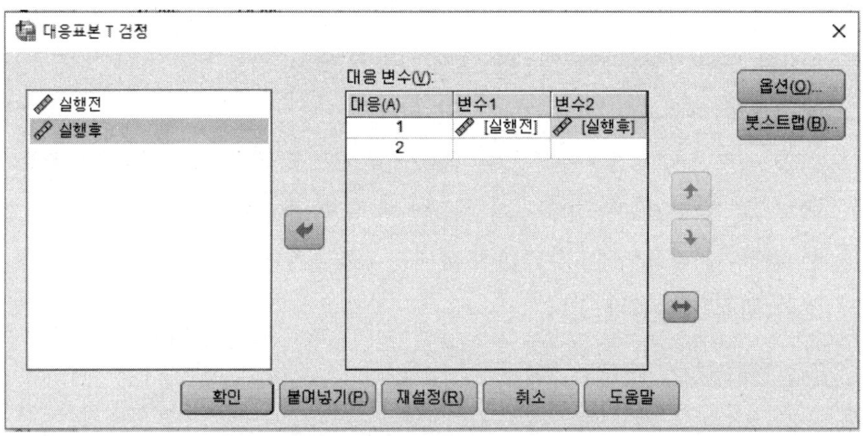


그림 8.6 대응비교 T검정

대응쌍 비교는 한 개체 내에서 얻어진 두 개의 자료를 비교하는 것이므로 〈그림 8.5〉와 같이 입력한다. 이것은 〈그림 8.2〉의 독립표본 $t$－검정의 자료 입력 형태와는 다르다.

〈그림 8.6〉의 「대응 변수」에서와 같이 자료는 '실행전−실행후' 로서 대응 변수의 짝을 맞춰야 하기 때문에 〈그림 8.5〉와 같이 자료형태가 한 케이스로부터 두 개가 있는 형태를 취한다. 「옵션」은 독립표본 T 검정 〈그림 8.4b〉에서와 같이, 신뢰수준을 정하는 데 사용된다.

표 8.3 대응표본 검정 결과

**대응표본 통계량**

| | | 평균 | N | 표준화 편차 | 표준오차 평균 |
|---|---|---|---|---|---|
| 대응1 | 실행전 | 53.8000 | 10 | 28.42847 | 8.98987 |
| | 실행후 | 66.0000 | 10 | 23.39991 | 7.39970 |

**대응표본 상관계수**

| | | N | 상관관계 | 유의확률 |
|---|---|---|---|---|
| 대응1 | 실행전 & 실행후 | 10 | .392 | .263 |

**대응표본 검정**

| | | 대응차 | | | | | t | 자유도 | 유의확률 (양측) |
|---|---|---|---|---|---|---|---|---|---|
| | | | | | 차이의 95% 신뢰구간 | | | | |
| | | 평균 | 표준화 편차 | 표준오차 평균 | 하한 | 상한 | | | |
| 대응1 | 실행전 - 실행후 | -12.20000 | 28.88214 | 9.13333 | -32.86104 | 8.46104 | -1.336 | 9 | .214 |

위 분석결과로부터 독립이표본과 다른 점은 대응표본의 상관계수를 제시했다는 점이다. 상관계수는 조사된 변수들의 상관관계를 나타내는 것으로서 −1과 1 사이에서 값을 갖는다. 위 결과로는 실행 전과 실행 후의 상관계수가 0.392이고 유의확률이 0.263으로 귀무가설인 '상관관계가 없다'를 기각하지 못한다. 따라서 실행 전과 실행 후의 상관관계는 없다고 할 수 있다. 상관관계의 분석에 대해서는 10장에서 자세히 설명하기로 한다. 또한, 대응표본검정결과에서는 독립표본 $t-$검정결과와 마찬가지로 평균 차이에 대한 기본적인 통계량과 95% 신뢰구간이 제시되었고 통계량이 −1.336, 자유도 9, 유의확률 0.214로서 유의수준 0.05하에서 귀무가설을 기각하지 못한다. 따라서 실행 전과 실행 후의 변화가 없다고 할 수 있다. 따라서 새로운 교육방법은 효과가 없다고 할 수 있다.

대응비교는 각 개체에 대응쌍 자료가 있어야 하기 때문에 각 그룹의 자료수는 같아야 하고 독립표본 $t-$검정은 독립된 두 그룹을 고려하는 것이므로 각 그룹의 자료수가 다를 수 있다.

**예제**

국제환경연구회가 1978년에 발간한 학술잡지에는 벨기에의 서부지역에서 공장지대가 환경에 미치는 영향에 관한 연구결과가 발표되어 있다. 그 일대에 방목되는 가축들의 소변에서 불소의 농도를 방목초기와 일정기간 후에 측정하기로 하고, 11마리를 랜덤 추출하여 조사한 결과 다음 표와 같았다. 과연 공장지대에서 일정기간 방목된 가축의 소변에 나타나는 불소의 농도가 떨어진다는 증거가 있는가?

ch8-6sav

| | 1 | 2 | 3 | 4 | 5 | 6 | 7 | 8 | 9 | 10 | 11 |
|---|---|---|---|---|---|---|---|---|---|---|---|
| 방목초기 | 24.7 | 46.1 | 18.5 | 29.5 | 26.3 | 33.9 | 23.1 | 20.7 | 18.0 | 19.3 | 23.0 |
| 일정기간 후 | 12.4 | 14.1 | 7.6 | 9.5 | 19.7 | 10.6 | 9.1 | 11.5 | 13.3 | 8.3 | 15.0 |

풀이 예제의 귀무가설은 '방목초기와 일정기간 후 가축 소변의 불소 농도 간에는 차이가 없다'이다. 위 자료를 가지고 대응비교 T 검정을 한 결과 아래와 같이, 평균 차이가 13.82 정도가 났으며 유의확률 0.00으로 유의수준 0.05하에서 귀무가설이 기각된다. 따라서 공장지대의 소들에게 소변 불소의 농도가 떨어진다고 할 수 있다.

**대응표본 검정**

| | | 대응차 | | | | | t | 자유도 | 유의확률 (양측) |
|---|---|---|---|---|---|---|---|---|---|
| | | 평균 | 표준화 편차 | 표준오차 평균 | 차이의 95% 신뢰구간 하한 | 상한 | | | |
| 대응 1 | 방목초기 - 일정기간 | 13.81818 | 8.17262 | 2.46414 | 8.32774 | 19.30862 | 5.608 | 10 | .000 |

## 8.4 연습문제

1. 다음 용어를 설명하시오.
   (1) 독립표본과 종속표본
   (2) 대응쌍 비교

2. 한 광고회사에서는 광고 이미지를 조사하기 위해 작년에는 30명을 대상으로 조사하였는데 평균 연령 27세였다. 올해에도 같은 목적으로 30명을 대상으로 아래와 같이 연령이 조사되었는데, 올해도 조사대상자들이 작년과 같은 평균 연령을 갖고 있는지를 파악하시오.

| | | | | | | | | | |
|---|---|---|---|---|---|---|---|---|---|
| 18 | 22 | 36 | 15 | 42 | 31 | 33 | 24 | 28 | 29 |
| 31 | 30 | 24 | 25 | 28 | 41 | 30 | 19 | 20 | 35 |
| 21 | 25 | 23 | 40 | 39 | 28 | 29 | 22 | 27 | 31 |

3. 다음 자료는 기존의 교육방법과 새로운 교육방법을 적용했을 때 10명 학생들의 성적이다. 이를 통해서 새로운 교육방법이 더 좋다고 할 수 있겠는지 유의수준 5%하에서 분석하시오.

| 기존 방법 | 새로운 방법 |
|---|---|
| 45 | 56 |
| 56 | 65 |
| 70 | 77 |
| 64 | 64 |
| 85 | 82 |
| 94 | 95 |
| 22 | 64 |
| 77 | 82 |
| 80 | 83 |
| 82 | 90 |

4. 다음 자료는 품질조사를 통해서 두 회사의 매월 공정 평균 불량률이다. 두 회사의 평균 불량률이 같다고 할 수 있는지를 분석하시오.

| | A 회사 | B 회사 |
|---|---|---|
| 1월 | 0.0217 | 0.0218 |
| 2월 | 0.0219 | 0.0220 |
| 3월 | 0.0212 | 0.0222 |
| 4월 | 0.0214 | 0.0242 |
| 5월 | 0.0226 | 0.0214 |
| 6월 | 0.0213 | 0.0215 |
| 7월 | 0.0200 | 0.0211 |
| 8월 | 0.0211 | 0.0200 |
| 9월 | 0.0234 | 0.0213 |
| 10월 | 0.0211 | 0.0214 |
| 11월 | 0.0214 | 0.0230 |
| 12월 | 0.0245 | 0.0241 |

# 제9장

# 집단 간 평균비교(2)

8장에서 다루었던 $t-$검정은 한 개, 혹은 두 모집단 간의 모평균을 비교할 때 적용하는 분석방법이다. 그러나 두 개 이상의 집단인 경우에는 $t-$검정 방법으로는 어렵다. 여러 집단 간의 차이를 비교할 때 분산을 이용하여 분석하는데 이러한 방법을 분산분석(Analysis of Variance)이라고 한다.

어떤 실험에서 관측값에 영향을 주는 조건의 종류를 요인(factor)이라고 하고 실험을 하기 위한 요인의 여러 가지 조건을 수준(level) 또는 처리(treatment)라고 한다. 분산분석은 실험계획법에서 가장 많이 사용하는 분석방법으로, 관측값이 달라지는 것을 여러 요인으로 나누어 각 요인들이 얼마나 변화의 정도에 기여하였는가를 분산을 이용하여 분석하는 방법이다.

## 9.1 완전 랜덤화 설계

완전 랜덤화(complete randomization)라는 것은 여러 모집단에서 독립적으로 추출하는 것과 동의어로 쓰인다. 완전 랜덤화가 실현된 후에 비교하고자 하는 여러 처리가 있을 때 여러 번 비교하는 것보다는 한 번에 비교하는 것이 더 편리할 것이다. 그러나 자료는 대부분이 서로 연관성을 주고받을 가능성이 항상 존재하고 있어서 여러 집단 간의 차이를 보고자 할 때 무조건 분산분석을 적용한다면 그 결과 또한 신뢰성을 가질 수 없게 된다.

예를 들어, 비료종류 A, B, C에 따라 벼 수확량에 차이가 있는지, 차이가 있다면 어떤 비료가 수확량이 높은지 알고 싶다고 가정하자. 이러한 실험을 하기 위해서는 적당한 장소에 벼를 심고 각기 다른 비료를 주어 그 수확량을 비교하고자 할 것이다. 그러나 그 수확량의 차이가 단지 비료에 따른 차이라고 확신 있게 말하기는 어렵다. 왜냐하면 토양의 종류, 바람정도, 온도 등의 여러 가지 원인이 복합적으로 작용했을 가능성이 있기 때문이다. 완전 랜덤화는 관심의 대상이 되는 비료의 종류에 따른 차이의 결과를 얻을 수 있도록 실험환경을 비료 외의 나타날 수 있는 다른 영향을 미리 제거시켜 주는 방법이다. 예를 들어, 같은 토양의 종류별로 각 비료의 종류를 다 써본다든지 바람의 정도가 비슷하도록 위치를 선정한다든지 하는 여러 가지 환경을 조절하여보고, 이 과정이 반드시 선행되고 난 후 분석을 시행하여야 한다. 분산분석은 실험 요인의 수에 따라 일원배치 분산분석, 이원배치 분산분석, 다원배치 분산분석으로 나뉘는데, 책에서는 일원배치 분산분석과 이원배치 분산분석만 다룬다.

## 9.2 일원배치 분산분석과 F-분포

일원배치 분산분석(one-way ANOVA)이란 실험요인이 하나이고, 처리가 다수인 경우 그 결과에서 얻어지는 자료를 분석하는 통계기법을 말한다.

$k$ 개의 집단 간에 차이가 있는지를 검정하기 위해 $i\ (i = 1,2,\cdots,k)$번째 집단에서 $j$ 번째 관측값을 $Y_{ij}$ 이라고 하면 $Y_{ij}$ 는 다음과 같이 표현할 수 있다.

$$Y_{ij} = \mu_i + \epsilon_{ij} \qquad i = 1,2,\cdots,k,\ j = 1,2,\cdots,n_i$$

이때 $\mu_i$ 는 $i$ 번째 처리의 모평균이고, $\epsilon_{ij}$ 는 모두 서로 독립이고 평균이 0, 분산이 $\sigma^2$ (등분산)인 정규분포를 따르는 오차이다. 여러 그룹을 비교하기 위해서 자료는 〈표 9.1〉과 같은 구조를 갖는다. $k$개의 처리에 대해서 각 처리에서 얻어진 자료의 수와 각 처리에서의 평균, 제곱합 등을 계산할 수 있다.

일원배치 분산분석에서 분석하고자 하는 것은 각 처리의 효과가 동일한가를 검정하는 것이므로 그에 대한 가설 형태는 다음과 같다.

$$H_0:\ \mu_1 = \mu_2 = \cdots = \mu_k$$

$H_1$: 적어도 한 쌍 이상은 다르다.

〈표 9.1〉과 같은 자료의 경우에 $k$ 개의 처리의 효과를 비교하기 위하여 자료를 다음과 같이 분해한다.

$$(y_{ij} - \overline{y}) = (\overline{y_i} - \overline{y}) + (y_{ij} - \overline{y_i})$$

표 9.1 자료의 구조

| | 자료개수 | 자료 | 평균 | 제곱합 |
|---|---|---|---|---|
| 처리 1 | $n_1$ | $y_{11}, y_{12}, y_{13}, \cdots, y_{1n_1}$ | $\overline{y_1}$ | $\sum_{j=1}^{n_1} (y_{1j} - \overline{y_1})^2$ |
| 처리 2 | $n_2$ | $y_{21}, y_{22}, y_{23}, \cdots, y_{2n_2}$ | $\overline{y_2}$ | $\sum_{j=1}^{n_2} (y_{2j} - \overline{y_2})^2$ |
| … | … | … | … | … |
| 처리 $k$ | $n_k$ | $y_{k1}, y_{k2}, y_{k3}, \cdots, y_{kn_k}$ | $\overline{y_k}$ | $\sum_{j=1}^{n_k} (y_{kj} - \overline{y_k})^2$ |

여기서 $y_{ij}$는 $i$번째 처리에서 $j$번째 자료, $\overline{y_i}$는 $i$번째 처리에서의 자료 평균, $\overline{y}$는 전체 평균이다. 이러한 분해로부터 양변을 제곱하여 정리하면 제곱합은

$$\sum_{i=1}^{k}\sum_{j=1}^{n_i}(y_{ij}-\overline{y})^2=\sum_{i=1}^{k}\sum_{j=1}^{n_i}(\overline{y_i}-\overline{y})^2+\sum_{i=1}^{k}\sum_{j=1}^{n_i}(y_{ij}-\overline{y_i})^2$$
$$=\sum_{i=1}^{k}n_i(\overline{y_i}-\overline{y})^2+\sum_{i=1}^{k}\sum_{j=1}^{n_i}(y_{ij}-\overline{y_i})^2$$

으로 완성된다. 분해된 각각의 성분은 다음과 같이 나누어 설명된다.

- **총제곱합(total sum of squares):** $SST=\sum_{i=1}^{k}\sum_{j=1}^{n_i}(y_{ij}-\overline{y})^2$
- **처리제곱합(treatment of sum squares):** $SSt=\sum_{i=1}^{k}\sum_{j=1}^{n_i}(\overline{y_i}-\overline{y})^2$
  $=n_i(\overline{y_i}-\overline{y})^2$
- **잔차제곱합(error sum of squares):** $SSE=\sum_{i=1}^{k}\sum_{j=1}^{n_i}(\overline{y_{ij}}-\overline{y_i})^2$

각각의 제곱합을 해당 자유도로 나누어 준 것은 평균제곱합이라고 하여 다음과 같이 표기한다.

- **평균 총제곱합:** $MST=SST/(\sum_{i=1}^{k}n_i-1)$
- **평균 처리제곱합:** $MSt=SSt/(k-1)$
- **평균 오차제곱합:** $MSE=SSE/(\sum_{i=1}^{k}n_i-k)$

이 값을 이용하여 〈표 9.2〉와 같이 표로 요약할 수 있는데 이를 분산분석표라고 한다.

분산분석표를 이용해서 집단 평균 비교를 위한 검정통계량은 다음과 같이 정의되는 $F$ 통계량으로 나타낸다.

$$F=\frac{MSt}{MSE}\sim F(k-1,n-k)$$

표 9.2 분산분석표

| 요인 | 제곱합 | 자유도 | 평균제곱합 | 통계량 |
|---|---|---|---|---|
| 처리 | SSt | $k-1$ | $MSt$ | $F=MSt/MSE$ |
| 오차 | SSE | $\sum_{i=1}^{k} n_i - k$ | $MSE$ | |
| 합계 | SST | $\sum_{i=1}^{k} n_i - 1$ | | |

$F-$분포는 동일한 분산을 가지고 정규분포를 이루고 있는 모집단 $N(\mu_1, \sigma_1^2)$, $N(\mu_2, \sigma_2^2)$으로부터 확률추출하였을 때 표본분산들 간의 비가 이루는 분포이다. 즉,

$$F = \frac{s_2^2/\sigma_2^2}{s_1^2/\sigma_1^2} = \frac{\sigma_1^2 s_2^2}{\sigma_2^2 s_1^2}$$

가 이루는 분포를 의미한다. $F-$분포에서는 두 개의 표본을 이용하므로 2개의 자유도가 사용된다. 이 분포는 두 집단의 분산의 동일성을 검정할 때 사용된다. 분산분석표에서 설명되었듯이, 집단 내의 분산과 집단 간의 분산의 비를 계산하여 이 값이 클수록 집단 간의 차이가 크다는 것을 $F-$분포 확률분포표를 이용하여 유의성을 판단할 수 있게 된다. $F-$분포는 또한 11장에서 설명될 회귀식의 유의성에서도 사용된다. 이에 대한 내용은 11.2.3절을 참고하기 바란다.

이와 같이 분산분석은 전체 변동을 처리에 관련된 변동과 잔차에 관련된 변동으로 분해하여 이들의 상대적인 크기로 집단 변동의 유의성을 검증하는 통계기법이다.

**예제**

다음 자료들은 최종학력과 수입을 조사한 자료이다. 다음을 통해서 최종학력에 따라서 수입의 차이가 있는지를 알아보고자 한다.

**ch9-1.sav**

수입(만 원)
학력;1 초등졸, 2 중졸, 3 고졸, 4 대졸이상

| 수입 | 학력 | 수입 | 학력 |
|---|---|---|---|
| 100.00 | 1 | 120.00 | 1 |
| 120.00 | 2 | 150.00 | 2 |

| | | | |
|---|---|---|---|
| 120.00 | 3 | 220.00 | 3 |
| 250.00 | 4 | 280.00 | 4 |
| 100.00 | 1 | 200.00 | 1 |
| 150.00 | 2 | 250.00 | 2 |
| 250.00 | 3 | 350.00 | 3 |
| 250.00 | 4 | 350.00 | 4 |

위의 자료에 대한 귀무가설은 "최종학력에 따라 평균수입에 차이가 없다"이다. 분산분석을 실행하기 위해서는 〈그림 9.1〉과 같이 입력하여야 한다.

| | 수입 | 학력 |
|---|---|---|
| 1 | 100 | 1 |
| 2 | 120 | 2 |
| 3 | 120 | 3 |
| 4 | 250 | 4 |
| 5 | 100 | 1 |
| 6 | 150 | 2 |
| 7 | 250 | 3 |
| 8 | 250 | 4 |
| 9 | 120 | 1 |
| 10 | 150 | 2 |
| 11 | 220 | 3 |
| 12 | 280 | 4 |
| 13 | 200 | 1 |
| 14 | 250 | 2 |
| 15 | 350 | 3 |
| 16 | 350 | 4 |

그림 9.1 분산분석 자료

〈그림 9.1〉에서와 같이 자료를 나타내는 수입변수와 그룹을 나타내는 학력변수로 입력하였다. 여기서, 그룹 변수는 정수로 나타내어야 한다.

일원배치 분산분석을 위한 분석과정은 다음과 같다.

**분석 → 평균비교 → 일원배치 분산분석**

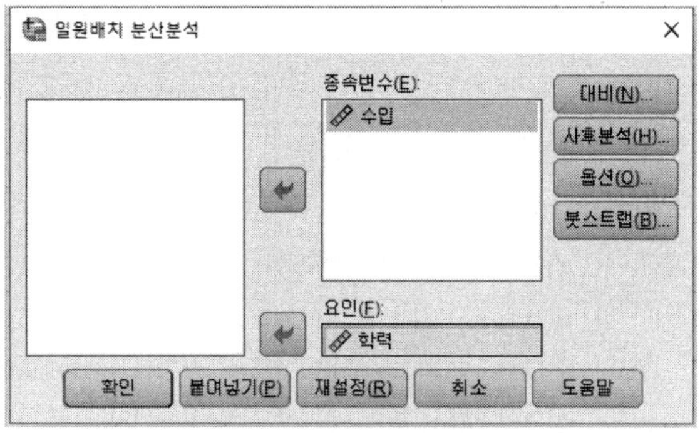


그림 9.2a 일원배치 분산분석

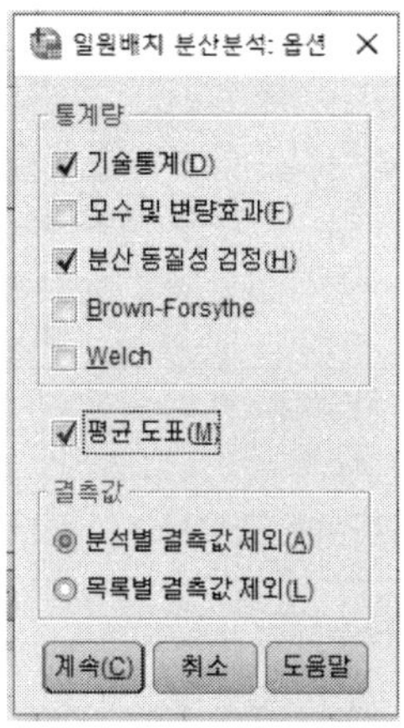


그림 9.2b 일원배치 분산분석: 옵션

**일원배치 분산분석: 옵션.** 〈그림 9.2a〉와 같이 검정하고자 하는 변수와 요인변수를 설정한 후, 〈그림 9.2b〉의 옵션에서 각 그룹 평균을 비교하기에 앞서 각 그룹의 기술통계량과 그룹 간 분산의 동질성 및 각 그룹의 평균도표를 선택한다.

표 9.2a 일원배치 분산분석 검정결과: 기술통계

**기술통계**

수입

| | N | 평균 | 표준화 편차 | 표준화 오류 | 평균에 대한 95% 신뢰구간 | | 최소값 | 최대값 |
|---|---|---|---|---|---|---|---|---|
| | | | | | 하한 | 상한 | | |
| 1 | 4 | 130.00 | 47.610 | 23.805 | 54.24 | 205.76 | 100 | 200 |
| 2 | 4 | 167.50 | 56.789 | 28.395 | 77.14 | 257.86 | 120 | 250 |
| 3 | 4 | 235.00 | 94.692 | 47.346 | 84.32 | 385.68 | 120 | 350 |
| 4 | 4 | 282.50 | 47.170 | 23.585 | 207.44 | 357.56 | 250 | 350 |
| 전체 | 16 | 203.75 | 83.974 | 20.994 | 159.00 | 248.50 | 100 | 350 |

〈표 9.2a〉에서는 각 그룹과 전체에 대한 평균과 편차, 신뢰구간 등의 기본적인 통계량들을 제시하고 있다. 수입평균은 초등졸이 가장 적고, 초등졸과 대졸이상이 다른 학력에 비해 수입의 변동이 적었다.

분산분석에서도 8.3절 독립표본 $t-$검정에서와 같이 분산의 동질성에 대한 검정결과를 제시해준다. 가설은 8.3절의 확장된 개념으로,

$H_0$: $\sigma_1^2 = \sigma_2^2 = \sigma_3^2 = \sigma_4^2 (= \sigma^2)$ (네 그룹의 분산은 같다)

$H_1$: 적어도 한쌍은 다르다.

이다.

표 9.2b

**분산의 동질성 검정**

| | | Levene 통계량 | 자유도1 | 자유도2 | 유의확률 |
|---|---|---|---|---|---|
| 수입 | 평균을 기준으로 합니다. | .601 | 3 | 12 | .627 |
| | 중위수를 기준으로 합니다. | .533 | 3 | 12 | .668 |
| | 자유도를 수정한 상태에서 중위수를 기준으로 합니다. | .533 | 3 | 10.478 | .670 |
| | 절삭평균을 기준으로 합니다. | .610 | 3 | 12 | .622 |

네 그룹에 대한 「분산 동질성에 대한 검정」에서는 유의확률이 0.627로 나타났으며 유의수준 0.05하에서 귀무가설이 기각되지 않으므로 네 그룹 간의 분산은 같다고 할 수 있다(〈표 9.2b〉 참고).

표 9.2c

**ANOVA**

수입

| | 제곱합 | 자유도 | 평균제곱 | F | 유의확률 |
|---|---|---|---|---|---|
| 집단-간 | 55725.000 | 3 | 18575.000 | 4.454 | .025 |
| 집단-내 | 50050.000 | 12 | 4170.833 | | |
| 전체 | 105775.000 | 15 | | | |

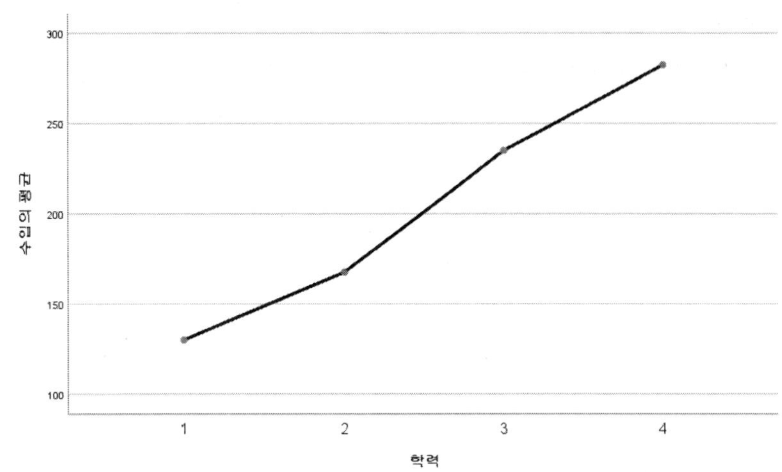


그림 9.3 평균 도표

분산분석표 〈표 9.2c〉에 의하면, 검정통계량 값이 4.454이고 유의확률이 0.025로, 집단 간의 차이가 있음을 보여주고 있다. 따라서 유의수준 0.05하에서 학력에 따라 수입에 차이가 있다고 할 수 있다. 〈그림 9.3〉의 평균도표를 통해 학력이 높아짐에 따라서 평균 수입이 커지는 양상을 볼 수 있다.

SPSS에서의 분산분석의 결과 〈표 9.2c〉는 분산이 같다는 가정하에서 제시된 것이다. 만일 〈표 9.2b〉에서 분산동질성 검정의 귀무가설이 기각되었을 경우에는 분산분석의 결과가 부정확할 수 있다. 분산의 동질성 검정에서 귀무가설이 기각되었을 경우는 이 책의 범위에서 벗어나므로 생략하였다.

**예제**

다음은 폐수처리 시설을 검사하기 위하여 세 가지 측정방법을 이용하여 폐수의 오염도를 측정한 자료이다. 측정방법에 따라 오염도가 다르게 나타나는지를 검정하시오.

ch9-2.sav

| 방법1 | 방법2 | 방법3 |
|---|---|---|
| 2.45 | 3.54 | 1.98 |
| 2.86 | 3.04 | 2.14 |
| 2.10 | 2.39 | 2.75 |
| 3.09 | 2.64 | 2.13 |
| 2.45 | 2.78 | 2.22 |

풀이 위에 대한 귀무가설은 "측정방법에 따라 측정된 평균 폐수의 오염도는 같다" 이다. 세 그룹의 평균을 비교하는 것으로 일원배치 분산분석법을 실시하여 다음과 같은 결과를 얻었다.

**분산의 동질성 검정**

| | | Levene 통계량 | 자유도1 | 자유도2 | 유의확률 |
|---|---|---|---|---|---|
| 오염도 | 평균을 기준으로 합니다. | .557 | 2 | 12 | .587 |
| | 중위수를 기준으로 합니다. | .351 | 2 | 12 | .711 |
| | 자유도를 수정한 상태에서 중위수를 기준으로 합니다. | .351 | 2 | 11.855 | .711 |
| | 절삭평균을 기준으로 합니다. | .594 | 2 | 12 | .568 |

위 결과에 따라 분산의 동질성은 유의하지 않다. 즉, 세 그룹 간의 분산에는 차이가 없다고 할 수 있다.

**ANOVA**

오염도

| | 제곱합 | 자유도 | 평균제곱 | F | 유의확률 |
|---|---|---|---|---|---|
| 집단-간 | 1.008 | 2 | .504 | 3.513 | .063 |
| 집단-내 | 1.721 | 12 | .143 | | |
| 전체 | 2.729 | 14 | | | |

분산분석표에 의하면 F-통계량이 3.513이고 유의확률 0.063으로 0.05보다 크게 나왔으므로 유의하지 않다. 즉, 세 그룹 간의 평균에는 차이가 없다고 할 수 있다. 아래 그림을 통해서 오염도의 평균이 방법 2가 제일 높게 나오고 방법 3이 낮게 나왔지만 통계적으로는 유의적 차이를 보이지 않았다.

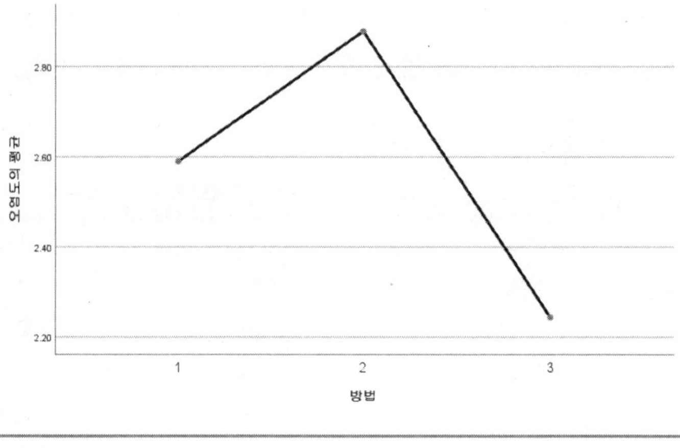

## 9.3 다중비교

분산분석을 실행한 결과 차이가 있음이 밝혀져 귀무가설이 기각되었을 때 어떤 처리 집단에 의해 귀무가설이 기각되었는가를 알아낼 필요가 있다. 귀무가설이 기각되어 차이가 있다면 어디서 차이가 나타나는지를 알고자 하는 것이 다중비교(multiple comparison)이다. 9.2절의 예제를 계속 이용하여 다중비교에 대해 알아보도록 하자.

다중비교를 하기 위해서는 〈그림 9.2a〉에서 종속변수와 요인변수를 선택 후 아래쪽의 「사후분석」을 선택한다. 그러면 〈그림 9.4〉와 같이 작은 창이 나타나는데 거기에는 다중비교를 하는 방법으로 SPSS에서 Sceffe, Tukey, SNK, LSD, Duncan 등 여러 가지 분석방법을 제공하고 있다. 이들 중 가장 많이 쓰이는 것은 Duncan의 다중비교 방법(multiple range test)과 Tukey의 HSD 등이며 각각의 결과는 약간씩 다를 수 있다. 이들 차이에 대한 자세한 설명은 손중권 외(1997)를 참고하기 바란다. Tukey의 방법을 실행하기 위해서는 〈그림 9.4〉처럼 Tukey를 선택해주고 「계속」하여 「확인」한다.

그림 9.4 사후분석 – 다중비교

표 9.3a 사후분석 – 다중비교 결과

**다중비교**

종속변수: 수입
Tukey HSD

| (I) 학력 | (J) 학력 | 평균차이(I-J) | 표준화 오류 | 유의확률 | 95% 신뢰구간 하한 | 95% 신뢰구간 상한 |
|---|---|---|---|---|---|---|
| 1 | 2 | -37.500 | 45.666 | .843 | -173.08 | 98.08 |
| | 3 | -105.000 | 45.666 | .153 | -240.58 | 30.58 |
| | 4 | -152.500* | 45.666 | .026 | -288.08 | -16.92 |
| 2 | 1 | 37.500 | 45.666 | .843 | -98.08 | 173.08 |
| | 3 | -67.500 | 45.666 | .479 | -203.08 | 68.08 |
| | 4 | -115.000 | 45.666 | .107 | -250.58 | 20.58 |
| 3 | 1 | 105.000 | 45.666 | .153 | -30.58 | 240.58 |
| | 2 | 67.500 | 45.666 | .479 | -68.08 | 203.08 |
| | 4 | -47.500 | 45.666 | .730 | -183.08 | 88.08 |
| 4 | 1 | 152.500* | 45.666 | .026 | 16.92 | 288.08 |
| | 2 | 115.000 | 45.666 | .107 | -20.58 | 250.58 |
| | 3 | 47.500 | 45.666 | .730 | -88.08 | 183.08 |

*. 평균차이는 0.05 수준에서 유의합니다.

〈표 9.3a〉의 결과는 각 학력을 기준으로 다른 학력과의 평균 차이를 보여주고 두 집단(학력) 평균차이에 대한 표준오차, 유의확률, 신뢰구간을 보여주고 있다. 유의성이 있는 두 집단에 대해서는 평균차에 별표(*) 표시가 되어 있다. Tukey 방법에 의한 다중비교 결과에 의하면 대졸이상 그룹과 초등졸 그룹에 있어서 유의한 차이가 있음을 볼 수 있다. 이를 이용하여 〈표 9.3b〉 Tukey 방법에 의한 결과에서처럼 자료를 두 개의 부집단으로 나눌 수 있다.

표 9.3b 사후분석 결과

**수입**

Tukey HSD[a]

| 학력 | N | 유의수준 = 0.05에 대한 부분집합 1 | 유의수준 = 0.05에 대한 부분집합 2 |
|---|---|---|---|
| 1 | 4 | 130.00 | |
| 2 | 4 | 167.50 | 167.50 |
| 3 | 4 | 235.00 | 235.00 |
| 4 | 4 | | 282.50 |
| 유의확률 | | .153 | .107 |

동질적 부분집합에 있는 집단에 대한 평균이 표시됩니다.

a. 조화평균 표본크기 4.000을(를) 사용합니다.

위 결과를 살펴보면 크게 초등졸, 중졸과 고졸을 하나의 집단으로, 또한 중졸, 고졸과 대졸 이상을 같은 집단으로 묶을 수 있음을 보여주고 있고, 특히 초등졸 집단과 대졸이상의 집단에 소득 차이가 있음을 알수 있다.

**예제**

다음 표는 4가지 교육방법의 효과를 비교분석하기 위해 학생을 랜덤하게 4개의 집단으로 나누고 한 학기 동안 각 교육방법으로 교육시킨 후에 학기말 시험을 치른 결과이다. 4가지 교육방법의 효과가 다르다고 할 수 있는지 분석하시오.

ch9-3.sav

| 교육방법 | 1 | 2 | 3 | 4 |
|---|---|---|---|---|
| 시험성적 | 65.00 | 75.00 | 59.00 | 94.00 |
| | 87.00 | 69.00 | 78.00 | 89.00 |
| | 73.00 | 83.00 | 67.00 | 80.00 |
| | 79.00 | 81.00 | 62.00 | 88.00 |
| | 81.00 | 72.00 | 83.00 | |
| | 69.00 | 79.00 | 76.00 | |
| | | 90.00 | | |

**풀이** 일원배치 분산분석 프로시저를 이용하고 분산의 동질성 검정과 분산분석표, 사후분석을 실시하여 다음과 같은 결과를 얻었다.

**분산의 동질성 검정**

| | | Levene 통계량 | 자유도1 | 자유도2 | 유의확률 |
|---|---|---|---|---|---|
| 성적 | 평균을 기준으로 합니다. | 1.218 | 3 | 19 | .330 |

네 가지 교육방법에 대한 분산의 동질성 검정결과 유의확률이 0.330으로 나왔으며 네 가지 방법의 분산은 같다고 할 수 있다.

**ANOVA**

성적

| | 제곱합 | 자유도 | 평균제곱 | F | 유의확률 |
|---|---|---|---|---|---|
| 집단-간 | 712.586 | 3 | 237.529 | 3.771 | .028 |
| 집단-내 | 1196.631 | 19 | 62.981 | | |
| 전체 | 1909.217 | 22 | | | |

분산분석표를 이용한 검정결과 유의확률이 0.028로 유의수준 0.05하에서 귀무가설이 기각되어 네 가지 교육방법에 의한 성적이 다르게 나타났다고 할 수 있다.

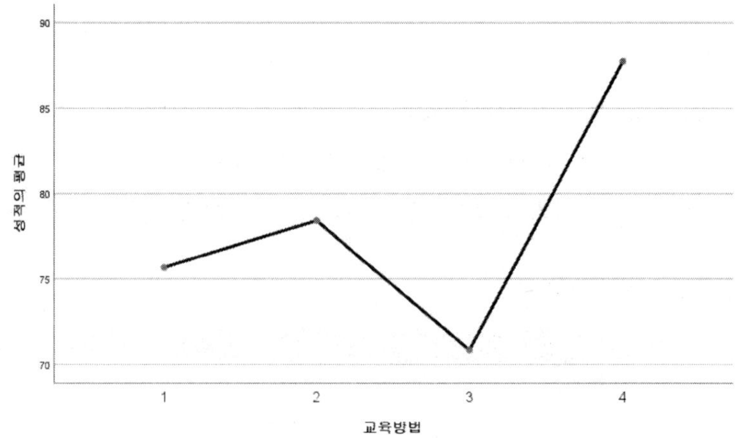


아래와 같이 다중비교와 시험성적의 부집단의 결과로부터 3번 교육방법과 4번 교육방법 간의 평균성적의 차이가 나타났음을 볼 수 있다.

**다중비교**

종속변수: 성적
Tukey HSD

| (I) 교육방법 | (J) 교육방법 | 평균차이(I-J) | 표준화 오류 | 유의확률 | 95% 신뢰구간 하한 | 95% 신뢰구간 상한 |
|---|---|---|---|---|---|---|
| 1 | 2 | -2.762 | 4.415 | .923 | -15.18 | 9.65 |
| | 3 | 4.833 | 4.582 | .720 | -8.05 | 17.72 |
| | 4 | -12.083 | 5.123 | .120 | -26.49 | 2.32 |
| 2 | 1 | 2.762 | 4.415 | .923 | -9.65 | 15.18 |
| | 3 | 7.595 | 4.415 | .341 | -4.82 | 20.01 |
| | 4 | -9.321 | 4.974 | .272 | -23.31 | 4.67 |
| 3 | 1 | -4.833 | 4.582 | .720 | -17.72 | 8.05 |
| | 2 | -7.595 | 4.415 | .341 | -20.01 | 4.82 |
| | 4 | -16.917* | 5.123 | .018 | -31.32 | -2.51 |
| 4 | 1 | 12.083 | 5.123 | .120 | -2.32 | 26.49 |
| | 2 | 9.321 | 4.974 | .272 | -4.67 | 23.31 |
| | 3 | 16.917* | 5.123 | .018 | 2.51 | 31.32 |

*. 평균차이는 0.05 수준에서 유의합니다.

**성적**

Tukey HSD[a,b]

| 교육방법 | N | 유의수준 = 0.05에 대한 부분집합 1 | 2 |
|---|---|---|---|
| 3 | 6 | 70.83 | |
| 1 | 6 | 75.67 | 75.67 |
| 2 | 7 | 78.43 | 78.43 |
| 4 | 4 | | 87.75 |
| 유의확률 | | .408 | .088 |

등질적 부분집합에 있는 집단에 대한 평균이 표시됩니다.

a. 조화평균 표본크기 5.508을(를) 사용합니다.

b. 집단 크기가 동일하지 않습니다. 집단 크기의 조화평균이 사용됩니다. I 유형 오차 수준은 보장되지 않습니다.

## 9.4 이원배치 분산분석

이원배치 분산분석(two-way ANOVA)은 특성값에 영향을 주는 요인 2개에 대해서 그 영향을 알아보고자 할 때 사용하는 분산분석법으로, 2개 요인의 각 수준의 조합에서 분산을 이용한다. 예를 들어, $p$개의 수준이 있는 요인 $a$와 $q$개의 수준을 갖는 요인 $b$가 있다고 하자. 이들의 효과를 보기 위해 $a$ 요인에서 $i$번째 수준과 $b$ 요인에서 $j$번째 수준에서 조사된 자료를 $Y_{ij}$라고 하자. $Y_{ij}$는 다음과 같이 표현할 수 있다.

$$Y_{ij} = \mu + a_i + b_j + \epsilon_{ij} \qquad i = 1,2,\cdots,p,\ j = 1,2,\cdots,q$$

이때 $\mu$는 전체 평균이고, $\epsilon_{ij}$는 모두 서로 독립이고 평균이 0, 분산이 $\sigma^2$(등분산)인 정규분포를 따르는 오차이다. 위의 모형은 각 수준의 조합에서 한 개씩만 관측된 경우의 모형이다. 하지만 각 수준의 조합에서도 여러 개의 관측값을 갖는 경우가 대부분이다. 이 경우, 반복이 있는 이원배치라고 하는데 이에 대한 모형은 다음과 같다.

$$Y_{ijk} = \mu + a_i + b_j + c_{ij} + \epsilon_{ijk} \qquad i = 1,2,\cdots,p,\ j = 1,2,\cdots,q,\ k = 1,\cdots,l$$

즉, $a$ 요인에서 $i$번째 수준과 $b$ 요인에서 $j$번째 수준의 조합에서 조사된 $k$번째의 자료 $Y_{ijk}$에 대한 모형이다. $c_{ij}$항은 $i$번째 수준과 $j$번째 수준에서 나타내는 교호작용(interaction)항인데, 반복이 있는 이원배치법은 요인수준의 조합에서 생기는 효과를 분리하여 구할 수 있다. 예를 들어, A와 B라는 요인이 있을 때 각각의 수준이 2개씩이라고 가정하자. 이원배치 분산분석은 두 가지 요인과 교호작용에 대해 검정을 실시할 수 있다. 즉, 요인 A의 효과가 있는지, 요인 B의 효과가 있는지와 이들 간에 교호작용이 존재하는지를 살펴보는 것이다.

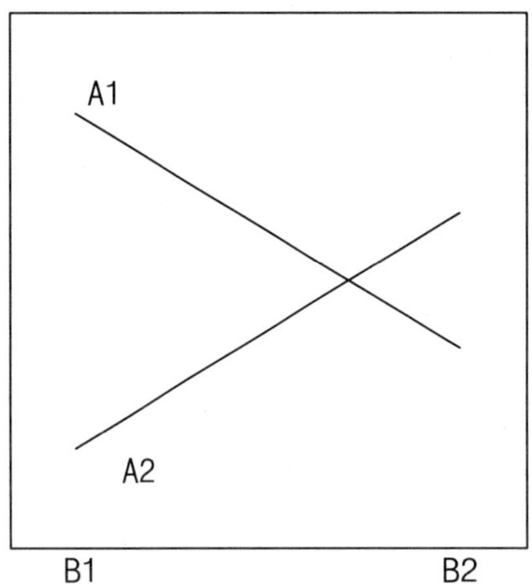


(a) 교호작용이 존재하는 경우

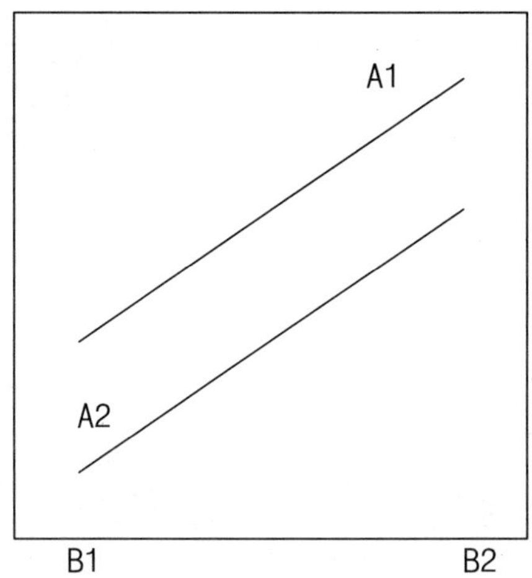


(b) 교호작용이 존재하지 않는 경우

그림 (a)는 교호작용이 존재하는 경우이고, 그림 (b)는 교호작용이 존재하지 않는 경우의 평균도표이다. 요인 B의 수준이 1에서 2로 변함에 따라서 요인 A의 수준 1은 감소하고 수준 2는 증가하는 추세를 보임으로써 한 요인의 수준이 달라지면서 다른 요인의 수준에 영향을 미치게 된다. 반면, 그림 (b)는 요인 B의 수준이 달라지더라도 요인 A의 수준에 영향이 미치지 않는 것을 볼 수 있다. 이러한 경우에는 교호작용이 없는 경우라고 할 수 있다. 자료의 구조는 〈표 9.4〉와 같다.

이원배치 분산분석에서 분석하고자 하는 것은 각 요인에서 처리들의 효과가 동일한가를 검정하는 것이므로 각 요인에 대한 가설이 존재한다.

- **요인 $a$에 대한 효과**

$H_0$: $a_1 = a_2 = \cdots = a_p$ ($a$의 모든 처리의 평균이 같다)

$H_1$: 적어도 한 쌍 이상은 다르다.

표 9.4 반복 있는 이원배치분산분석의 자료구조

| b 요인 / a 요인 | 처리 1 | 처리 2 | … | 처리 q | a 수준평균 |
|---|---|---|---|---|---|
| 처리 1 | $y_{111}, y_{112}, \cdots, y_{11l}$ | $y_{121}, y_{122}, \cdots, y_{12l}$ | … | $y_{1q1}, y_{1q2}, \cdots, y_{1ql}$ | $\overline{y_{1.}}$ |
| 처리 2 | $y_{211}, y_{212}, \cdots, y_{21l}$ | $y_{221}, y_{222}, \cdots, y_{22l}$ | … | $y_{2q1}, y_{2q2}, \cdots, y_{2ql}$ | $\overline{y_{2.}}$ |
| … | … | | … | … | … |
| 처리 p | $y_{p11}, y_{p12}, \cdots, y_{p1l}$ | $y_{p21}, y_{p22}, \cdots, y_{p2l}$ | … | $y_{pq1}, y_{pq2}, \cdots, y_{pql}$ | $\overline{y_{p.}}$ |
| b 수준평균 | $\overline{y_{.1}}$ | $\overline{y_{.2}}$ | | $\overline{y_{.q}}$ | $\overline{y}$ |

- **요인 $b$에 대한 효과**

  $H_0$: $b_1 = b_2 = \cdots = b_q$ ($b$의 모든 처리의 평균이 같다)

  $H_1$: 적어도 한 쌍 이상은 다르다.

- **교호작용에 대한 효과**

  $H_0$: $c_{ij} = 0$ (교호작용이 존재하지 않는다)

  $H_1$: $c_{ij} \neq 0$ (교호작용이 존재한다)

〈표 9.4〉와 같은 자료의 경우에 각 요인의 처리효과를 비교하기 위하여 자료를 다음과 같이 분해한다.

$$(y_{ijk} - \overline{y}) = (\overline{y}_{i..} - \overline{y}) + (\overline{y}_{.j.} - \overline{y}) + (y_{ij} - \overline{y}_{i..} - \overline{y}_{.j.} + \overline{y})$$

이러한 분해로부터 양변을 제곱하여 정리하면 제곱합은

$$\sum_{i=1}^{p}\sum_{j=1}^{q}\sum_{k=1}^{l}(y_{ijk} - \overline{y})^2$$

$$= ql\sum_{i=1}^{p}(\overline{y}_{i..} - \overline{y})^2 + pl\sum_{j=1}^{q}(\overline{y}_{.j.} - \overline{y})^2 + l\sum_{i=1}^{p}\sum_{j=1}^{q}(\overline{y_{ij.}} - \overline{y}_{i..} - \overline{y}_{.j.} + \overline{y})^2$$

$$+ \sum_{i=1}^{p}\sum_{j=1}^{q}\sum_{k=1}^{l}(y_{ijk} - \overline{y_{ij.}})^2$$

이다.

• **총제곱합:** $SST = \sum_{i=1}^{p}\sum_{j=1}^{q}\sum_{k=1}^{l}(y_{ijk} - \overline{y})^2$

• **처리제곱합:** $SSa = ql\sum_{i=1}^{p}(\overline{y}_{i..} - \overline{y})^2$

$SSb = pl\sum_{j=1}^{q}(\overline{y}_{.j.} - \overline{y})^2$

$SSab = l\sum_{i=1}^{p}\sum_{j=1}^{q}(\overline{y_{ij.}} - \overline{y}_{i..} - \overline{y}_{.j.} + \overline{y})^2$

• **잔차제곱합:** $SSE = \sum_{i=1}^{p}\sum_{j=1}^{q}\sum_{k=1}^{l}(y_{ijk} - \overline{y_{ij.}})^2$

각각의 제곱합을 해당 자유도로 나눈 평균제곱합은 다음과 같이 표기한다.

• **평균 총제곱합:** $MST = SST/(pql-1)$

• **평균 처리제곱합:** $MSa = SSa/(p-1)$

$MSb = SSb/(q-1)$

$MSab = SSab/(p-1)(q-1)$

• **평균 오차제곱합:** $MSE = SSE/pq(l-1)$

이 값을 이용하여 분산분석표를 다음과 같이 만들 수 있다.

표 9.5 이원배치 분산분석표

| 요인 | 제곱합 | 자유도 | 평균제곱합 | 통계량 |
|---|---|---|---|---|
| 처리 요인 a | SSa | p–1 | MSa | $F = MSa/MSE$ |
| 요인 b | SSb | q–1 | MSb | $F = MSb/MSE$ |
| 교호작용 | SSab | (p–1)(q–1) | MSab | $F = MSab/MSE$ |
| 오차 | SSE | pq(l–1) | MSE | |
| 합계 | SST | plq–1 | | |

다음 예제를 통하여 이원배치 분산분석을 위한 SPSS 사용법과 해석 방법에 대해 알아보고자 한다.

**예제**

다음 자료는 세 종류의 기계를 세 사람의 기능공이 사용하여 얻어진 제품의 품질을 2회에 걸쳐 측정한 자료이다. 이에 대해 분산분석표를 얻어보고 각 요인과 교호작용의 효과에 대해서 알아보고자 한다.

ch9-4.sav

| 기계 \ 기능공 | 1 | 2 | 3 |
|---|---|---|---|
| 1 | 10, 13 | 14, 16 | 18, 22 |
| 2 | 13, 16 | 19, 27 | 14, 18 |
| 3 | 9, 14 | 11, 17 | 14, 17 |

위 예제의 요인은 기능공과 기계이고 각 요인은 3가지 수준으로 이루어졌고, 2회 반복측정된 자료이다. 이원배치 분산분석법과 그 이상의 요인으로 이루어진 다원배치 분산분석은 〈그림 9.5a〉와 같이 자료를 입력하여 다음의 순서로 실행한다.

**분석 → 일반선형모형 → 일변량**

일반선형모형에서 일변량과 다변량의 구분은 측정되는 자료인 종속변수가 한 개인지 두 개 이상인지를 구분하여 나타낸다.

| 기계 | 기능공 | 품질 |
|---|---|---|
| 1 | 1 | 10 |
| 1 | 1 | 13 |
| 1 | 2 | 14 |
| 1 | 2 | 16 |
| 1 | 3 | 18 |
| 1 | 3 | 22 |
| 2 | 1 | 13 |
| 2 | 1 | 16 |
| 2 | 2 | 19 |
| 2 | 2 | 27 |
| 2 | 3 | 14 |
| 2 | 3 | 18 |
| 3 | 1 | 9 |
| 3 | 1 | 14 |
| 3 | 2 | 11 |
| 3 | 2 | 17 |
| 3 | 3 | 14 |
| 3 | 3 | 17 |

그림 9.5a 이원배치법

그림 9.5b 일변량 분석

**일변량 분석.** 〈그림 9.5b〉의 대화상자가 나타나면 '품질'을 「종속변수」에, '기능공'과 '기계'를 「고정요인」으로 설정한다. 「변량요인」은 수준들이 고정되었다고 가정하는 것이 아니라 특정의 확률표본을 따른다고 가정할 경우 선택하는 것이고, 「공변량」은 수준들을 나타내는 모수 요인 외에 고정된 값을 가정하는 변수, 즉 통제 변수를 나타낸

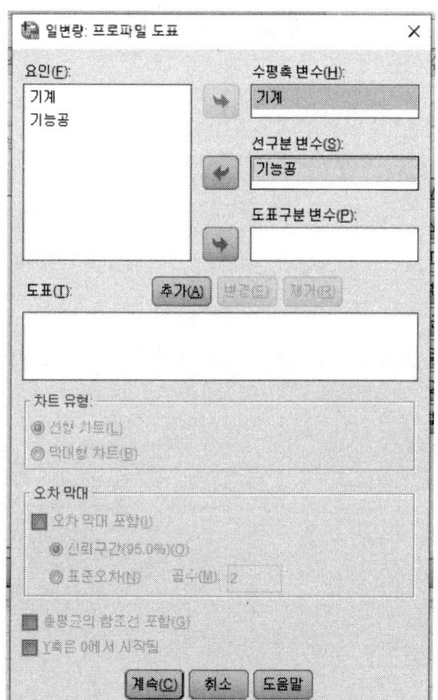


그림 9.5c 일변량: 프로파일 도표

다. 예를 들어, 기능공의 나이가 조사되어 나이의 효과를 고려하여 기능공이 품질에 미치는 효과를 살펴보고자 할 때 「공변량」에 설정할 수 있다.

**일변량: 프로파일 도표.** 각 요인의 수준별 평균도표를 그리는 것으로 그래프를 통해서 각 요인별 평균의 차이가 있는지, 교호작용이 발생하는지를 파악할 수 있다. 「도표: 추가」를 이용하여 여러 개의 프로파일 도표를 그릴 수 있다.

표 9.6 이원배치 분산분석 결과

**개체-간 요인**

| | | N |
|---|---|---|
| 기계 | 1 | 6 |
| | 2 | 6 |
| | 3 | 6 |
| 기능공 | 1 | 6 |
| | 2 | 6 |
| | 3 | 6 |

**개체-간 효과 검정**

종속변수: 품질

| 소스 | 제 III 유형 제곱합 | 자유도 | 평균제곱 | F | 유의확률 |
|---|---|---|---|---|---|
| 수정된 모형 | 224.000[a] | 8 | 28.000 | 2.681 | .082 |
| 절편 | 4418.000 | 1 | 4418.000 | 423.000 | .000 |
| 기계 | 52.333 | 2 | 26.167 | 2.505 | .136 |
| 기능공 | 90.333 | 2 | 45.167 | 4.324 | .048 |
| 기계 * 기능공 | 81.333 | 4 | 20.333 | 1.947 | .187 |
| 오차 | 94.000 | 9 | 10.444 | | |
| 전체 | 4736.000 | 18 | | | |
| 수정된 합계 | 318.000 | 17 | | | |

a. R 제곱 = .704 (수정된 R 제곱 = .442)

「개체-간 요인」 결과는 각 요인-수준별 조사된 케이스의 수를 표시한다. 기능공과 기계는 각 수준조합에서 2번 반복되었으므로 각 수준에서 6개씩 조사되었다. 「개체-간 효과 검정」 결과에서 「수정된 모형」은 '기능공', '기계', 이들의 교호작용인 '기능공*기계'를 합해 나타낸 효과로, 모형을 통해서 설명할 수 있는 변동량을 의미한다. 위 모형에 대해서는 유의하지 않게 나왔지만 이를 요인별로 살펴보면 다음과 같다. 유의수준 0.05 하에서 기능공 간에는 유의확률이 0.048로 차이가 있다고 나타났지만, 기계 간에는 유의확률이 0.05보다 크므로 차이가 없다고 할 수 있다. 또한, 기능공과 기계의 교호작용(기능공*기계)은 없다고 할 수 있다($p-$값=0.187).

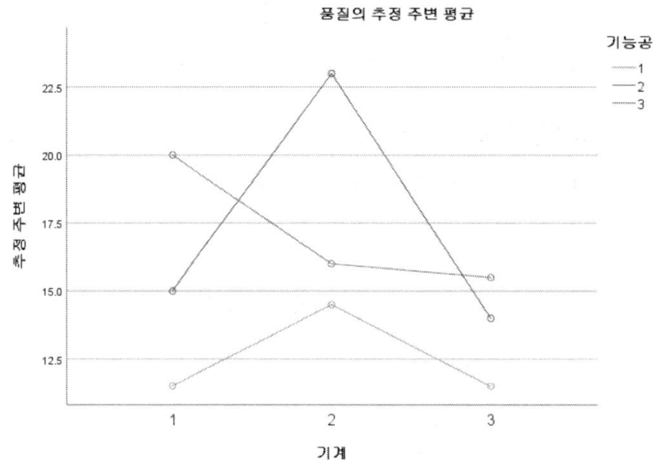


그림 9.6 평균도표

〈그림 9.6〉에서처럼 기계에 따른 기능공들의 품질차이가 있는 것처럼 각 그래프가 교차되어 나타나 있지만 통계적인 유의성은 보이지 않았다.

요인이 두 개 이상인 다원배치 분산분석(multi-way ANOVA)인 경우에도 일반선형모형의 일변량 프로시저를 통해서 위와 같은 방법을 확장시켜 사용할 수 있고, 또한 종속변수가 두 개 이상인 다변량 분산분석(MANOVA)은 일반선형모형의 다변량 프로시저를 통해서 종속변수를 여러 개 설정하여 분석할 수 있다. 이에 대한 자세한 내용은 이 책에서 다루지 않는다.

**예제**

다음은 2가지 약품을 3가지 처리방법으로 실험하여 회복기간을 나타낸 것이다. 다음 자료를 이용하여 이원배치 분산분석을 실시하시오.

**ch9-5.sav**

| | 처리1 | 처리2 | 처리3 |
|---|---|---|---|
| 약품1 | 1 | 5 | 2 |
| | 6 | 4 | 4 |
| | 2 | 3 | 6 |
| | 3 | 6 | 7 |
| 약품2 | 3 | 3 | 5 |
| | 5 | 5 | 6 |
| | 4 | 7 | 4 |
| | 2 | 4 | 8 |

**풀이** 일반선형모형의 일변량 프로시저를 이용하여 기본적인 분산분석과 프로파일 도표를 그려보았다.

**개체-간 효과 검정**

종속변수: 회복기간

| 소스 | 제 III 유형 제곱합 | 자유도 | 평균제곱 | F | 유의확률 |
|---|---|---|---|---|---|
| 수정된 모형 | 19.375[a] | 5 | 3.875 | 1.240 | .332 |
| 절편 | 459.375 | 1 | 459.375 | 147.000 | .000 |
| 처리 | 16.750 | 2 | 8.375 | 2.680 | .096 |
| 약품 | 2.042 | 1 | 2.042 | .653 | .429 |
| 처리 * 약품 | .583 | 2 | .292 | .093 | .911 |
| 오차 | 56.250 | 18 | 3.125 | | |
| 전체 | 535.000 | 24 | | | |
| 수정된 합계 | 75.625 | 23 | | | |

a. R 제곱 = .256 (수정된 R 제곱 = .050)

전체적으로 모형은 유의하지 않는다(유의확률=.332). 또한 처리방법이나 약품의 종류에도 차이가 없음을 각각의 유의확률 0.096과 0.429를 통해서도 알 수 있다. 아래 그림을 통해서 처리방법에 따라 증가하는 추세를 보이지만 통계적 유의성은 없으며, 처리 3에서도 약품 1과 2의 차이가 있는 것 같지만 처리방법에 따른 약품의 추세에는 영향을 끼치지 않음을 알 수 있다.

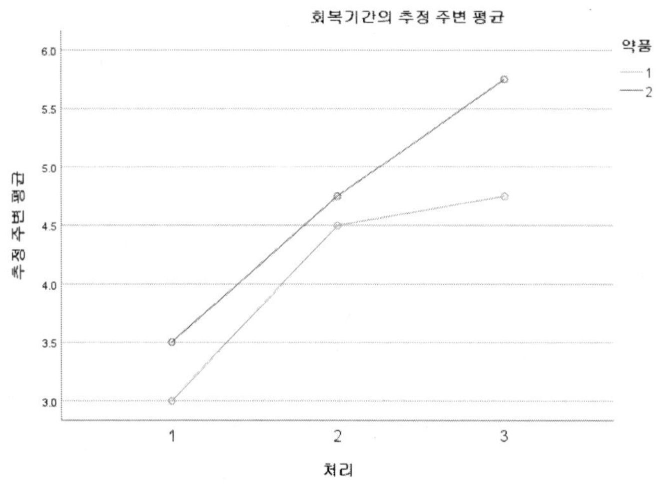

## 9.5 연습문제

1. 다음 용어를 설명하시오.
   (1) 분산분석표
   (2) 이원배치 분산분석

2. 다음의 분산분석표를 완성하시오.

| 요인 | 제곱합 | 자유도 | 평균제곱 | F |
|---|---|---|---|---|
| 처리 | 100 | | | |
| 잔차 | | 6 | | |
| 계 | 210 | 31 | | |

3. 어느 회사에서 회사원들의 연수를 준비하기 위해서 그동안 회사에서 실시했던 연수방법과 그 성과를 다음과 같이 구분하여 나타내었다. 연수방법에 따라 성과가 다르다고 할 수 있는지 검정하시오.

| 방법 1 | 방법 2 | 방법 3 | 방법 4 |
|---|---|---|---|
| 65 | 78 | 65 | 84 |
| 86 | 65 | 88 | 87 |
| 75 | 74 | 96 | 68 |
| 79 | 96 | 97 | 91 |
| 97 | 84 | 47 | 93 |
| 82 | 75 | 80 | 78 |
| | 28 | 98 | 95 |
| | 97 | | 68 |
| | | | 94 |

4. 어느 회사에서 신제품 판매촉진 활동의 일환으로 성별, 최종학력별 신제품 이미지에 대한 설문조사를 실시하여 다음과 같은 이미지 측도값을 얻었다. 제품에 대한 이미지가 성별, 최종학력별로 차이를 보이는지 검정하시오.

| | 고졸이하 | 대졸 | 대졸이상 |
|---|---|---|---|
| 남자 | 6 | 8 | 4 |
| | 5 | 9 | 8 |
| | 6 | 7 | 9 |
| | 7 | 6 | 4 |
| | 10 | 8 | 6 |
| | 4 | 5 | 8 |
| | | 7 | |
| 여자 | 5 | 5 | 7 |
| | 4 | 9 | 8 |
| | 9 | 9 | 4 |
| | 8 | 7 | 9 |
| | 8 | 8 | 5 |
| | | 6 | 7 |
| | | 7 | 8 |
| | | 4 | |

5. 〈그림 9.5a〉의 자료를 유의한 요인인 기능공에 대해서 일원배치법을 실시하고 그 결과와 평균 도표를 나타내어 해석하시오.

# 제10장

# 상관분석

연속형 자료를 분석할 경우에

"두 변수가 서로 관련이 있는가?"
"관련이 있다면 어떤 관계를 가지고 있는가?"

에 대해서 한 관심을 가질 수 있다. 10장부터 12장까지는 자료가 $(x, y)$와 같이 두 변수에 대해서 순서쌍으로 존재할 경우, 위와 같은 질문에 대한 정보를 알아보는 방법으로, 상관분석과 회귀분석에 대해서 알아보기로 하자.

## 10.1 산점도

두 변수의 관련 여부와 관련 정도를 보고자 할 때 가장 먼저 쉽게 할 수 있는 방법은 두 변수값 $x$와 $y$에 대한 그래프를 그려봄으로써 그들의 성향을 대략 시각적으로 확인하는 것이다. 이것이 산점도(scatter plot)인데, 〈그림 10.1〉과 같이 산점도는 두 변수 $x$와 $y$를 좌표에 표시하는 방법이다. 다음 예제를 통해서 산점도를 그려보고 두 변수 간의 상관성을 알아보도록 하자.

예제

다음 데이터는 어떤 제품의 강도(y)와 그 제품 중에 포함된 경화제의 양(x)을 30개 측정한 것이다. 이 데이터를 그래프로 표현하고 경화제의 양 x와 강도 y의 관계를 파악하시오.

ch10-1.sav

| x | y | x | y | x | y |
|---|---|---|---|---|---|
| 29.00 | 50.00 | 29.00 | 46.00 | 29.00 | 50.00 |
| 32.00 | 49.00 | 32.00 | 52.00 | 29.00 | 53.00 |
| 29.00 | 46.00 | 27.00 | 47.00 | 28.00 | 49.00 |
| 28.00 | 51.00 | 30.00 | 53.00 | 28.00 | 46.00 |
| 25.00 | 44.00 | 29.00 | 51.00 | 26.00 | 47.00 |
| 28.00 | 46.00 | 29.00 | 51.00 | 31.00 | 53.00 |
| 31.00 | 52.00 | 30.00 | 53.00 | 26.00 | 45.00 |
| 31.00 | 52.00 | 30.00 | 53.00 | 33.00 | 48.00 |
| 32.00 | 51.00 | 32.00 | 54.00 | 27.00 | 47.00 |
| 23.00 | 42.00 | 29.00 | 47.00 | 32.00 | 48.00 |

산점도는 회귀분석 내에서 옵션으로 선택하는 방법도 있지만, 직접 SPSS 메뉴에서 다음과 같이 선택할 수 있다.

**그래프 → 레거시 대화 상자 → 산점도/점도표**

그림 10.1 산점도/점도표

〈그림 10.1〉에서, 「단순 산점도」는 척도축에 두 변수를 도표화한다. 한 변수는 수평축을 정의하고 다른 변수는 수직축을 정의한다. 제공된 케이스에 대한 변수의 값들을 케이스 점의 좌표로 사용한다. 그 외 「겹쳐그리기 산점도」는 둘 이상의 $Y-X$ 대응변수를 같은 틀에 도표화한다. 도표는 다른 모양이나 색상의 표시로 구별된다.

〈그림 10.2〉를 통해서 경화제의 양이 많아질수록, 강도가 강해짐을 볼 수 있다.

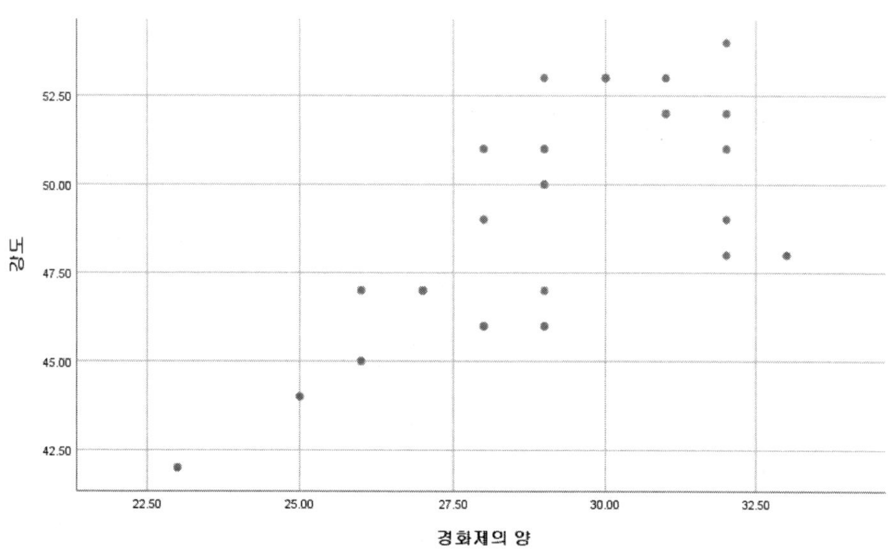


그림 10.2 산점도

## 10.2 상관계수

10.1절에서는 자료를 다루는 처음 단계로, 산점도를 통해서 시각적으로 상관관계를 볼 수 있었다. 이 절에서는 산점도를 통해서 보는 상관관계가 통계적으로 유의한지를 나타내는 통계량과 이에 대한 SPSS 사용법에 대해서 알아보기로 한다.

상관계수(correlation coefficient)란, 각 개체의 두 가지 특성을 변수 $X, Y$로 나타낼 때, 두 변수 사이의 직선관계가 어느 정도 강하게 있는가를 나타내는 측도이다.

$$\rho = Corr(X, Y)$$

는 모상관계수로서 언제나 $-1$에서 1 사이에 있다. $\rho > 0$인 경우에는 $x$값이 증가함에 따라 $y$값이 증가하는 관계를 가지는데, 1에 가까울수록 양의 상관관계가 강하다고 하고, $\rho < 0$일 때에는 $x$값이 증가함에 따라 $y$값이 감소하는 관계를 가지는데, $-1$에 가까울수록 음의 상관관계가 강하다고 한다. 또한 $\rho = 0$인 경우에는 $x$와 $y$가 상관관계가 존재하지 않는 무상관관계를 의미하게 된다.

표본상관계수를 구하는 식은 $(x_1, y_1), (x_2, y_2), \cdots, (x_n, y_n)$의 자료 $n$개가 존재한다고 할 때, 표본상관계수($r$)은

$$r = \frac{S_{xy}}{\sqrt{S_{xx}}\sqrt{S_{yy}}}$$

으로 정의한다. 이때,

$$S_{xx} = \sum (x_i - \overline{x})^2$$

$$S_{yy} = \sum (y_i - \overline{y})^2$$

$$S_{xy} = \sum (x_i - \overline{x})(y_i - \overline{y})$$

$$\overline{x} = \frac{1}{n}\sum x_i, \overline{y} = \frac{1}{n}\sum y_i$$

이다.

상관계수를 구할 때 주의해야 할 점은 상관계수를 가지고 인과관계로 해석하는 것은 위험하다는 것이다. 〈그림 10.3〉은 위암환자와 냉장고 보급대수에 대한 산점도를 그려 놓은 것이다. 그래프로 보아도 두 변수 간에 관련이 있는 것처럼 나타난다. 그렇

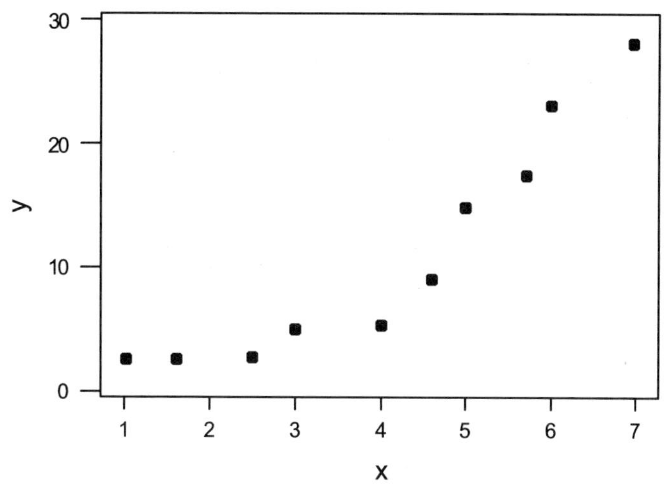


그림 10.3 위암환자와 냉장고 보급대수

다면, 〈그림 10.3〉에 의하여 위암환자가 증가할수록 냉장고 보급대수가 늘어난다고 할 수 있는가? 또, 만일 위암환자를 줄이고 싶다면 냉장고 생산을 못하도록 하고 냉장고 생산량을 줄여야 한다는 결론을 내린다면 그 결론을 맞다고 할 수 있는가?

이러한 현상은 냉장고 보급대수와 위암환자 사이에 인구수의 증가라는 잠재적인 변수를 고려하지 않았기 때문에 생겨나는 현상이다. 따라서 변수들의 인과관계를 해석하는 것은 옳지 않다. 이런 인구증가와 같은 변수를 잠재변수 혹은 혼란변수(confounder)라고 하는데 이들 잠재 변수를 고려하지 않은 판단은 전혀 사실과 동떨어진 결과를 내릴 수도 있음을 주의하여야 한다. 따라서 상관계수는 이들 두 변수 간의 상관성의 측도이지 인과관계의 정도를 나타내는 것은 아니다.

상관계수에 대한 가설은 (10.1), (10.2), (10.3)의 세 가지 형태로 나타낼 수 있다. 만일 양쪽 유의성 검정을 선택하게 되면 (10.1)의 가설을 선택하게 되는 것이고, 한쪽 유의성 검정을 선택하게 되면 (10.2)나 (10.3)의 가설을 선택하게 되는 것이다. 위 예제의 경우에는 산점도를 통해서 양의 상관관계를 확인할 수 있었으므로 (10.2) 가설을 선택하는 것이 바람직하다.

$$H_0 : \rho = 0 \quad \text{vs.} \quad H_0 : \rho \neq 0 \tag{10.1}$$

$$H_0 : \rho = 0 \quad \text{vs.} \quad H_0 : \rho > 0 \tag{10.2}$$

$$H_0 : \rho = 0 \quad \text{vs.} \quad H_0 : \rho < 0 \tag{10.3}$$

예제

계속) 제품의 강도와 경화제의 양 관계를 나타내는 예제를 이용하여 양의 상관관계가 존재하는지를 유의수준 0.05하에서 검정하시오.

양의 상관관계에 대한 한쪽검정으로 가설은 (10.2)의 형태를 갖는다. SPSS를 이용하여 상관계수 및 검정은 다음과 같은 과정을 통해 이루어진다.

**분석 → 상관분석 → 이변량 상관계수**

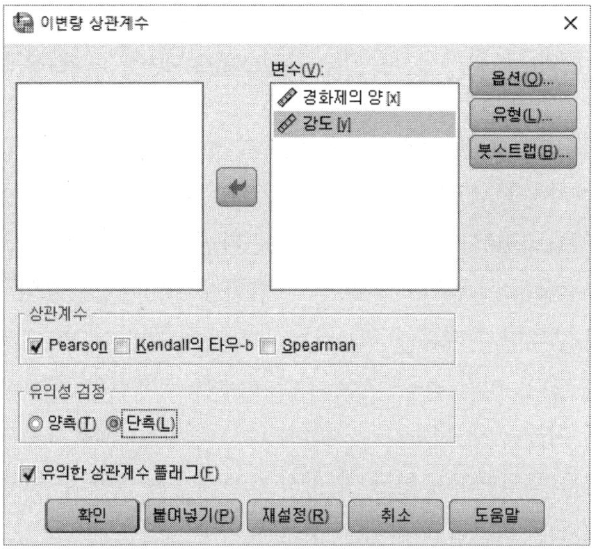


그림 10.4a 이변량 상관계수

**이변량 상관계수.** 〈그림 10.4a〉에서와 같이 나타내고자 하는 두 변수를 옮기고, 세 가지 '상관계수' 중에서 두 변수 간의 선형결합 측도를 의미하고 일반적으로 많이 사용되는 Pearson의 상관계수를 선택하였다. 또한 양의 상관성을 살펴보는 예제이므로 「유의성 검정」은 「단측」으로 설정하였다. 「Kendall의 타우-b」와 「Spearman」 상관계수는 다음 절에서 다룬다.

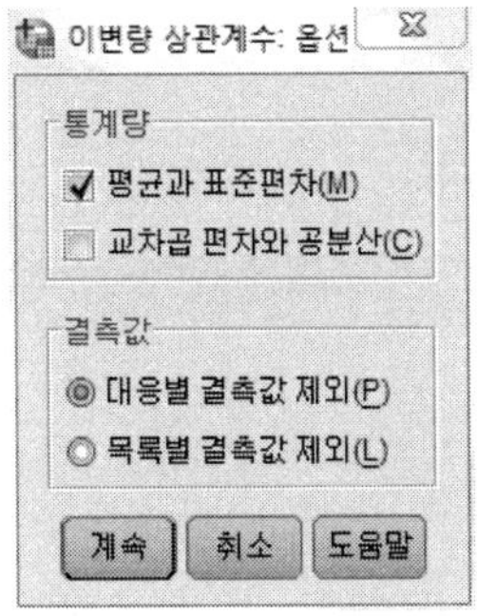


그림 10.4b 이변량 상관계수: 옵션

**이변량 상관계수: 옵션.** 연속형 자료인 두 변수 각각에 대한 평균과 표준편차를 나타낸다.

표 10.1 이변량 상관분석 결과

**기술통계량**

| | 평균 | 표준화 편차 | N |
|---|---|---|---|
| 경화제의 양 | 29.1333 | 2.33021 | 30 |
| 강도 | 49.2000 | 3.17751 | 30 |

**상관관계**

| | | 경화제의 양 | 강도 |
|---|---|---|---|
| 경화제의 양 | Pearson 상관 | 1 | .681** |
| | 유의확률 (단측) | | .000 |
| | N | 30 | 30 |
| 강도 | Pearson 상관 | .681** | 1 |
| | 유의확률 (단측) | .000 | |
| | N | 30 | 30 |

**. 상관관계가 0.01 수준에서 유의합니다(단측).

위 결과를 통하여 두 변수(강도, 경화제의 양)의 상관계수는 0.681이고 이에 대한 유의확률은 0.000으로 강한 양의 상관관계를 나타낸다고 할 수 있다.

예제

한 음료 생산업체에서는 소비자 마케팅 전략을 세우고 소비자들의 음료에 대한 경향을 알고자 소비자 연령에 따른 음료소비량을 조사하였다. 그 결과 다음과 같은 자료를 얻었다. 자료에 대해 산점도를 그리고, 상관계수를 구하시오. 또한 음료소비량과 소비자

연령 사이에 어떤 관계가 있는지 알아보시오.

ch10-2.sav

| 소비자 | 연령 | 청량음료 |
|---|---|---|
| 1 | 40 | 74 |
| 2 | 25 | 120 |
| 3 | 55 | 30 |
| 4 | 50 | 40 |
| 5 | 42 | 72 |
| 6 | 30 | 85 |
| 7 | 25 | 97 |
| 8 | 30 | 58 |
| 9 | 30 | 66 |
| 10 | 45 | 40 |

풀이 우선 단측 검정을 사용할지 양측 검정을 사용할지를 결정하기 위해서 산점도를 그려보면 다음과 같이 나타났다. 그래프에 의하면 연령이 증가함에 따라 청량음료량의 소비가 감소하는 것을 볼 수 있다. 따라서 단측 검정을 이용하여 상관분석을 분석하는 것이 바람직하다.

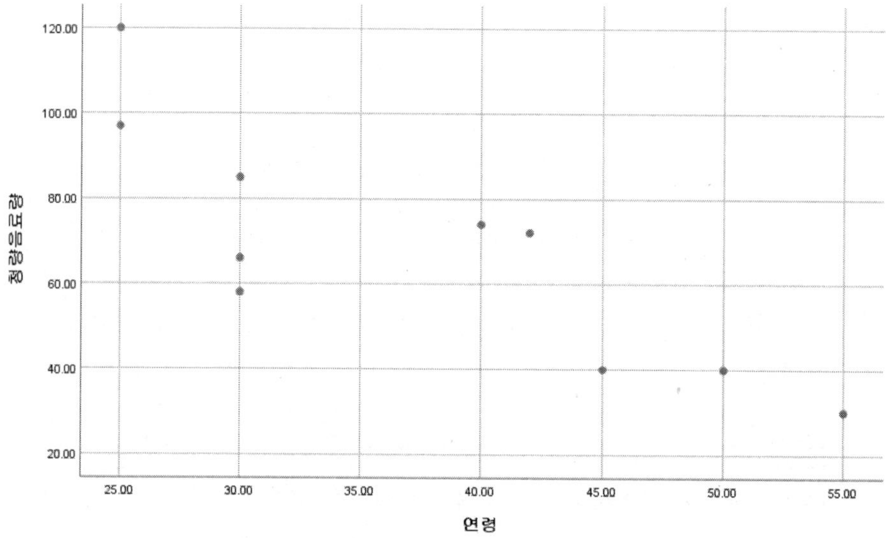

**상관관계**

| | | 청량음료량 | 연령 |
|---|---|---|---|
| 청량음료량 | Pearson 상관 | 1 | -.836** |
| | 유의확률 (단측) | | .001 |
| | N | 10 | 10 |
| 연령 | Pearson 상관 | -.836** | 1 |
| | 유의확률 (단측) | .001 | |
| | N | 10 | 10 |

**. 상관관계가 0.01 수준에서 유의합니다(단측).

상관분석 결과에 의하면 상관계수는 −0.836이고 유의확률은 0.001로 연령과 청량음료소비 간에는 강한 음의 상관관계가 존재하고 있다고 할 수 있다.

## 10.3 순위상관계수

Pearson 상관계수는 자료가 연속형이면서 정규성 가정을 만족할 때 두 변수 간의 상관성 정도를 나타내는 지표이다. 〈그림 10.4a〉에서와 같이, SPSS에서 제시하고 있는 「상관계수」는 Pearson 상관계수 이외에 Kendall의 타우와 Spearman 상관계수가 있다. Pearson의 상관계수는 두 변수 간의 직선 관계의 강도를 나타내는 측도이다. 만일 자료가 연속형이 아니고 $I \times J$ 분할표로 표현될 경우나 정규성 가정이 만족되지 않을 경우, 혹은 이상점이 발생할 경우에는 그 자료값을 그대로 사용하는 것보다 각 자료의 순위를 매겨서 순위를 이용하여 상관성을 나타낼 수가 있는데, 이러한 측도로 사용되는 것이 Kendall의 타우와 Spearman의 상관계수이다.

Kendall의 타우나 Spearman의 순위상관계수는 두 변수의 관계가 단조롭게 증가 혹은 감소하는 관계를 나타내는 데 유용한 지표가 된다. 가능한 값 범위는 Pearson 상관계수와 마찬가지로 −1부터 1까지로, 1에 가까울수록 순위를 매기는 방식이 비슷하고, −1에 가까울수록 순위를 매기는 방식이 반대라고 해석할 수 있다.

일반적으로, Spearman의 계수는 Pearson 상관계수의 비모수 방법으로서, 순서 데이터나 정규성 가설이 맞지 않는 데이터에 적합하고, Kendall의 타우는 $I \times J$ 분할표에 대한 상관성을 나타내는 데 사용된다.

예제

혈압을 재는 데 있어 의사들 사이에 변동이 있음이 관측되었다. 실제로 수축(systolic) 혈압을 높게 재는 의사들은 확장(diastolic)혈압도 높게 재는 경향이 있는지를 알아보기 위해서 14명의 의사들이 같은 환자들의 혈압을 측정하였다. 자료는 〈그림 10.5〉와 같이 입력되었다.

ch10-3.sav

| 수축혈압 | 확장혈압 |
|---|---|
| 141.8 | 89.7 |
| 140.2 | 74.4 |
| 131.8 | 83.5 |
| 132.5 | 77.8 |
| 135.7 | 85.8 |
| 141.2 | 86.5 |
| 143.9 | 89.4 |
| 140.2 | 89.3 |
| 140.8 | 88.0 |
| 131.7 | 82.2 |
| 130.8 | 84.6 |
| 135.6 | 84.4 |
| 143.6 | 86.3 |
| 133.2 | 85.9 |

그림 10.5 순위상관계수 자료입력

위 자료의 귀무가설은 "의사들의 혈압재는 경향이 같다"이다. 〈그림 10.4〉와 같은 방법을 이용하며 「상관계수」 부분에서 「Spearman」을 선택한다.

표 10.2 순위상관분석 결과

상관관계

| | | | 확장혈압 | 수축혈압 |
|---|---|---|---|---|
| Spearman의 rho | 확장혈압 | 상관계수 | 1.000 | .708** |
| | | 유의확률 (양측) | . | .005 |
| | | N | 14 | 14 |
| | 수축혈압 | 상관계수 | .708** | 1.000 |
| | | 유의확률 (양측) | .005 | . |
| | | N | 14 | 14 |

**. 상관관계가 0.01 수준에서 유의합니다(양측).

Spearman 상관계수는 0.708, 유의확률은 0.005로서 유의수준 0.05하에서 유의한 결과를 보이고 있다. 수축혈압을 높게 재는 의사들은 확장혈압도 높게 재는 경향이 있다고 할 수 있다.

**예제**

12쌍의 쌍둥이 형제에게 심리검사 중 공격성 정도에 대한 검사를 하여 다음과 같은 자료를 얻었다. 형과 동생 사이에 유사성이 있는지를 검정하시오.

ch10-4sav

| 번호 | 1 | 2 | 3 | 4 | 5 | 6 | 7 | 8 | 9 | 10 |
|---|---|---|---|---|---|---|---|---|---|---|
| 형 | 86 | 71 | 77 | 68 | 91 | 72 | 77 | 91 | 70 | 71 |
| 동생 | 88 | 77 | 76 | 64 | 96 | 72 | 65 | 90 | 65 | 80 |

**풀이** 위 자료에 대한 귀무가설은 "형과 동생 간의 공격성 정도는 유사하지 않다" 이다. 순위상관을 나타내는 Spearman의 상관계수를 이용하여 나타내면 다음과 같다.

**기술통계량**

| | 평균 | 표준화 편차 | N |
|---|---|---|---|
| 동생 | 77.3000 | 11.26499 | 10 |
| 형 | 77.4000 | 8.80909 | 10 |

기술통계량에 의하면 형과 동생의 평균의 거의 비슷하지만 동생의 분포가 좀 더 넓게 퍼져 있음을 알 수 있다.

**상관관계**

| | | 동생 | 형 |
|---|---|---|---|
| 동생 | Pearson 상관 | 1 | .844** |
| | 유의확률 (양측) | | .002 |
| | N | 10 | 10 |
| 형 | Pearson 상관 | .844** | 1 |
| | 유의확률 (양측) | .002 | |
| | N | 10 | 10 |

**. 상관관계가 0.01 수준에서 유의합니다(양측).

동생과 형의 공격성 정도에 대한 순위상관은 0.764로, 유의수준 0.05하에서 유의확률이 0.010로서 귀무가설이 기각된다. 따라서 쌍둥이 형제들은 공격성 정도가 서로 유사하다고 할 수 있다. 즉, 쌍둥이 형이 공격성이 높다면 쌍둥이 동생도 공격성이 높은 경향이 있다고 할 수 있다.

## 10.4 편상관계수

조사된 자료의 변수들이 여러 개일 경우, 각각의 변수들은 서로 상관관계를 형성하게 된다. 이때 상관관계는 오로지 두 변수만을 고려하여 나타낼 수도 있고 다른 변수와의 효과를 고려했을 때 특정 두 변수의 상관관계를 나타낼 수가 있는데, 오로지 두 개의 변수에 대해서만 상관성 정도를 알고자 할 때 사용하는 것이 앞서 언급한 Pearson의 상관계수이고, 후자의 경우가 편상관계수(partial correlation coefficient)이다. 예를 들어, 세 개의 변수가 $X, Y, Z$가 조사되었을 때, $X$ 변수와 $Y$ 변수의 상관관계를 알아본다고 하자. 그러면 〈그림 10.6a〉와 같이 조사된 각각의 변수는 서로 다른 변수들과 상관성을 갖는다고 볼 수 있다. $X$와 $Y$의 상관계수를 구할 때 $Z$의 효과를 고려해서 계산할 수도 있고, 〈그림 7.6b〉와 같이 $Z$의 효과를 무시할 수도 있다.

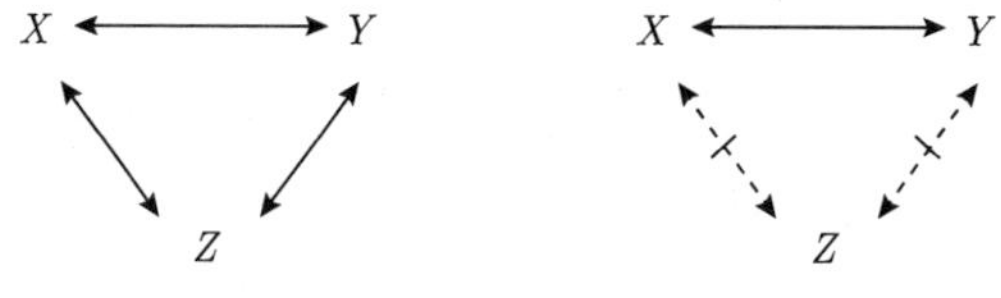


그림 10.6a 그림 10.6b

이변량 상관계수는 〈그림 10.6b〉에서와 같이 $Z$ 변수에 상관없이 $X$ 변수와 $Y$ 변수 간의 영향을 그대로 측정한 것인 반면, 편상관계수는 〈그림 10.6a〉와 같이 $X$ 변수와 $Y$ 변수에 미치는 $Z$ 변수의 효과를 제어한 후, $X$ 변수와 $Y$ 변수의 상관관계를 조사한 것이다. 이때 제어되는 $Z$ 변수를 통제변수라고 한다. SPSS에서는 다음과 같은 순서로 실행된다.

**분석 → 상관분석 → 편상관계수**

예제

어떤 중학교 학생 15명의 악력, 신장, 체중의 측정치로 나타낸 것이다. 악력(x1)을 통제했을 경우, 신장(x2)과 체중(x3) 간의 상관관계를 살펴보자.

ch10-5.sav

| 악력 | 신장 | 체중 |
|---|---|---|
| 28 | 146 | 34 |
| 46 | 169 | 57 |
| 39 | 160 | 48 |
| 25 | 156 | 38 |
| 34 | 161 | 47 |
| 29 | 168 | 50 |
| 38 | 154 | 54 |
| 23 | 153 | 40 |
| 42 | 160 | 62 |
| 27 | 152 | 39 |
| 35 | 155 | 46 |
| 39 | 154 | 54 |
| 38 | 157 | 57 |
| 32 | 162 | 53 |
| 25 | 142 | 32 |

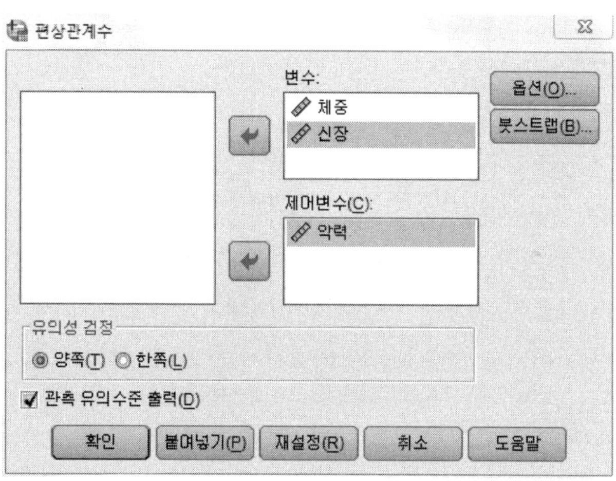


그림 10.7 편상관계수

관심 있는 두 변수를 선택, 통제변수를 설정하여 결과를 제시하면 다음과 같다.

**상관관계**

| 대조변수 | | | 체중 | 신장 |
|---|---|---|---|---|
| 악력 | 체중 | 상관관계 | 1.000 | .544 |
| | | 유의확률(양측) | . | .044 |
| | | 자유도 | 0 | 12 |
| | 신장 | 상관관계 | .544 | 1.000 |
| | | 유의확률(양측) | .044 | . |
| | | 자유도 | 12 | 0 |

악력(X1)을 통제했을 경우, 신장과 체중의 상관계수는 0.544이고 유의확률은 0.044로 유의한 양의 편상관관계를 보인다. 참고로, 신장과 체중의 이변량 상관계수는 아래의 표와 같이 0.694로 체중과 신장에 미치는 악력변수의 효과를 제거하고 난 후의 상관계수가 줄어들었음을 볼 수 있다.

**상관관계**

| | | 체중 | 신장 |
|---|---|---|---|
| 체중 | Pearson 상관 | 1 | .694** |
| | 유의확률 (양측) | | .004 |
| | N | 15 | 15 |
| 신장 | Pearson 상관 | .694** | 1 |
| | 유의확률 (양측) | .004 | |
| | N | 15 | 15 |

**. 상관관계가 0.01 수준에서 유의합니다(양측).

예제

주거환경이나 도시행정의 만족도가 거주년수와 관련이 있는지를 조사하기 위해 어느 지방 도시 12명의 주민을 대상으로 다음과 같은 자료를 얻었다. 다음 자료를 가지고 도시행정만족도를 통제한 상태에서 주거환경 만족도와 거주년수 사이의 편상관계수를 구하고 단순 이변량 상관계수와 비교하시오. 만족도에서 1은 매우 불만, 11은 매우 만족을 나타낸다.

ch10-6.sav

| 도시행정 만족도 | 주거환경 만족도 | 거주년수 |
|---|---|---|
| 6 | 6 | 10 |
| 9 | 11 | 12 |
| 8 | 4 | 12 |
| 3 | 1 | 4 |
| 10 | 11 | 12 |
| 4 | 1 | 6 |
| 5 | 7 | 8 |
| 2 | 4 | 2 |
| 11 | 8 | 18 |
| 9 | 10 | 9 |
| 10 | 8 | 17 |
| 2 | 5 | 2 |

**풀이** 상관분석 프로시저를 이용하여 이변량 상관계수와 행정만족도를 통제변수로 하는 편상관계수를 다음과 같이 구하였다.

**상관관계**

| | | 도시행정 | 주거환경 | 거주년수 |
|---|---|---|---|---|
| 도시행정 | Pearson 상관 | 1 | .747** | .936** |
| | 유의확률 (양측) | | .005 | .000 |
| | N | 12 | 12 | 12 |
| 주거환경 | Pearson 상관 | .747** | 1 | .580* |
| | 유의확률 (양측) | .005 | | .048 |
| | N | 12 | 12 | 12 |
| 거주년수 | Pearson 상관 | .936** | .580* | 1 |
| | 유의확률 (양측) | .000 | .048 | |
| | N | 12 | 12 | 12 |

**. 상관관계가 0.01 수준에서 유의합니다(양측).

*. 상관관계가 0.05 수준에서 유의합니다(양측).

환경 만족도와 거주년수 간의 이변량 상관계수는 0.580로 양의 상관관계를 보이고 유의확률 0.048로 유의수준 0.05하에서 "환경 만족도와 거주년수 간에는 상관관계가 없다"는 귀무가설을 기각한다. 따라서 환경에 대해서 만족할수록 그 지역에서 오래 거주한다고 할 수 있다.

**상관관계**

| 대조변수 | | | 주거환경 | 거주년수 |
|---|---|---|---|---|
| 도시행정 | 주거환경 | 상관관계 | 1.000 | -.511 |
| | | 유의확률(양측) | . | .108 |
| | | 자유도 | 0 | 9 |
| | 거주년수 | 상관관계 | -.511 | 1.000 |
| | | 유의확률(양측) | .108 | . |
| | | 자유도 | 9 | 0 |

반면, 행정에 대한 만족도를 통제하였을 때 환경 만족도와 거주년수의 관계는 −0.511로 음의 상관을 보이지만 유의확률이 0.108로서 유의수준 0.05하에서는 유의하지 않게 나타났다. 따라서 행정만족도를 고려하였을 경우에는 환경 만족도와 거주년수 간에는 상관관계가 존재하지 않는다고 할 수 있다. 이로 인해 환경 만족도와 거주년수 간의 이변량 상관계수와 편상관계수의 결과의 차이가 다르게 나타났다고 볼 수 있다.

## 10.5 연습문제

1. 다음 용어를 설명하시오.
   (1) 상관계수
   (2) 순위상관계수

2. 이변량 상관계수와 편상관계수의 차이점을 설명하시오.

3. 다음 표는 경영학과 학생의 학부때의 평균 학점과 사무직 적성검사 성적이다. 산점도를 그리고 양의 상관관계가 있는지를 검정하시오.

| 평점 | 3.8 | 2.8 | 3.2 | 4.0 | 3.3 | 3.7 | 2.6 | 3.1 | 3.6 | 2.5 |
|---|---|---|---|---|---|---|---|---|---|---|
| 적성검사성적 | 96 | 67 | 80 | 94 | 85 | 74 | 75 | 82 | 70 | 64 |

4. 다음 자료는 주택판매에 영향을 줄 수 있는 변수로, 세금, 대지평수, 주택연령을 조사한 것이다. 이 자료를 이용하여 대지평수와 주택연령 간의 상관계수를 구하

고, 세금을 통제변수로 설정했을 경우 이 두 변수 간의 편상관계수를 계산, 비교하시오.

| 세금(단위:만 원) | 대지평수 | 주택연령 |
|---|---|---|
| 98.352 | 34.720 | 4.2 |
| 101.194 | 44.550 | 4.2 |
| 77.820 | 44.550 | 5.6 |
| 117.92 | 58.800 | 5.1 |
| 308.404 | 98.000 | 4.2 |
| 106.006 | 49.883 | 3.0 |
| 164.928 | 51.500 | 5.0 |
| 155.682 | 71.020 | 1.7 |
| 150.844 | 40.000 | 2.2 |
| 162.800 | 91.500 | 0.3 |

# 제11장

# 단순회귀분석

10장에서 설명된 상관분석은 두 변수 사이의 관계 유무 또는 관계의 강도에 대한 통계적 분석방법을 의미한다. 한편, 두 변수 사이의 관계식을 파악하여 한 변수의 값으로부터 다른 변수의 값에 대한 예측을 필요로 하는 경우가 흔히 발생하게 되는데, 이러한 경우 두 변수 사이의 함수적인 관계에 대해 통계적으로 분석하는 방법이 회귀분석(regression)이다.

## 11.1 독립변수와 종속변수

7.3.1절에서 언급된 것처럼 자료는 영향으로 주고 받음에 따라 독립변수와 종속변수로 나뉜다. 종속변수(dependent variable) 또는 반응변수는 관심의 대상이 되는 변수로서 설명변수, 즉 독립변수(independent variable)와 오차의 합으로서 표현된다. 보통 설명변수를 $X$, 반응변수를 $Y$로 나타내기도 한다.

| 영향을 주는 변수 | 영향을 받는 변수 |
|---|---|
| 설명변수(explanatory variable) | 반응변수(response variable) |
| 독립변수(independent variable) | 종속변수(dependent variable) |
| $X$ 변수 | $Y$ 변수 |

예를 들어 나이, 콜레스테롤 수준에 따라 변하는 심장이식 수술 후 생존시간을 살피고자 할 경우 나이와 콜레스테롤 수준이 독립변수, 심장이식 수술 후 생존시간은 종속변수가 된다. 경화제의 양에 따른 제품의 강도를 보고자 할 때에는 경화제의 양이 독립변수, 제품의 강도는 종속변수가 된다.

회귀분석은 독립변수와 종속변수들 간의 함수적인 관련성을 통계적으로 찾아보는 분석방법이다. 종속변수가 한 개이고 독립변수가 한 개인 회귀모형을 단순회귀모형(simple regression model)이라고 하고, 독립변수가 두 개 이상인 경우는 다중회귀모형(multiple regression model)이라고 한다. 이 책에서는 다루지는 않지만 종속변수가 여러 개인 모형을 다변량 회귀모형(multivariate regression model)이라고 한다. 이 장에서는 단순회귀모형에 대해서 알아보기로 한다.

## 11.2 단순회귀모형

먼저 확률변수 $Y$를 독립변수 $X$와 오차라는 확률변수 $\epsilon$에 의해 설명되는 종속변수라고 하면 그 함수관계는 다음과 같이 표현될 수 있다.

$$y_i = \beta_0 + \beta_1 x_i + \epsilon_i \qquad \epsilon_i \sim N(0, \sigma^2)$$

여기서 $\beta_0$와 $\beta_1$는 미지의 모수이고 $\epsilon_i$는 서로 독립인 평균 0이고 분산이 $\sigma^2$ (등분산)인 정규분포를 따른다. $y_i$는 $i$번째 개체에서 얻어진 자료로, 독립변수 $x_i$에 대응되는 종속변수 값이다. $y_i$는 다음과 같이 평균이 $\beta_0 + \beta_1 x_i$이고 분산이 $\sigma^2$인 정규분포를 따르게 된다.

$$y_i \sim N(\beta_0 + \beta_1 x_i, \sigma^2)$$

이러한 결과는 $\epsilon_i$가 서로 독립이고 평균 0, 분산이 $\sigma^2$인 정규분포라는 가정으로부터 얻어진 결과이지만 여기서는 그 과정을 생략하기로 한다. 위와 같은 모형을 단순회귀모형이라고 한다.

$y_i$는 $\epsilon_i$의 분포가정을 기반으로 분석을 실행하게 되고 자료가 $\epsilon_i$의 분포가정인 서로 독립이고 평균이 0, 분산이 $\sigma^2$인 정규분포를 만족하지 않는다면 모형의 설정이나 모수추정 결과도 신뢰할 수 없다.

### 11.2.1 모수추정

$n$개의 개체로부터 얻어진 자료를 $(x_i, y_i)$, $i = 1, 2, \cdots, n$이라고 하자. 모수추정하는 방법으로는 최소제곱법(Least Square Estimator)을 사용하는데, 관측값 $y_i$와 예측값 $\hat{y_i}$의 차이에 대한 제곱합이 최소화하는 모수값을 추정하는 방법이다. 이에 대해서 간략하게 설명하면 다음과 같다.

다음과 같은 추정회귀식을 고려하자.

$$\hat{y_i} = \hat{\beta}_0 + \hat{\beta}_1 x_i$$

모형과 비교하여, 모형에 대한 오차는 $\epsilon_i = y_i - \hat{y_i} = y_i - (\hat{\beta}_0 + \hat{\beta}_1 x_i)$로 주어지는데 이것을 잔차(residual)라고 한다.

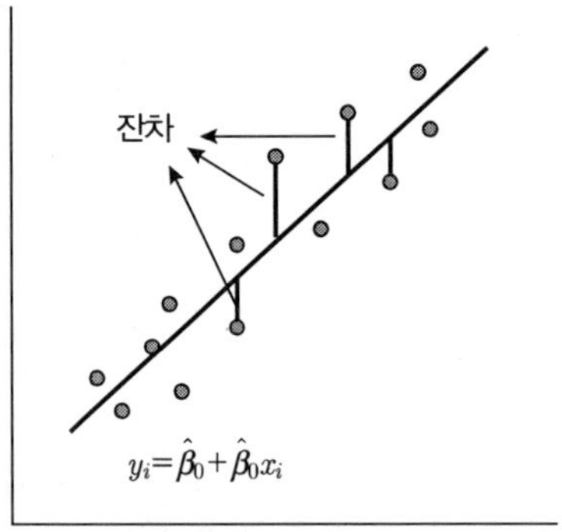


위 직선식은 다음과 같이 정의된 잔차의 제곱합(Error Sum of Squares)을 최소로 하는 추정식이 된다.

$$\begin{aligned} SSE &= \sum_{i=1}^{n} \epsilon_i^2 \\ &= \sum_{i=1}^{n} (y_i - \hat{y}_i)^2 \\ &= \sum_{i=1}^{n} (y_i - \hat{\beta}_0 - \hat{\beta}_1 x_i)^2 \end{aligned}$$

$SSE$는 $\hat{\beta}_0, \hat{\beta}_1$ 의 이차함수이고 이 값에 따라 $SSE$를 최소화하는 $\hat{\beta}_0$ 와 $\widehat{\beta_1}$을 찾으면 된다. 이 식을 각각 $\hat{\beta}_0$ 와 $\hat{\beta}_1$ 에 대하여 편미분하여 0으로 설정한 후, 방정식을 풀면 다음과 같이 모수를 추정할 수 있다.

$$\hat{\beta}_1 = \frac{S_{xy}}{S_{xx}} \qquad \hat{\beta}_0 = \bar{y} - \hat{\beta}_1 \bar{x}$$

여기서,

$$\begin{aligned} S_{xx} &= \sum (x_i - \bar{x})^2 \\ S_{yy} &= \sum (y_i - \bar{y})^2 \\ S_{xy} &= \sum (x_i - \bar{x})(y_i - \bar{y}) \\ \bar{x} &= \frac{1}{n} \sum x_i, \ \bar{y} = \frac{1}{n} \sum y_i \end{aligned}$$

이다. 추정회귀선은 언급한 것과 같이 $\hat{y_i} = \hat{\beta}_0 + \hat{\beta}_1 x_i$ 이다.

SPSS에서 예측값이라고 하는 것은 $\hat{y_i} = \hat{\beta}_0 + \hat{\beta}_1 x_i$ 을 의미하고, 그에 대한 잔차는 $\epsilon_i = y_i - \hat{y_i}$을 의미한다. 이때 오차의 분산 $\sigma^2$ 추정량은

$$s^2 = MSE = \frac{SSE}{n-2} = \frac{\sum_{i=1}^{n}(y_i - \hat{y_i})^2}{n-2}$$

이다.

### 11.2.2 선형의 강도

만일 설명변수를 고려하지 않는다면 자료는 전체 평균 $\overline{y}$로 설명될 수 있다. 이 경우의 오차는 $y_i - \overline{y}\,(i = 1, \cdots, n)$이고 이들의 제곱의 합으로 자료들이 평균과 얼마나 떨어져 있는가를 설명할 수 있을 것이다. 이들의 제곱합을 총제곱합이라고 하며 $SST$로 표기한다.

$$SST = \sum_{i=1}^{n}(y_i - \overline{y})^2$$

설명변수를 고려할 경우 이들의 자료는 예측값 $\hat{y_i}$을 통해 설명되고 이들의 오차는 오차제곱합 $SSE$로 다음과 같이 나타낼 수 있다.

$$SSE = \sum_{i=1}^{n}(y_i - \hat{y_i})^2$$

총제곱합과 오차제곱합을 비교하여 볼 때, 오차제곱합이 총제곱합에 비해서 작을 때 회귀모형에 의해서 자료를 잘 설명한다고 할 수 있다. 이와 관련하여 총제곱합을 다음과 같이 분해할 수 있다.

$$\sum_{i=1}^{n}(y_i - \overline{y})^2 = \sum_{i=1}^{n}(y_i - \hat{y_i})^2 + \sum_{i=1}^{n}(\hat{y_i} - \overline{y})^2$$

$$SST = SSE \qquad + SSR$$

여기서, $SSR$은 회귀제곱합(regression sum of squares)이라고 하며 추정했을 때

오차를 얼마나 줄일 수 있는가를 나타내는 양이다.

모수가 추정이 되면 추정식을 이용하여 추정모형식이 주어진 자료를 얼마큼 잘 설명하는가를 알아볼 수 있는데, 이때 사용되는 측도는 결정계수(coefficient of determination)이다. 결정계수는 선형의 강도를 측정하여 얻어진 회귀모형식이 어느 정도 자료를 설명하는지를 살펴보고자 할 때 사용된다. 즉, 회귀직선에 의한 변동을 총변동으로 나눈 값

$$R^2 = \frac{SSR}{SST} = 1 - \frac{SSE}{SST}$$

이 결정계수이다. 회귀직선에 의한 변동 $SSR$의 값이 커질수록 총 변동 중 회귀직선에 의한 변동의 비율이 커지게 되므로 $R^2$의 값이 커지는 반면, 잔차에 대한 변동 $SSE$가 커질수록 $R^2$ 의 값이 작아진다. 이론적으로 단순회귀모형에서의 결정계수는 10장에서 다루었던 표본상관계수의 제곱이다.

결정계수의 범위는 $0 \leq R^2 \leq 1$ 으로, $R^2$ 이 1에 가까울수록 산점도에서 점들이 직선 주위에 밀집되어 나타나게 되어 회귀에 의한 설명이 잘 됨을 뜻한다.

### 11.2.3 모형의 유의성

회귀방정식의 유의성을 검정할 때에는 앞서 설명된 총제곱합이 오차제곱합과 회귀제곱합으로 분해되는 것을 이용하여 분산분석표를 이용하게 된다. 통계량은 9장 분산분석에서와 마찬가지로 $F-$통계량을 이용한다. 회귀분석에서 계산되는 $F-$통계량은 회귀식에 의해서 설명되는 분산과 설명되지 않는 분산의 비를 이용하여 회귀식의 유의성을 판단한다. 주어진 유의수준보다 유의확률이 작으면 가정한 모형이 유의하다고 볼 수 있다.

표 11.1 단순회귀분석에서의 분산분석표

| 변동요인 | 제곱합 | 자유도 | 평균제곱 | F-값 |
|---|---|---|---|---|
| 회귀 | SSR | 1 | MSR=SSR/1 | F=MSR/MSE |
| 잔차 | SSE | n-2 | MSE=SSE/(n-2) | |
| 총변동 | SST | n-1 | | |

다음 절에서는 모수추정, 선형강도, 모형 유의성에 대한 분석방법 및 해석에 대해 알아보도록 한다.

## 11.2.4 SPSS를 이용한 단순회귀분석

SPSS를 이용하여 회귀분석을 하기 위해서는 다음과 같은 순서를 통하여 이루어진다.

**분석 → 회귀분석 → 선형**

10장에서 다루었던 경화제의 양과 강도 예제를 통하여 사용법을 알아보도록 하자.

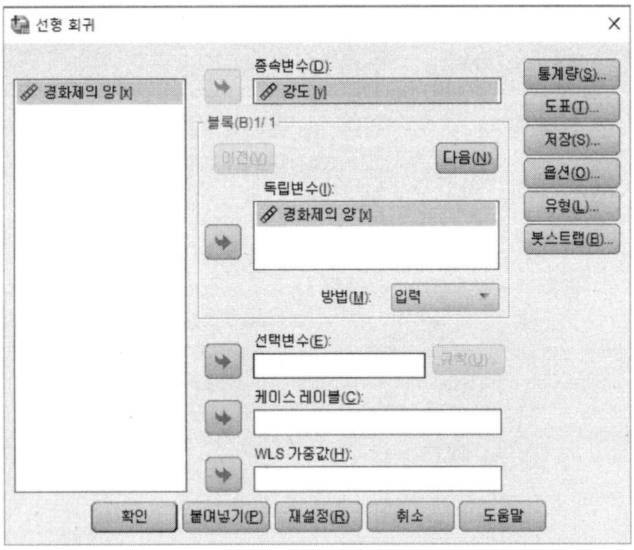


그림 11.1a 선형 회귀

**선형 회귀.** SPSS에서 위의 순서로 실행하게 되면 〈그림 11.1a〉 창이 열리고, 종속변수와 독립변수를 설정한 후 여러 통계량 및 도표, 옵션 등을 설정할 수 있다.

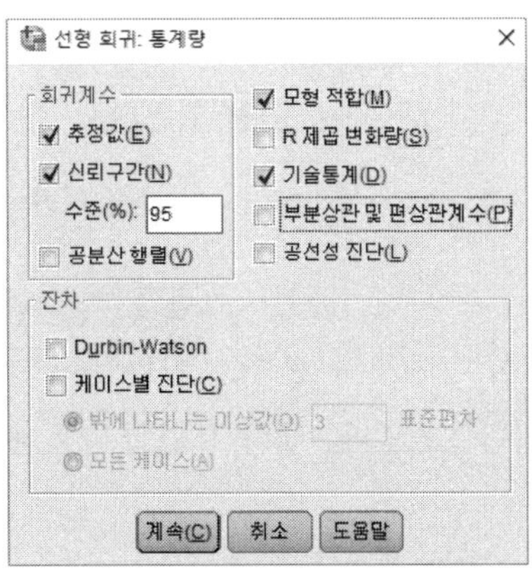


그림 11.1b 선형 회귀: 통계량

**선형 회귀: 통계량.** 〈그림 11.1b〉는 〈그림 11.1a〉에서 「통계량」을 선택했을 경우 나타나는 대화상자인데 이곳에서는 자기회귀, 기술통계량, 모형적합 통계량, Durbin-Watson 검정, 공선성 진단 등의 선택적 통계 출력결과를 요청한다.

이 절에서는 각 회귀계수의 추정값 및 그에 대한 신뢰구간과 기본적인 기술통계, 모형적합에 관해서만 알아보고 잔차부분은 11.2.5절에서 설명하기로 한다.

그림 11.1c 선형 회귀: 저장

**선형 회귀: 저장.** 〈그림 11.1c〉는 〈그림 11.1a〉에서 「저장」을 선택했을 때에 나타내는 대화상자이다. 이 곳에서는 예측값, 잔차, 관련 측도를 작업 데이터 파일로 추가되는 새 변수로 저장할 수 있다. 데이터 편집기에 새 변수의 이름과 내용이 나타난다.

표 11.2a

**기술통계량**

| | 평균 | 표준화 편차 | N |
|---|---|---|---|
| 강도 | 49.2000 | 3.17751 | 30 |
| 경화제의 양 | 29.1333 | 2.33021 | 30 |

표 11.2b

**상관계수**

| | | 강도 | 경화제의 양 |
|---|---|---|---|
| Pearson 상관 | 강도 | 1.000 | .681 |
| | 경화제의 양 | .681 | 1.000 |
| 유의확률 (단측) | 강도 | . | .000 |
| | 경화제의 양 | .000 | . |
| N | 강도 | 30 | 30 |
| | 경화제의 양 | 30 | 30 |

표 11.2c

**모형 요약[b]**

| 모형 | R | R 제곱 | 수정된 R 제곱 | 추정값의 표준오차 |
|---|---|---|---|---|
| 1 | .681[a] | .464 | .444 | 2.36840 |

a. 예측자: (상수), 경화제의 양

b. 종속변수: 강도

회귀분석은 상관분석 결과를 포함한다. 결과 해석은 상관분석과 중복하므로 생략한다. 〈표 11.2c〉에서 $R$은 상관계수를 의미한다. 「$R$ 제곱」은 회귀모형에 의한 설명력을 나타내는 결정계수를 의미한다. 자료는 양의 상관관계를 보이며 회귀선에 의하여 자료를 46.4% 정도 설명한다고 할 수 있다.

표 11.2d

**ANOVA[a]**

| 모형 | | 제곱합 | 자유도 | 평균제곱 | F | 유의확률 |
|---|---|---|---|---|---|---|
| 1 | 회귀 | 135.739 | 1 | 135.739 | 24.199 | .000[b] |
| | 잔차 | 157.061 | 28 | 5.609 | | |
| | 전체 | 292.800 | 29 | | | |

a. 종속변수: 강도

b. 예측자: (상수), 경화제의 양

표 11.2e

**계수[a]**

| 모형 | | 비표준화 계수 B | 비표준화 계수 표준화 오류 | 표준화 계수 베타 | t | 유의확률 | B에 대한 95.0% 신뢰구간 하한 | B에 대한 95.0% 신뢰구간 상한 |
|---|---|---|---|---|---|---|---|---|
| 1 | (상수) | 22.151 | 5.516 | | 4.016 | .000 | 10.853 | 33.449 |
| | 경화제의 양 | .928 | .189 | .681 | 4.919 | .000 | .542 | 1.315 |

a. 종속변수: 강도

분산분석표 〈표 11.2d〉를 통하여 회귀모형이 적합함을 알 수 있다. 회귀모형에 의해서 설정한 모형은 통계량은 $F=24.199$이고 그에 대한 유의확률은 0.000으로 모형이 유의함을 볼 수 있다.

분산분석표가 모형에 관하여 유의성을 나타내는 반면, 계수에 대한 결과 〈표 11.2e〉는 절편과 기울기에 대한 각 모수를 별도로 검정한 결과를 나타낸다. '(상수)'는 회귀식의 절편을 나타내고, 그 모수추정값은 「비표준화계수-B」를 의미하는데, 그 값은 22.151이고, 그에 대한 $t-$통계량은 4.016, 유의확률은 0.000으로 상수가 0이 아니라고 할 수 있다. 같은 방법으로 기울기를 나타내는 경화제의 양에 대한 모수도 유의함을 볼 수 있다. 따라서 분산분석표와 계수에 대한 결과를 통해서 강도와 경화제의 양에 대한 모형식은 다음과 같이 나타낼 수 있다.

$$y = 22.151 + 0.928x$$

즉, 「강도 = 22.151 + 0.928 경화제의 양」으로 나타낼 수 있는데, 그 의미는 「경화제의 양이 한 단위 증가할 때마다 강도가 0.928만큼 증가한다」는 것이다.

〈표 11.2f〉에서는 잔차 관련한 간략한 기술통계량들을 제시하고 있다. 잔차에 대한 자세한 내용은 11.2.5절에서 다루고 있다.

위의 예에서는 상수가 유의하다고 판단이 되었지만, 만일 유의하지 않게 결과가 제시된다면, 상수를 0이라고 할 수 있다. 따라서 상수항이 더 이상 필요하지 않게 되는

표 11.2f

**잔차 통계량[a]**

| | 최소값 | 최대값 | 평균 | 표준화 편차 | N |
|---|---|---|---|---|---|
| 예측값 | 43.5055 | 52.7900 | 49.2000 | 2.16349 | 30 |
| 잔차 | -4.79001 | 3.92379 | .00000 | 2.32720 | 30 |
| 표준화 예측값 | -2.632 | 1.659 | .000 | 1.000 | 30 |
| 표준화 잔차 | -2.022 | 1.657 | .000 | .983 | 30 |

a. 종속변수: 강도

데, 이런 경우에는 원점을 지나는 직선을 적합시켜 필요 없는 모수를 제거해주는 단계가 필요하다. 〈그림 11.1d〉에서와 같이 「옵션」 대화상자에서 「방정식에 상수항 포함」을 선택을 하지 않으면 원점을 지나는 직선을 구할 수 있게 된다.

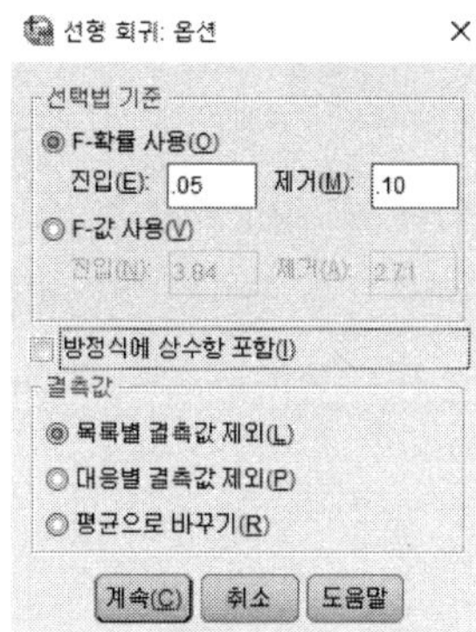


그림 11.1d 선형 회귀: 옵션

| x | y | PRE_1 | RES_1 | ZPR_1 | ZRE_1 |
|---|---|---|---|---|---|
| 29.00 | 50.00 | 48.83931 | 1.16069 | -.05722 | .39728 |
| 32.00 | 49.00 | 53.89165 | -4.89165 | 1.23022 | -1.67431 |
| 29.00 | 46.00 | 48.83931 | -2.83931 | -.05722 | -.97184 |
| 28.00 | 51.00 | 47.15519 | 3.84481 | -.48637 | 1.31600 |
| 25.00 | 44.00 | 42.10285 | 1.89715 | -1.77380 | .64936 |
| 28.00 | 46.00 | 47.15519 | -1.15519 | -.48637 | -.39540 |
| 31.00 | 52.00 | 52.20753 | -.20753 | .80107 | -.07103 |
| 31.00 | 52.00 | 52.20753 | -.20753 | .80107 | -.07103 |
| 32.00 | 51.00 | 53.89165 | -2.89165 | 1.23022 | -.98975 |
| 23.00 | 42.00 | 38.73462 | 3.26538 | -2.63209 | 1.11767 |
| 29.00 | 46.00 | 48.83931 | -2.83931 | -.05722 | -.97184 |
| 32.00 | 52.00 | 53.89165 | -1.89165 | 1.23022 | -.64747 |
| 27.00 | 47.00 | 45.47108 | 1.52892 | -.91551 | .52332 |
| 30.00 | 53.00 | 50.52342 | 2.47658 | .37193 | .84768 |
| 29.00 | 51.00 | 48.83931 | 2.16069 | -.05722 | .73956 |
| 29.00 | 51.00 | 48.83931 | 2.16069 | -.05722 | .73956 |
| 30.00 | 53.00 | 50.52342 | 2.47658 | .37193 | .84768 |
| 30.00 | 53.00 | 50.52342 | 2.47658 | .37193 | .84768 |
| 32.00 | 54.00 | 53.89165 | .10835 | 1.23022 | .03709 |
| 29.00 | 47.00 | 48.83931 | -1.83931 | -.05722 | -.62956 |
| 29.00 | 50.00 | 48.83931 | 1.16069 | -.05722 | .39728 |
| 29.00 | 53.00 | 48.83931 | 4.16069 | -.05722 | 1.42412 |
| 28.00 | 49.00 | 47.15519 | 1.84481 | -.48637 | .63144 |
| 28.00 | 46.00 | 47.15519 | -1.15519 | -.48637 | -.39540 |
| 26.00 | 47.00 | 43.78696 | 3.21304 | -1.34466 | 1.09976 |
| 31.00 | 53.00 | 52.20753 | .79247 | .80107 | .27125 |
| 26.00 | 45.00 | 43.78696 | 1.21304 | -1.34466 | .41520 |
| 33.00 | 48.00 | 55.57576 | -7.57576 | 1.65936 | -2.59303 |
| 27.00 | 47.00 | 45.47108 | 1.52892 | -.91551 | .52332 |
| 32.00 | 48.00 | 53.89165 | -5.89165 | 1.23022 | -2.01659 |

그림 11.2 선형 회귀분석의 저장된 자료

〈그림 11.2〉는 「저장」 대화상자 〈그림 11.1c〉에서 선택하여 얻어진 자료이다. 선택한 잔차와 예측값에 대해서 자동적으로 변수명을 지정하여 자료 형태로 저장하고 있다. 'pre'는 예측값을, 'res'는 잔차를, 'zpr'은 표준화된 예측값을, 'zre'는 표준화된 잔차값을 각각 나타내고 있다.

예제

다음은 입시성적과 대학입학 후 평균학점을 조사한 것이다. 대학입학 성적이 입학 후 학력 수준에 대한 좋은 예측치로 볼 수 있는지를 판단하시오.

ch11-1.sav

| 입시성적 | 11 | 13 | 14.5 | 12 | 17 | 16 | 15.5 | 14 | 14 | 13 |
|---|---|---|---|---|---|---|---|---|---|---|
| 평균학점 | 2.7 | 2.7 | 4.1 | 3.8 | 3.8 | 4.2 | 2.9 | 2.5 | 2.9 | 4.0 |

풀이 회귀분석 프로시저를 이용하여 다음과 같은 결과를 얻었다.

**상관계수**

| | | 평균학점 | 입시성적 |
|---|---|---|---|
| Pearson 상관 | 평균학점 | 1.000 | .340 |
| | 입시성적 | .340 | 1.000 |
| 유의확률 (단측) | 평균학점 | . | .168 |
| | 입시성적 | .168 | . |
| N | 평균학점 | 10 | 10 |
| | 입시성적 | 10 | 10 |

**모형 요약**

| 모형 | R | R 제곱 | 수정된 R 제곱 | 추정값의 표준오차 |
|---|---|---|---|---|
| 1 | .340[a] | .116 | .005 | .67180 |

a. 예측자: (상수), 입시성적

입시성적과 평점의 상관계수는 0.340이지만 유의확률이 0.168로 통계적 유의성은 보이지 않았다. 또한 결정계수값이 0.116으로 추정되는 회귀식은 자료를 12% 정도밖에 설명하지 못한다고 볼 수 있다.

**ANOVA[a]**

| 모형 | | 제곱합 | 자유도 | 평균제곱 | F | 유의확률 |
|---|---|---|---|---|---|---|
| 1 | 회귀 | .473 | 1 | .473 | 1.049 | .336[b] |
| | 잔차 | 3.611 | 8 | .451 | | |
| | 전체 | 4.084 | 9 | | | |

a. 종속변수: 평균학점

b. 예측자: (상수), 입시성적

**계수[a]**

| 모형 | | 비표준화 계수 B | 비표준화 계수 표준화 오류 | 표준화 계수 베타 | t | 유의확률 | B에 대한 95.0% 신뢰구간 하한 | B에 대한 95.0% 신뢰구간 상한 |
|---|---|---|---|---|---|---|---|---|
| 1 | (상수) | 1.616 | 1.716 | | .941 | .374 | -2.342 | 5.573 |
| | 입시성적 | .125 | .122 | .340 | 1.024 | .336 | -.156 | .405 |

a. 종속변수: 평균학점

회귀모형의 분산분석결과도 유의확률 0.336으로 유의하지 않고, 계수부분에서도 절편이나 기울기 모두 유의하지 않았다. 결과적으로 입시성적은 대학입학 후 평점에는 영향을 미치지 않는다고 할 수 있다.

## 11.2.5 가정 타당성 검토

11.2절에서도 언급했듯이 회귀분석은 $\epsilon_i$가 서로 독립이고 평균이 0, 분산이 $\sigma^2$(등분산)인 정규분포라는 가정하에서 모형의 모수를 추정한 것이므로 실제 자료로부터 계산된 잔차를 이용하여 자료가 이 가정에 부합되는지 확인하여야 한다. 만일 이러한 가정에 맞지 않는다면 아무리 모형이 유의하다 하더라도 그 모형에서 나온 결과는 신뢰할 수 없다. 따라서 잔차검정과정이 반드시 필요하다. 경화제의 양과 강도를 나타내는 자료를 이용하여 잔차검정 절차를 살펴보기로 하자.

다음에 설명되는 잔차에 대한 검정은 SPSS의 회귀분석 대화상자 〈그림 11.1a〉 중, 「도표」에 관련된 결과들이다.

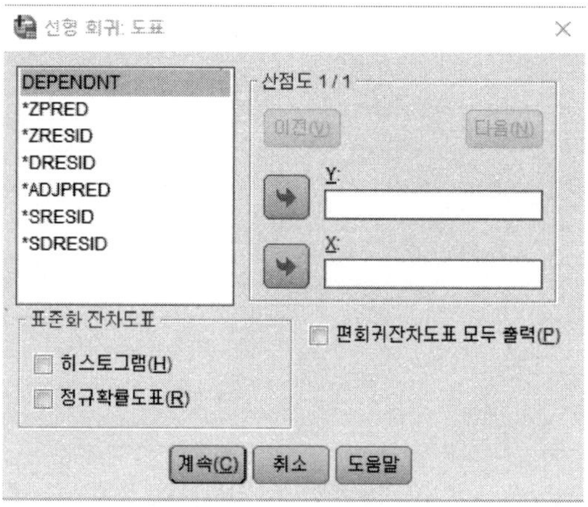


그림 11.3 선형 회귀: 도표

**선형 회귀: 도표.** 산점도, 히스토그램, 정규확률도표 등을 포함하여 선택적 도표로 잔차에 대한 추이를 볼 수 있다.

여기서, 각 상자 안의 변수 설명은 다음과 같다.

- 종속변수(DEPENDNT)
- 표준화 예측값(*ZPRED)
- 표준화잔차(*ZRESID)
- 삭제된 잔차(*DRESID)
- 수정된 예측값(*ADJPRED)
- 스튜던트화 잔차(*SRESID)
- 삭제된 스튜던트화 잔차(*SDRESID)

### 11.2.5.1 잔차 $\hat{e}$ 의 히스토그램과 정규확률도표

잔차검정을 하는 방법으로 쉽게 할 수 있는 것은 잔차 $\hat{e}$ 의 산점도나 히스토그램을 그려보는 것이다. 잔차 $\hat{e}$ 의 산점도나 히스토그램을 그렸을 때 좌우대칭이고, 0에서 자료가 집중되어 나타난다면 정규분포성질을 만족한다고 할 수 있다. 〈그림 11.3a〉는 잔차에 대한 히스토그램이다. 잔차의 히스토그램에 정규곡선을 함께 나타내어 잔차의 분포가 정규분포와 어느 정도 멀어져 있는지를 살펴볼 수 있다. 〈그림 11.3a〉를 보면, 표준화잔차 0.0 부분을 제외하고는 어느 정도 잘 적합되었다. 정규확률도표에서 자료가 정규적으로 분포되어 있을 때는 도표화된 점이 대각선과 비슷하고 그렇지 않으면 대각선에서 떨어진 형태를 취한다. 〈그림 11.3b〉에서도 〈그림 11.3a〉의 0.0 부분에 해당되는 0.5 부근에서 대각선과 조금 떨어져 있음을 볼 수 있다.

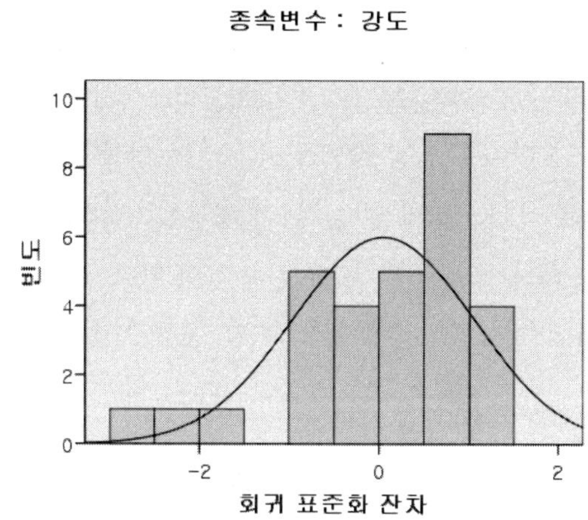


그림 11.3a 잔차 히스토그램

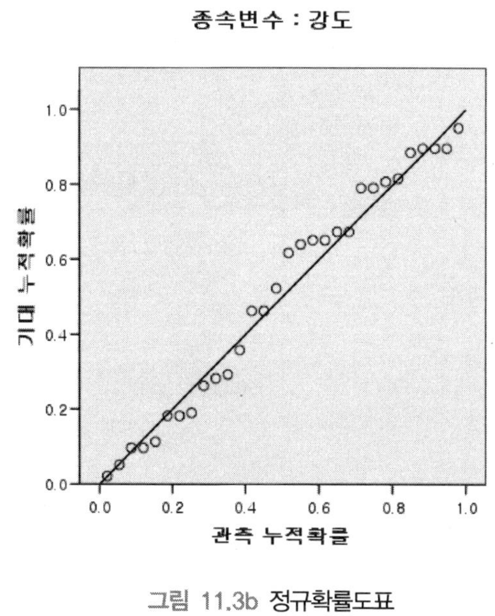


그림 11.3b 정규확률도표

〈그림 11.3a〉와 〈그림 11.3b〉로부터 자료가 정규분포로부터 벗어난다는 것을 볼 수 없다. 이 그림들은 〈그림 11.3〉의 「표준화잔차도표」에서 히스토그램과 정규확률도표를 선택하여 확인할 수 있다. 잔차 히스토그램과 정규확률도표는 2장에서 소개되었던 데이터 탐색 프로시저에서 「도표」에서도 표현할 수 있다.

### 11.2.5.2 잔차 $\hat{e}$ 와 예측값 $\hat{y}$ 의 산점도

다음으로 〈그림 11.4〉와 같이「선형 회귀: 도표」에서 잔차 $\hat{e}$를 $y-$축으로 하고 예측값 $\hat{y}$을 $x-$축으로 하는 산점도를 그려본다. 이러한 산점도를 그렸을 때 각 점들이 점점 넓어지거나 반대로 점점 줄어들거나 하는 현상을 보인다면 우리가 분산이 등분산 $\sigma^2$ 이라는 가정에 맞지 않게 된다. 이런 경우에는, 등분산 가정에 맞도록 모형이 개선되어져야 함을 나타내고 있다. 또한 잔차 $\hat{e}$와 예측값 $\hat{y}$의 그래프가 이차나 삼차 함수 성향을 보인다면 비선형인 경우를 고려할 필요가 있다.

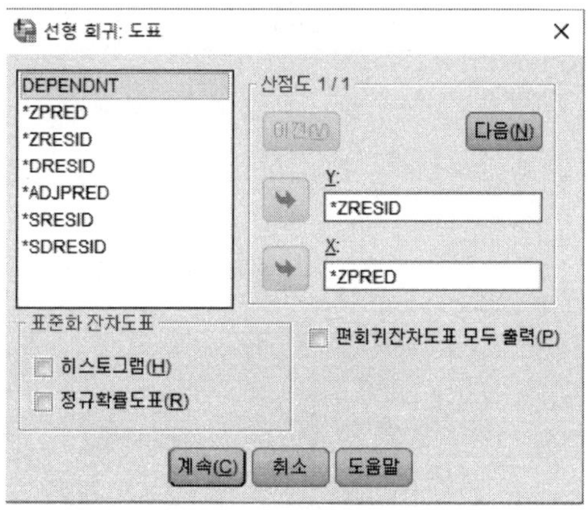


그림 11.4 선형 회귀: 도표

**종속변수 : 강도**

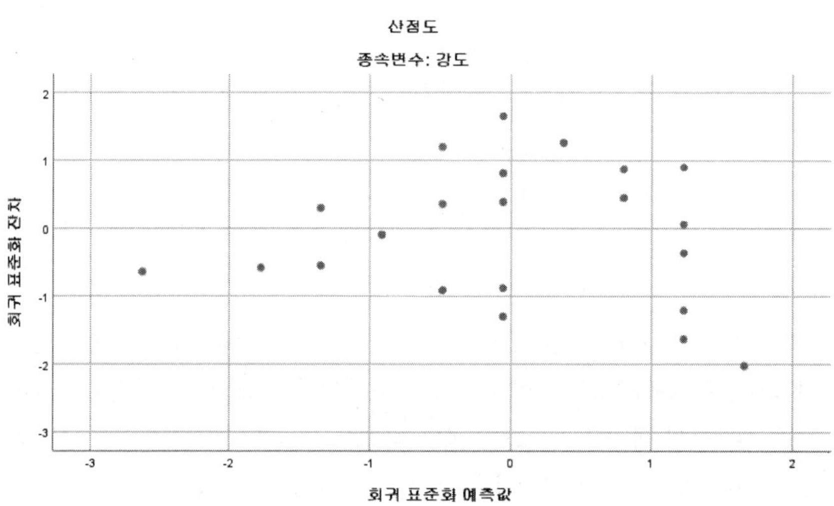


그림 11.4a 잔차 산점도

〈그림 11.4a〉는 잔차 산점도이다. 이에 의하면 표준화된 잔차의 범위가 ±2를 벗어나지 않으므로 등분산이라고 할 수 있다. 그 외 경우의 도표를 그릴 경우, 위와 같이 종속변수와 독립변수를 바꿔가면서 여러 가지 도표를 그릴 수 있다. 따라서 설정한 후에 「다음」을 선택하면 다시 그다음 그릴 도표의 종속변수와 독립변수를 설정할 수 있어서, 한 번에 여러 개의 필요한 도표를 나타낼 수 있다.

#### 11.2.5.3 오차의 독립성 검정

이 방법은 $\epsilon_i$는 서로 독립이라고 가정하였는데 과연 독립인가를 확인해보는 방법으로서 시간순으로 잔차를 표시해봄으로써 어떤 경향이 시간에 따라 보이고 있는가를 보는 것이다. 이렇게 시간에 따라 상관관계를 보이는 것을 자기상관(autocorrelation)이라고 하는데, 실제로 경영이나 경제분야의 관찰 값들은 시간에 따라 특정 경향을 보이는 경우가 많아 독립성이 결여되는 일이 빈번하게 일어난다. 아래 그림은 자기상관의 예이다.

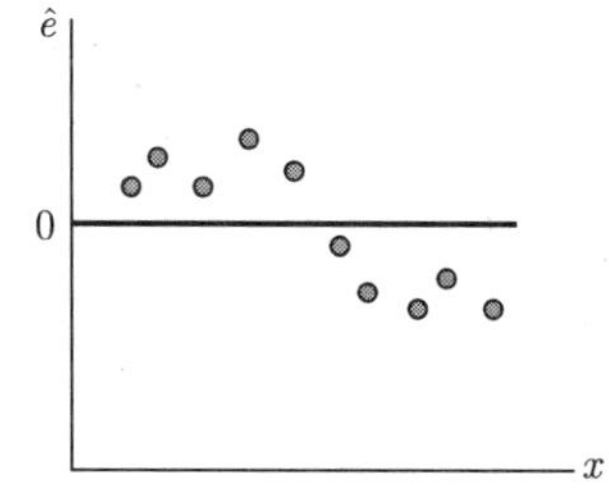


다른 방법으로는 Durbin-Watson 통계량을 체크해봄으로써 독립성을 확인하는 것이다. Durbin-Watson 통계량은

$$DW = \frac{\sum_{i=2}^{n}(e_i - e_{i-1})^2}{\sum_{i=1}^{n} e_i^2} \simeq 2(1-r)$$

로 정의한다. 여기서 $r$은 상관계수를 의미한다. 통계량 값이 2에 가까우면 $e_i$와 $e_{i-1}$ 사이의 상관이 없다. 즉, 독립이라고 결론 내릴 수 있다. DW 값의 범위는 0 ≤ DW ≤ 4 이다. 만일 DW 값이 0에 가까워지면 종속변수들 간에 양의 상관관계가 있으며 4에 가까워질수록 음의 상관관계를 보이고 있는 것으로 해석된다. DW의 귀무가

설 채택여부를 가릴 수 있는 임계치는 독립변수의 수와 유의수준, 표본의 수를 고려하여 결정된다. 검정값의 임계치가 $(d_L, d_U)$라고 할 때, DW$\le d_L$이면 귀무가설을 기각한다. DW$\ge d_U$ 이면 귀무가설을 기각하지 않는다. 만일, DW의 값이 $d_L$ 〈 DW 〈$d_U$ 이면 불확정적이라 판단을 미뤄야 한다. 유의수준 5% 하에서 Durbin-Watson 통계량에 대한 임계치는 부록을 참조하기 바란다.

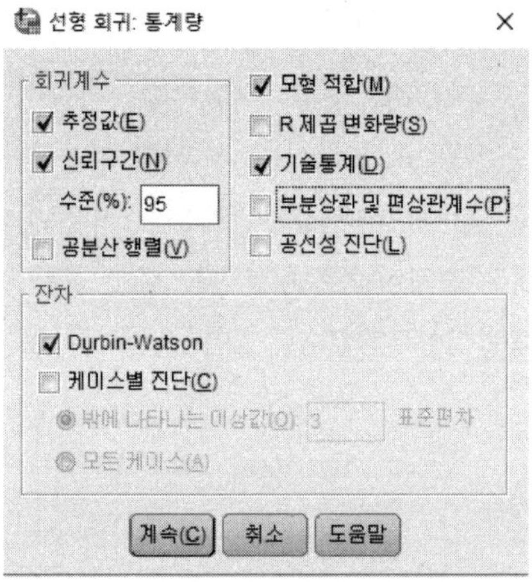


그림 11.5 선형 회귀: 통계량

Durbin-Watson 통계량은「선형 회귀: 통계량」옵션에서 잔차 부분에 있고 다음과 같이「모형 요약」에 결과가 나타난다.

표 11.3 Durbin-Watson 통계량

**모형 요약[b]**

| 모형 | R | R 제곱 | 수정된 R 제곱 | 추정값의 표준오차 | Durbin-Watson |
|---|---|---|---|---|---|
| 1 | .681[a] | .464 | .444 | 2.36840 | 1.468 |

a. 예측자: (상수), 경화제의 양

b. 종속변수: 강도

〈표 11.3〉은 Durbin-Watson 검정 결과를 보여주고 있다. 독립변수의 수가 한 개이고, 자료의 수가 30이므로 이에 해당되는 임계치의 상한과 하한은 (1.35, 1.49)이다. 검정결과 DW 통계량이 1.468이므로 임계치의 상한과 하한 사이에 존재한다. 따라서 독립성에 대한 검정 결과는 불확정적이라고 할 수 있다.

## 11.3 연습문제

1. 다음 용어를 설명하시오.
   (1) 단순회귀모형
   (2) 최소제곱법
   (3) 결정계수
   (4) Durbin–Watson 통계량

2. 한 공장에서 동일한 기계들의 정비기록에 관한 표본자료를 취하였다. 조사된 자료는 사용연도와 정비비용으로 이들 간에 어떠한 관계가 존재하는지를 밝히는 것이 목적이다.

| 사용연도 | 정비비용 (단위:천 원) | 사용연도 | 정비비용 (단위:천 원) |
|---|---|---|---|
| 3 | 39 | 6 | 90 |
| 1 | 24 | 9 | 140 |
| 5 | 115 | 3 | 112 |
| 8 | 105 | 5 | 70 |
| 1 | 50 | 7 | 186 |
| 4 | 86 | 2 | 43 |
| 2 | 67 | 6 | 126 |

   (1) 자료에 대한 산점도를 그리시오.
   (2) 모형의 결정계수를 구하시오.
   (3) 회귀분석을 실시하여 분산분석표를 작성하고 회귀모형의 유의성을 판단하시오.
   (4) 회귀모형이 유의하다면 회귀식을 제시하고 추정된 계수를 해석하시오.

# 제12장

# 다중회귀모형

많은 연구에서 효과적인 요인을 파악하고자 할 때에는 단순히 한 가지 요인으로만 파악하지 않고 여러 가지 가능성 있는 요인들을 설정하고 그 효과들을 살펴본다. 이 장에서는 앞 장의 확장된 개념으로 설명변수가 여러 개인 경우의 회귀모형인 다중회귀모형을 다루고자 한다.

## 12.1 다중회귀모형

$k$개의 설명변수를 $X_1, \cdots, X_k$라고 하고 종속변수를 $Y$라고 할 경우, 다음과 같이 함수관계를 고려할 수 있다.

$$y_i = \beta_0 + \beta_1 x_{1i} + \beta_2 x_{2i} + \cdots + \beta_k x_{ki} + \epsilon_i \qquad \epsilon_i \sim N(0, \sigma^2)$$

여기서, $\beta_j (j = 0, \cdots, k)$는 미지의 모수이고, $\epsilon_i (i = 1, \cdots, n)$는 서로 독립인 평균 0이고 분산이 $\sigma^2$(등분산)인 정규분포를 따른다.

다중회귀모형의 유의성을 살펴보기 위한 분산분석표는 단순회귀모형의 분산분석과 동일하고 설명변수의 수를 나타내는 자유도와 계산에서 차이가 있다.

표 12.1 다중회귀분석에서의 분산분석표

| 변동요인 | 제곱합 | 자유도 | 평균제곱 | F-값 |
|---|---|---|---|---|
| 회귀 | *SSR* | *k* | *MSR=SSR/k* | *F=MSR/MSE* |
| 잔차 | *SSE* | *n-k-1* | *MSE=SSE/(n-k-1)* | |
| 총변동 | *SST* | *n-1* | | |

선형강도를 알아보는 결정계수도 단순회귀모형에서와 마찬가지로

$$R^2 = SSR / SST$$

로 계산된다.

## 12.2 SPSS를 이용한 다중회귀분석

이 절에서는 SPSS를 이용하여 다중회귀분석을 실행하여 출력되는 결과를 중심으로 알아보고자 한다.

예제

어떤 중학교 학생 15명의 공던지기, 악력, 신장, 체중의 측정치로 나타낸 것이다. 공던지기가 기초체력을 나타내는 악력(x1), 신장(x2), 체중(x3)과 같은 세 개의 변수로 어느 정도 설명되는지 알아보고자 한다.

ch12-1.sav

| 악력 | 신장 | 체중 | 공던지기 |
|---|---|---|---|
| 28 | 146 | 34 | 22 |
| 46 | 169 | 57 | 36 |
| 39 | 160 | 48 | 24 |
| 25 | 156 | 38 | 22 |
| 34 | 161 | 47 | 27 |
| 29 | 168 | 50 | 29 |
| 38 | 154 | 54 | 26 |
| 23 | 153 | 40 | 23 |
| 42 | 160 | 62 | 31 |
| 27 | 152 | 39 | 24 |
| 35 | 155 | 46 | 23 |
| 39 | 154 | 54 | 27 |
| 38 | 157 | 57 | 31 |
| 32 | 162 | 53 | 25 |
| 25 | 142 | 32 | 23 |

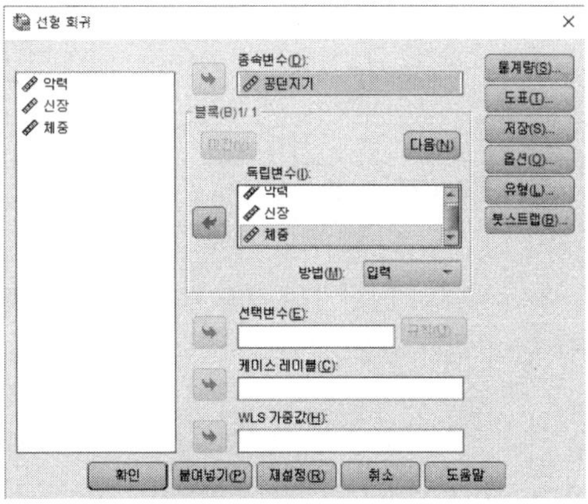


그림 12.1a 선형 회귀

위 예제에서는 공던지기가 종속변수이며 악력, 신장, 체중이 독립변수로, 〈그림 12.1a〉에서와 같이 종속변수와 여러 개의 독립변수를 설정한 후 단순회귀분석에서와 같은 방법으로 실행시킨다.

표 12.2a

**모형 요약**

| 모형 | R | R 제곱 | 수정된 R 제곱 | 추정값의 표준 오차 |
|---|---|---|---|---|
| 1 | .831[a] | .691 | .607 | 2.532 |

a. 예측자: (상수), 체중, 신장, 악력

결정계수는 0.691로서 자료는 모형의 약 69.1%를 설명한다고 할 수 있다. 하지만 결정계수는 설명변수의 수를 늘릴수록 그 변수가 유용한 것이든 아니든 높은 값이 되어 가는 문제점이 있다. 「R 제곱」은 독립변수의 수를 보정한 것이 아니므로, 이러한 문제점을 해결하기 위해서 자유도를 조정한 기여율인 「수정된 R 제곱」을 사용하는 것이 효율적이다. 수정된 R 제곱은 다음과 같이 정의된다.

$$R^{*2} = 1 - \frac{n-1}{n-p-1}(1-R^2)$$

여기서 $n$은 자료의 수, $p$는 독립변수의 수, $R^2$은 결정계수이다.

표 12.2b

**ANOVA[a]**

| 모형 | | 제곱합 | 자유도 | 평균제곱 | F | 유의확률 |
|---|---|---|---|---|---|---|
| 1 | 회귀 | 157.904 | 3 | 52.635 | 8.213 | .004[b] |
| | 잔차 | 70.496 | 11 | 6.409 | | |
| | 전체 | 228.400 | 14 | | | |

a. 종속변수: 공던지기

b. 예측자: (상수), 체중, 신장, 악력

분산분석표 〈표 12.2b〉에 의하면 유의확률이 0.004로, 설정된 선형 회귀모형이 유의하다고 할 수 있다.

표 12.2c

계수[a]

| 모형 | | 비표준화 계수 B | 비표준화 계수 표준화 오류 | 표준화 계수 베타 | t | 유의확률 |
|---|---|---|---|---|---|---|
| 1 | (상수) | -13.217 | 17.604 | | -.751 | .469 |
| | 악력 | .201 | .184 | .348 | 1.093 | .298 |
| | 신장 | .171 | .132 | .306 | 1.300 | .220 |
| | 체중 | .125 | .167 | .281 | .750 | .469 |

a. 종속변수: 공던지기

하지만 〈표 12.2c〉에서처럼 각 독립변수들의 유의성과 회귀계수를 살펴보면 유의한 독립변수들은 하나도 없음을 알 수 있다. 이러한 현상은 그 원인의 하나로 설명변수끼리 상관이 높은 것으로 생각할 수 있다. 이를 다중공선성이라고 하는데, 다음 절에서 자세히 살펴보도록 하자.

## 12.3 다중공선성

12.2절의 예제에서처럼 설명변수가 여러 개인 다중회귀분석에서 유의해야 할 점 중 하나가 다중공성선의 문제이다. 설명변수끼리 상관관계가 존재하게 되면 중요한 변수가 중요하지 않는 것처럼 보일 수 있다. 즉, 한 변수가 다른 설명변수와 중복되기 때문에 그 효과가 나타나지 않을 수도 있다는 것이다. 이와 같이, 설명변수끼리 상관이 높은 것을 다중공선성(multicollinearity)이 존재한다고 한다. 다중공선성은 앞 절의 〈그림 11.5〉의 「선형 회귀: 통계량」에서 「공선성 진단」을 선택하면 관련 「공선성 통계량」이 출력된다(〈표 12.2c〉 참고). 결과에 출력되는 다중공선성 통계량으로는 공차한계(tolerance)와 VIR(variance influence factor)이 있다. 공선성이 낮을수록 공차한계값이 높게 나타나고 VIR은 공차한계의 역수로 계산된다.

이 외에도 다중공선성을 살펴보기 위해서는 설명변수끼리 산포도를 그려서 상관성 존재를 시각적으로 파악하든가, 설명변수끼리 상관계수를 구할 수 있다. 만일 설명변수끼리 상관관계가 존재하여 설명변수끼리의 관계식이 존재하게 되면 다중공선성이 존재한다고 할 수 있다. 이러한 현상은 편상관계수(partial correlation coefficient)의 부호가 이변량 상관계수(correlation coefficient)의 부호와 맞지 않는 경우, 편상관계수의 값이 크게 변동하는 경우, 기여율은 높은데 개개의 편상관계수는 통계적으로 유의하지 않는 경우 등이다.

예제

계속) 독립변수들 간에 편상관계수와 이변량 상관계수를 출력하고 이를 해석하시오.

상관분석 프로시저를 이용하여(10장 참고) 독립변수들 간의 이변량 상관계수와 편상관계수를 출력하였다.

표 12.2d 이변량 상관계수

**상관관계**

| | | 악력 | 신장 | 체중 |
|---|---|---|---|---|
| 악력 | Pearson 상관 | 1 | .530* | .846** |
| | 유의확률 (양측) | | .042 | .000 |
| | N | 15 | 15 | 15 |
| 신장 | Pearson 상관 | .530* | 1 | .694** |
| | 유의확률 (양측) | .042 | | .004 |
| | N | 15 | 15 | 15 |
| 체중 | Pearson 상관 | .846** | .694** | 1 |
| | 유의확률 (양측) | .000 | .004 | |
| | N | 15 | 15 | 15 |

*. 상관관계가 0.05 수준에서 유의합니다(양측).

**. 상관관계가 0.01 수준에서 유의합니다(양측).

표 12.2e 편상관계수

**상관관계**

| 대조변수 | | | 체중 | 악력 |
|---|---|---|---|---|
| 신장 | 체중 | 상관관계 | 1.000 | .784 |
| | | 유의확률(양측) | . | .001 |
| | | 자유도 | 0 | 12 |
| | 악력 | 상관관계 | .784 | 1.000 |
| | | 유의확률(양측) | .001 | . |
| | | 자유도 | 12 | 0 |

표 12.2e 편상관계수(계속)

**상관관계**

| 대조변수 | | | 신장 | 체중 |
|---|---|---|---|---|
| 악력 | 신장 | 상관관계 | 1.000 | .544 |
| | | 유의확률(양측) | . | .044 |
| | | 자유도 | 0 | 12 |
| | 체중 | 상관관계 | .544 | 1.000 |
| | | 유의확률(양측) | .044 | . |
| | | 자유도 | 12 | 0 |

**상관관계**

| 대조변수 | | | 악력 | 신장 |
|---|---|---|---|---|
| 체중 | 악력 | 상관관계 | 1.000 | -.151 |
| | | 유의확률(양측) | . | .606 |
| | | 자유도 | 0 | 12 |
| | 신장 | 상관관계 | -.151 | 1.000 |
| | | 유의확률(양측) | .606 | . |
| | | 자유도 | 12 | 0 |

〈표 12.2d〉의 이변량 상관관계를 살펴보면 모두 양의 상관관계를 보이며 조사된 상관관계가 유의함을 볼 수 있는 반면, 〈표 12.2e〉의 편상관관계에서는 체중(X3)을 통제하였을 때 악력(X1)과 신장(X2)의 상관관계는 음수가 나왔으며 유의하지 않았다($p = 0.606$). 이를 해결하기 위해서는 일부의 설명변수를 제거하거나 다중공선성을 약하게 하는 데이터를 추가하는 방법 등이 있다.

## 12.4 변수선택법

다중공선성 문제와 설명변수의 수를 늘릴수록 높은 R 제곱값을 갖게 되는 문제점과 관련하여, 고려할 수 있는 설명변수의 수를 줄여서 최적 모형을 찾을 수 있도록 설명변수를 선택하는 방법에 대해 알아보자.

설명변수를 선택하는 방법에는 단계선택법, 전진 선택법, 후진 제거법 등이 있으며, SPSS에서는 선형회귀 프로시저 〈그림 12.1a〉에서 「독립변수」의 「방법」에서 선택할 수 있다.

후진제거법(backward elimination procedure)은 모든 변수를 포함시켜 규모가 큰 회귀방정식으로부터 출발하여 중요하지 않다고 판단되는 변수를 하나씩 제거하여 나가면서, 더 이상 제거시킬 변수가 없을 때 중단하고 남아있는 변수들을 중요한 변수로 선택하는 방법이다. 전진선택법(forward selection procedure)은 모든 가능한 회귀방정식을 비교하지 않고 중요하다고 판단되는 변수들을 하나씩 추가시켜 나가면서 더 이상 추가시킬 필요가 없을 경우 중단하는 방법이다. 단계선택법(stepwise procedure)은 중요한 변수를 하나씩 추가 선택하여 나가면서 미리 들어간 변수가 새로운 변수가 들어가면서 중요성을 상실하여 밖으로 나오게 되는가를 단계별로 검토하는 선택방법이다. 이 방법은 전진선택법을 보완한 방법이라고 볼 수 있으며 바람직한 변수선택방법으로 가장 많이 사용된다.

예제

계속) 세 개의 독립변수가 서로 상관이 있다는 것이 파악되었다. 이를 해결하기 위하여 단계선택법을 이용하여 변수를 선택하여 회귀식을 구하시오.

〈그림 12.1a〉의 「방법」에서 '단계선택'을 선택한 후, 실행시킨다.

표 12.3

**모형 요약**

| 모형 | R | R 제곱 | 수정된 R 제곱 | 추정값의 표준오차 |
|---|---|---|---|---|
| 1 | .788[a] | .621 | .592 | 2.581 |

a. 예측자: (상수), 체중

**계수[a]**

| 모형 | | 비표준화 계수 B | 비표준화 계수 표준화 오류 | 표준화 계수 베타 | t | 유의확률 |
|---|---|---|---|---|---|---|
| 1 | (상수) | 9.596 | 3.660 | | 2.622 | .021 |
| | 체중 | .350 | .076 | .788 | 4.614 | .000 |

a. 종속변수: 공던지기

단계선택법을 이용하여 변수선택결과 체중만 선택되었다. 해석 시 유의할 점은, 다른 변수들이 선택되지 않았다고 해서 선택되지 않은 다른 변수들이 전혀 상관이 없다고 해석하면 안 된다. 단지 체중이 악력과 상관관계가 존재하고 신장과도 상관관계가 존재하여 공던지기를 설명하는 데 있어서 체중만 사용하면 되고 신장과 악력은 불필요할 뿐이다.

## 12.5 연습문제

1. 다음 용어를 설명하시오.
   (1) 다중회귀모형
   (2) 다중공선성
   (3) 변수선택법

2. 어느 공정에서 나오는 제품의 강도가 그 공정의 온도와 압력에 어떠한 영향을 받는가를 조사하기 위하여 다음의 데이터를 얻었다. 자료를 이용하여 다중회귀모형을 적합시키고 이를 해석하시오.

| 공정온도 | 공정압력 | 강도 |
|---|---|---|
| 195 | 57 | 81.4 |
| 179 | 61 | 122.2 |
| 205 | 60 | 101.7 |
| 204 | 62 | 175.6 |
| 201 | 61 | 150.3 |
| 184 | 54 | 64.8 |
| 210 | 58 | 92.1 |
| 209 | 61 | 113.8 |

# 제13장

# 분할표 분석과 $\chi^2$-분석

13장에서는 설문에서 가장 많이 사용되는 방법 중 하나인 분할표 형태의 자료를 분석하는 분할표 분석에 대해서 알아보고자 한다. 분할표(contingency table) 혹은 교차표는 실험대상을 택하여 각 해당되는 범주에 속하는 도수를 표현한 표를 말한다. 우선 가장 간단한 형태의 분할표인 $2 \times 2$ 분할표를 분석하는 것에 대하여 알아보고, 이것의 확장개념인 $I \times J$ 분할표에 대한 분석방법에 대하여 알아보도록 한다.

## 13.1 $\chi^2$–분포

분할표 자료에 대한 검정은 $\chi^2$–분포(chi–square distribution)를 따르는 검정통계량을 사용하는데, 이 분포는 정규분포로부터 유도된다.

만일 확률변수 $Y$가 평균이 $\mu$이고, 분산이 $\sigma^2$인 정규분포를 따른다고 가정하자. 다음과 같이 표준화한 자료를 고려해볼 수 있다.

$$z = \frac{y - \mu}{\sigma}$$

각각의 표준화한 자료에 대하여 $z^2$의 값을 얻을 수 있다. 만일 한 개의 $z^2$가 추출(sampling)되었을 때, 이를 자유도가 1인 $\chi^2$–분포를 따른다고 한다. 즉,

$$\chi^2_{(1)} = \left(\frac{y - \mu}{\sigma}\right)^2 = z^2$$

이다. 또한 $\chi^2$–분포는 $n$개의 자료에 대해서 자유도가 $n$인 $\chi^2$–분포를 따르는 가법적(additive)인 성질이 있다.

$$\chi^2_{(n)} = z_1^2 + z_2^2 + \cdots + z_n^2$$

$\chi^2$–분포도 자유도에 따라 그 분포 모양이 변화하게 되며, 표본의 크기가 커지면 정규분포의 모양에 접근해 가게 된다. $\chi^2$ 검정은 범주형 자료에 대한 분할표에 적절한 통계량이다.

범주형 자료에 대한 가설은 두 개의 변수가 서로 독립인지를 밝히고자 하는 것이다. 예를 들어, 확률변수 $X$와 $Y$가 각각 2개의 범주로 이루어진 $2 \times 2$ 분할표 아래 표

(a)와 같이 얻어졌다고 하자. $Y$ 변수에 대해서는 두 그룹을 각각 50명씩 조사하여 $X$ 변수의 어느 범주에 속하는지를 나타낸 것이다. 만일, 두 변수 간에 상관성이 없다면 표 (b)의 결과를 보여줄 것이다. 즉, 표 (a)에서 $Y$ 변수는 전체 관측비율이 각각 0.5로 고정되어 있고, $X$ 변수의 전체 관측 비율이 각각 0.46과 0.54이므로, 만일 $X$ 변수와 $Y$ 변수가 서로 상관이 없다면, $Y$ 변수를 각 범주로 나누어 $X$ 변수를 관측하였을 때에도 그 비율은 변하지 않을 것이다. 따라서 $X$ 변수와 $Y$ 변수가 서로 상관이 없다면, X1과 Y1에 해당하는 셀의 도수는 0.5×0.46×100=23이 되고, X2와 Y1에 해당하는 셀의 도수는 0.5×0.54×100=27이 된다.

| | X1 | X2 | 합 |
|---|---|---|---|
| Y1 | 38 | 12 | 50 |
| Y2 | 8 | 42 | 50 |
| 합 | 46 | 54 | 100 |

(a) 관측도수의 예

| | X1 | X2 | 합 |
|---|---|---|---|
| Y1 | 23 | 27 | 50 |
| Y2 | 23 | 27 | 50 |
| 합 | 46 | 54 | 100 |

(b) 기대도수의 예

관측도수와 기대도수와의 차이가 커질수록 두 변수가 상관이 있다고 볼 수도 있다. 만일 $I$개의 범주로 이루어진 변수 $X$와 $J$개의 범주로 이루어진 변수 $Y$ 간에 상관관계가 있는지를 살펴본다면, 자료의 형태는 $I \times J$ 분할표로 얻어질 것이다. 이때 $X$ 변수의 $i$번째 범주와 $Y$ 변수의 $j$번째 범주에 해당되는 셀의 관측값이 $O_{ij}$이고 해당 셀의 기댓값이 $E_{ij}$라고 할 때, 모든 셀에 대한 통계량

$$X^2 = \sum_i \sum_j \left[ \frac{(O_{ij} - E_{ij})^2}{E_{ij}} \right]$$

은 귀무가설하에서 자유도 $(I-1)(J-1)$인 $\chi^2$–분포를 따른다. 분석 결과 $X^2$값이 커지면 기댓값과 실제값의 차이가 크다는 것을 의미하며 동시에 두 변수가 서로 상관도가 높다는 것을 의미하게 된다.

## 13.2 2×2 교차표에 대한 분석

### 13.2.1 $\chi^2$ 검정과 Fisher의 정확검정

2×2 분할표의 검정방법에서는 Fisher의 정확검정과 $\chi^2$ 검정이 있다. 일반적으로, $\chi^2$ 검정은 각 셀의 도수가 5 이상인 경우 사용하고, 적어도 하나의 셀의 도수가 5 미만인 경우에는 Fisher의 정확검정을 사용한다. 의학분야에서 특정 질병에 대해 조사할 경우, 만일 그 질병이 희귀한 질병일 때, 발병할 케이스의 수는 5 미만일 수 있다. 다음 예제를 통하여 2×2 분할표의 SPSS를 이용한 분석방법과 해석에 대해서 알아보고자 한다.

**예제**

어떤 기업이 주부용으로 개발한 상품의 인지도를 조사하게 위하여 A 상품의 존재를 알고 있는지를 조사하였다. 조사대상자는 아이가 있는 주부(I)와 아이가 없는 주부(II)가 각각 500명씩 무작위로 추출된 1000명의 주부이다. 다음 표는 조사 결과를 정리한 분할표이다.

ch13-1.sav

| | I | II | 합계 |
|---|---|---|---|
| 알고 있다 | 457 | 446 | 903 |
| 모른다 | 43 | 54 | 97 |
| 합계 | 500 | 500 | 1000 |

위 예제의 귀무가설은 '아이가 있는 주부와 아이가 없는 주부의 상표 인지도 차이가 없다'이다. 이 가설에 대한 빈도분석을 실시해보도록 하자. 위 자료는 요약된 형태의 분할표 자료이므로 〈그림 13.1〉과 같이 입력한 후, 가중값을 '도수' 변수에 부여한 후 분석하면 된다(1.6.4절 참고).

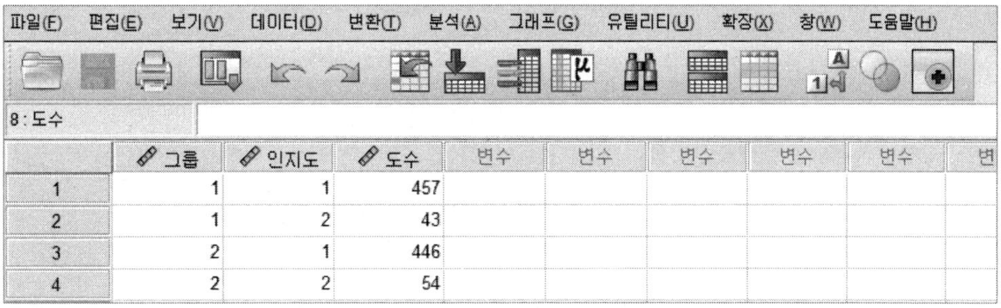


그림 13.1 분할표의 자료입력

빈도표를 분석하기 위한 교차분석의 과정은 다음과 같다.

**분석 → 기술통계량 → 교차분석**

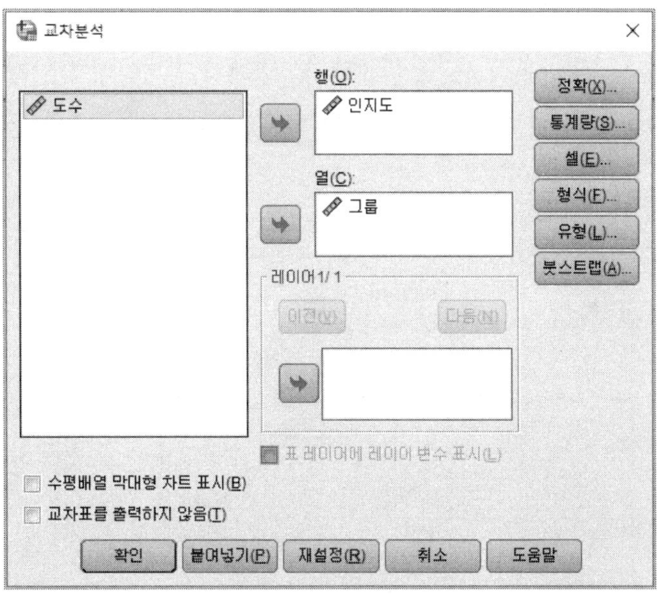


그림 13.2a 교차분석

**교차분석.** 나타내고자 하는 분할표의 모양을 행과 열변수를 나타낼 수 있다.

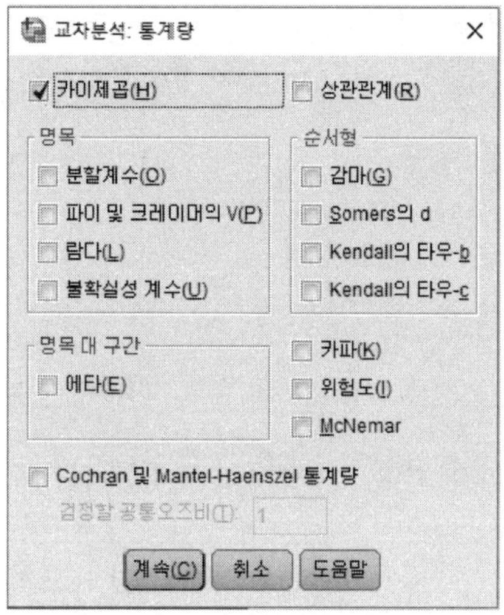


그림 13.2b 교차분석 통계량

**교차분석: 통계량.** 분할표에 대한 검정통계량을 나타내기 위해서는 〈그림 13.2b〉와 같이 통계량에서 카이제곱을 선택한다. McNemar 통계량에 대해서는 13.2.2절에서 다루고 있다.

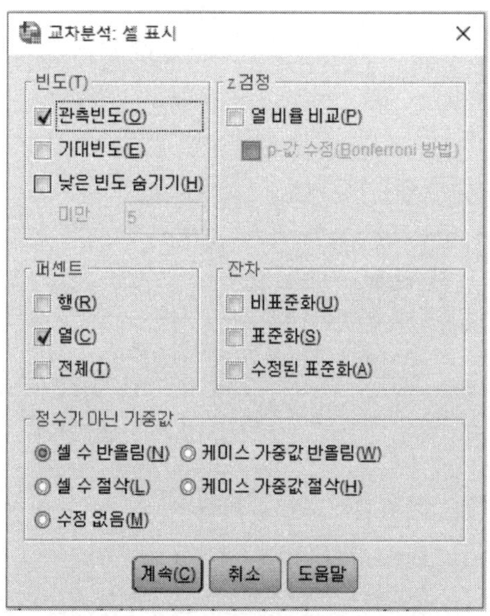


그림 13.2c 교차분석: 셀 표시

**교차분석: 셀 표시.** 〈그림 13.2c〉에서와 같이 교차분석의 「셀」에서는 교차분석에 의한 분할표를 출력할 때, 각 셀에 대한 기댓값이나 잔차 등을 같이 표현할 수 있게 한

다. 예제에서는 열에 대한 주변 합이 고정되었으므로 각 그룹에 대한 인지도를 살펴보기 위하여 열에 대한 퍼센트만을 표현하는 것이 바람직하다.

〈표 13.1a〉와 〈표 13.1b〉에서와 같이 교차분석은 기본적으로 분할표와 선택한 통계량을 근거로 검정 결과를 나타낸다. 분할표에서는 열에 대한 퍼센트를 나타낸 결과가 있다. 전체적으로는 A 상품에 대한 인지도가 90.3%인데 아이가 있는 주부들에서 A 상품에 대한 인지도는 91.4%이고, 아이가 없는 주부들에 대한 A 상품에 대한 인지도는 89.2%이다.

표 13.1a 교차표

**인지도 * 그룹 교차표**

| | | | 그룹 | | |
|---|---|---|---|---|---|
| | | | 1 | 2 | 전체 |
| 인지도 | 1 | 빈도 | 457 | 446 | 903 |
| | | 그룹 중 % | 91.4% | 89.2% | 90.3% |
| | 2 | 빈도 | 43 | 54 | 97 |
| | | 그룹 중 % | 8.6% | 10.8% | 9.7% |
| 전체 | | 빈도 | 500 | 500 | 1000 |
| | | 그룹 중 % | 100.0% | 100.0% | 100.0% |

표 13.1b 교차분석 검정통계량

**카이제곱 검정**

| | 값 | 자유도 | 근사 유의확률 (양측검정) | 정확 유의확률 (양측검정) | 정확 유의확률 (단측검정) |
|---|---|---|---|---|---|
| Pearson 카이제곱 | 1.381[a] | 1 | .240 | | |
| 연속성 수정[b] | 1.142 | 1 | .285 | | |
| 우도비 | 1.384 | 1 | .239 | | |
| Fisher의 정확검정 | | | | .285 | .143 |
| 선형 대 선형결합 | 1.380 | 1 | .240 | | |
| 유효 케이스 수 | 1000 | | | | |

a. 0 셀 (0.0%)은(는) 5보다 작은 기대 빈도를 가지는 셀입니다. 최소 기대빈도는 48.50입니다.

b. 2x2 표에 대해서만 계산됨

〈표 13.1b〉의 결과로부터 Pearson의 카이제곱에 대한 유의확률 $p-$값은 0.240이므로 유의수준 0.05 하에서 $p-$값이 유의수준보다 크게 나타났으므로 귀무가설은 기각되지 않는다. 따라서 아이가 있는 주부와 아이가 없는 주부 그룹 간에 A 상품에 대한 인지도 차이는 없다고 할 수 있다. 〈표 13.1b〉의 결과에서 연속성 수정 검정은 $2\times2$ 분할표에서만 설명되는 것으로, $p-$값을 직접 구하지 않고 연속성 수정방법을

이용하여 $\chi^2$-분포로 근사시켜 구한 $p$-값을 사용한다. 그러나 최근에는 통계 소프트웨어를 사용하여 상당히 큰 표본의 경우에 대해서도 각 셀에 대해 $p$-값을 계산하는 것이 가능해졌기 때문에 이 근사방법을 사용할 필요가 없어졌다.

예제

다음 자료는 고속도로 자동차 사고에서 안전벨트 착용 여부에 따라 부상정도를 나타낸 것이다. 안전벨트 착용여부에 따라 부상정도가 달라지는지를 분석하시오.

ch13-2.sav

| | 중상 | 경상 |
|---|---|---|
| 안전벨트 미착용 | 1,723 | 173,214 |
| 안전벨트 착용 | 521 | 213,241 |

풀이 교차분석을 이용하여 카이제곱 검정결과 다음과 같이 나타났다.

표 13.2a 교차표

**안전벨트 착용여부 * 부상정도 교차표**

| | | | 부상정도 | | |
|---|---|---|---|---|---|
| | | | 경상 | 중상 | 전체 |
| 안전벨트 착용여부 | 미착용 | 빈도 | 173214 | 1723 | 174937 |
| | | 기대빈도 | 173927.1 | 1009.9 | 174937.0 |
| | | 부상정도 중 % | 44.8% | 76.8% | 45.0% |
| | | 전체 중 % | 44.6% | 0.4% | 45.0% |
| | | 수정된 잔차 | -30.3 | 30.3 | |
| | 착용 | 빈도 | 213241 | 521 | 213762 |
| | | 기대빈도 | 212527.9 | 1234.1 | 213762.0 |
| | | 부상정도 중 % | 55.2% | 23.2% | 55.0% |
| | | 전체 중 % | 54.9% | 0.1% | 55.0% |
| | | 수정된 잔차 | 30.3 | -30.3 | |
| 전체 | | 빈도 | 386455 | 2244 | 388699 |
| | | 기대빈도 | 386455.0 | 2244.0 | 388699.0 |
| | | 부상정도 중 % | 100.0% | 100.0% | 100.0% |
| | | 전체 중 % | 99.4% | 0.6% | 100.0% |

위 표는 부상정도에 따라서 안전벨트의 착용이 어떠했는지를 보기 위해서 부상정도의 퍼센트를 출력하였다. 분포의 상태를 파악하기 위해 수정된 표준화 잔차를 출력하였다. 중상인 경우에는 전체적으로는 0.6%에 지나지 않지만 그중 안전벨트 미착용이

76.8%로 나타났고, 수정된 잔차를 통해서 안전벨트 미착용에서는 중상이 많이 나타났고, 경상에서는 안전벨트 착용이 상대적으로 많이 나타났다.

표 13.2b 교차분석 검정통계량

카이제곱 검정

| | 값 | 자유도 | 근사 유의확률 (양측검정) | 정확 유의확률 (양측검정) | 정확 유의확률 (단측검정) |
|---|---|---|---|---|---|
| Pearson 카이제곱 | 920.812[a] | 1 | .000 | | |
| 연속성 수정[b] | 919.521 | 1 | .000 | | |
| 우도비 | 947.583 | 1 | .000 | | |
| Fisher의 정확검정 | | | | .000 | .000 |
| 선형 대 선형결합 | 920.810 | 1 | .000 | | |
| 유효 케이스 수 | 388699 | | | | |

a. 0 셀 (0.0%)은(는) 5보다 작은 기대 빈도를 가지는 셀입니다. 최소 기대빈도는 1009.93입니다.

b. 2x2 표에 대해서만 계산됨

검정결과는 유의확률이 0.000으로 안전벨트 착용여부가 부상정도에 영향을 미친다고 할 수 있다. 아래 그림은 케이스의 퍼센트를 수평누적 막대도표를 표현한 것인데(2장 참조), 그림을 통해서도 안전벨트 착용여부가 부상정도에 영향을 미치는 것을 알 수 있다.

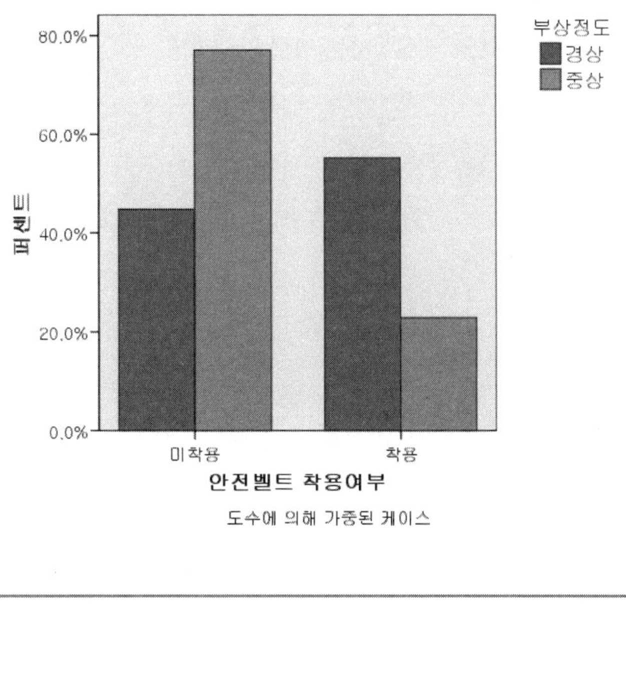

2×2 분할표에서 계산되는 또 하나의 검정통계량은 Fisher의 정확검정(Fisher's Exact test)이다. 최소빈도가 5 미만인 경우에는 정밀도가 나빠져서 결과를 신용할 수 없다. Fisher의 정확검정법은 최소빈도가 5 미만인 경우에 사용하는 검정법이다. 다음 예제를 통해서 살펴보도록 하자.

예제

다음 표의 자료는 후두암을 치료하는 데 있어 수술과 방사선 치료를 비교하는 연구결과이다.

ch13-3.sav

| | 후두암 | |
|---|---|---|
| | 후두암 치료됨 | 치료안됨 |
| 수술 | 21 | 2 |
| 방사선 치료 | 15 | 3 |

위 자료의 귀무가설을 '수술에 의한 후두암 치료효과와 방사선 치료에 의한 후두암 치료효과 간 차이가 없다'라고 설정하고 두 가지 치료방법에 차이가 있는지를 교차분석을 실시해보기로 하자. 실행하는 방법은 〈그림 13.1〉과 〈그림 13.2〉와 같으므로 생략하였다.

표 13.3a 교차분석결과: 교차표

**치료방법 * 후두암 교차표**

| | | | 후두암 | | |
|---|---|---|---|---|---|
| | | | 치료안됨 | 후두암치료됨 | 전체 |
| 치료방법 | 수술 | 빈도 | 2 | 21 | 23 |
| | | 후두암 중 % | 40.0% | 58.3% | 56.1% |
| | 방사선치료 | 빈도 | 3 | 15 | 18 |
| | | 후두암 중 % | 60.0% | 41.7% | 43.9% |
| 전체 | | 빈도 | 5 | 36 | 41 |
| | | 후두암 중 % | 100.0% | 100.0% | 100.0% |

〈표 13.3a〉로부터 수술에 의해서 치료를 받은 사람은 전체 치료받은 사람 중에

58.3%이고, 방사선 치료에 의해 후두암이 치료된 사람은 41.7%임을 알 수 있다.

표 13.3b 교차분석 결과

**카이제곱 검정**

| | 값 | 자유도 | 근사 유의확률 (양측검정) | 정확 유의확률 (양측검정) | 정확 유의확률 (단측검정) |
|---|---|---|---|---|---|
| Pearson 카이제곱 | .599[a] | 1 | .439 | | |
| 연속성 수정[b] | .086 | 1 | .769 | | |
| 우도비 | .595 | 1 | .441 | | |
| Fisher의 정확검정 | | | | .638 | .381 |
| 선형 대 선형결합 | .585 | 1 | .445 | | |
| 유효 케이스 수 | 41 | | | | |

a. 2 셀 (50.0%)은(는) 5보다 작은 기대 빈도를 가지는 셀입니다. 최소 기대빈도는 2.20입니다.

b. 2x2 표에 대해서만 계산됨

〈표 13.3b〉에서와 같이 두 개의 셀이 5보다 작은 빈도를 가지므로 「Fisher의 정확검정」의 결과를 이용한다. $p$ − 값은 0.638로, 유의수준 0.05하에서 $p$ − 값이 유의수준보다 크게 나타났으므로 귀무가설을 기각하지 못한다. 따라서 후두암의 치료하는 데 있어 수술에 의한 것과 방사선 치료에 의한 것은 차이가 없다고 할 수 있다.

**예제**

다음은 도시 규모와 도시 특성에 따라 그 분포를 나타낸 것이다. 도시 규모와 특성 간에 서로 상관이 있다고 할 수 있는지를 분석하시오.

ch13-4.sav

| | 공업도시 | 상업도시 | 합 |
|---|---|---|---|
| 대도시 | 7 | 3 | 10 |
| 소도시 | 3 | 7 | 10 |
| 합 | 10 | 10 | 20 |

**풀이** 두 개의 셀이 5보다 작은 빈도를 형성하므로 Fisher의 정확검정의 결과를 이용한다.

**도시규모 * 도시특성 교차표**

| | | | 도시특성 | | |
|---|---|---|---|---|---|
| | | | 공업도시 | 상업도시 | 전체 |
| 도시규모 | 대도시 | 빈도 | 7 | 3 | 10 |
| | | 기대빈도 | 5.0 | 5.0 | 10.0 |
| | | 도시특성 중 % | 70.0% | 30.0% | 50.0% |
| | | 수정된 잔차 | 1.8 | -1.8 | |
| | 소도시 | 빈도 | 3 | 7 | 10 |
| | | 기대빈도 | 5.0 | 5.0 | 10.0 |
| | | 도시특성 중 % | 30.0% | 70.0% | 50.0% |
| | | 수정된 잔차 | -1.8 | 1.8 | |
| 전체 | | 빈도 | 10 | 10 | 20 |
| | | 기대빈도 | 10.0 | 10.0 | 20.0 |
| | | 도시특성 중 % | 100.0% | 100.0% | 100.0% |

**카이제곱 검정**

| | 값 | 자유도 | 근사 유의확률 (양측검정) | 정확 유의확률 (양측검정) | 정확 유의확률 (단측검정) |
|---|---|---|---|---|---|
| Pearson 카이제곱 | 3.200[a] | 1 | .074 | | |
| 연속성 수정[b] | 1.800 | 1 | .180 | | |
| 우도비 | 3.291 | 1 | .070 | | |
| Fisher의 정확검정 | | | | .179 | .089 |
| 선형 대 선형결합 | 3.040 | 1 | .081 | | |
| 유효 케이스 수 | 20 | | | | |

a. 0 셀 (0.0%)은(는) 5보다 작은 기대 빈도를 가지는 셀입니다. 최소 기대빈도는 5.00입니다.

b. 2x2 표에 대해서만 계산됨

위 결과를 통해서 기대도수가 5이므로 Fisher의 정확검정에 대한 결과로서 해석한다. 결과에 의하면 유의확률이 0.179로 0.05보다 크게 나타났으므로 "도시 규모와 특성 간에는 상관성이 없다"는 귀무가설을 기각하지 못한다. 따라서 도시규모와 도시의 특성 간에는 상관성이 없다고 할 수 있다.

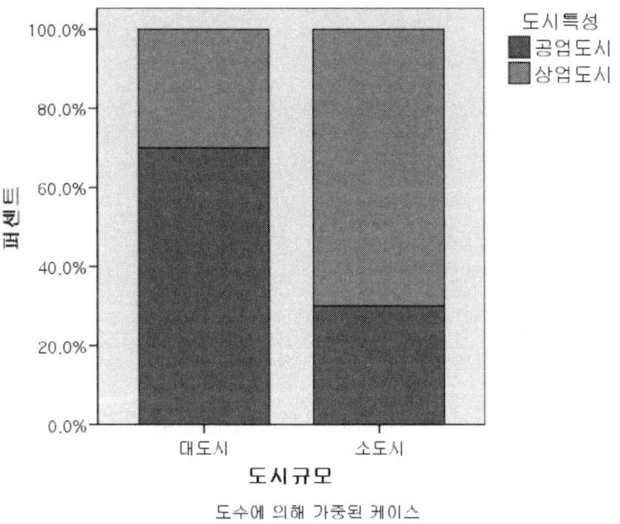


그래프를 살펴보면, 대도시에는 공업도시가 많고 소도시에 상업도시가 많게 조사되었으나, 통계적 유의한 차이는 보이지 않았다.

## 13.2.2 McNemar 검정

〈표 13.4〉와 같은 자료를 살펴보자. 〈표 13.4〉는 투표권이 있는 캐나다 시민들 중에서 뽑은 1600명의 임의표본을 대상으로 국무총리의 임무수행에 관한 의견을 조사한 자료이다. 이들 중의 944명이 긍정적인 반응을 보였다. 6개월 후에 동일한 1600명에 대하여 같은 조사했을 때에는 이들 중에서 880명이 찬성했다. 두 번에 걸쳐 조사된 표본들은 동일한 개체로 이루어져 있고, 두 표본이 서로 종속되어 있음을 알 수 있다. 이렇게 한 표본의 관측값이 다른 표본의 관측값과 쌍을 이루는 경우, 관측값들의 쌍을 대응쌍(matched pairs)이라고 한다. McNemar 검정은 대응쌍을 이루는 2×2 분할표 자료를 분석하는 방법이다.

예제

다음 자료를 통해 국무총리 임무수행의 평가가 6개월 후에도 처음과 같은지를 검정하시오.

표 13.4 국무총리 임무수행에 대한 평가

ch13-5.sav

| 첫 번째 투표 | 두 번째 투표 찬성 | 반대 | 합계 |
|---|---|---|---|
| 찬성 | 794 | 150 | 944 |
| 반대 | 86 | 570 | 656 |
| 합계 | 880 | 720 | 1600 |

위 자료를 통해서 첫 번째 투표에서의 찬성률과 두 번째 투표에서의 찬성률이 같은지를 살펴보고자 한다.

**첫번째 투표 * 두번째 투표 교차표**

| | | | 두번째 투표 찬성 | 반대 | 전체 |
|---|---|---|---|---|---|
| 첫번째 투표 | 찬성 | 빈도 | 794 | 150 | 944 |
| | | 전체 중 % | 49.6% | 9.4% | 59.0% |
| | 반대 | 빈도 | 86 | 570 | 656 |
| | | 전체 중 % | 5.4% | 35.6% | 41.0% |
| 전체 | | 빈도 | 880 | 720 | 1600 |
| | | 전체 중 % | 55.0% | 45.0% | 100.0% |

**카이제곱 검정**

| | 값 | 정확 유의확률 (양측검정) |
|---|---|---|
| McNemar 검정 | | .000[a] |
| 유효 케이스 수 | 1600 | |

a. 이항분포를 사용함.

표 13.5 McNemar 검정결과

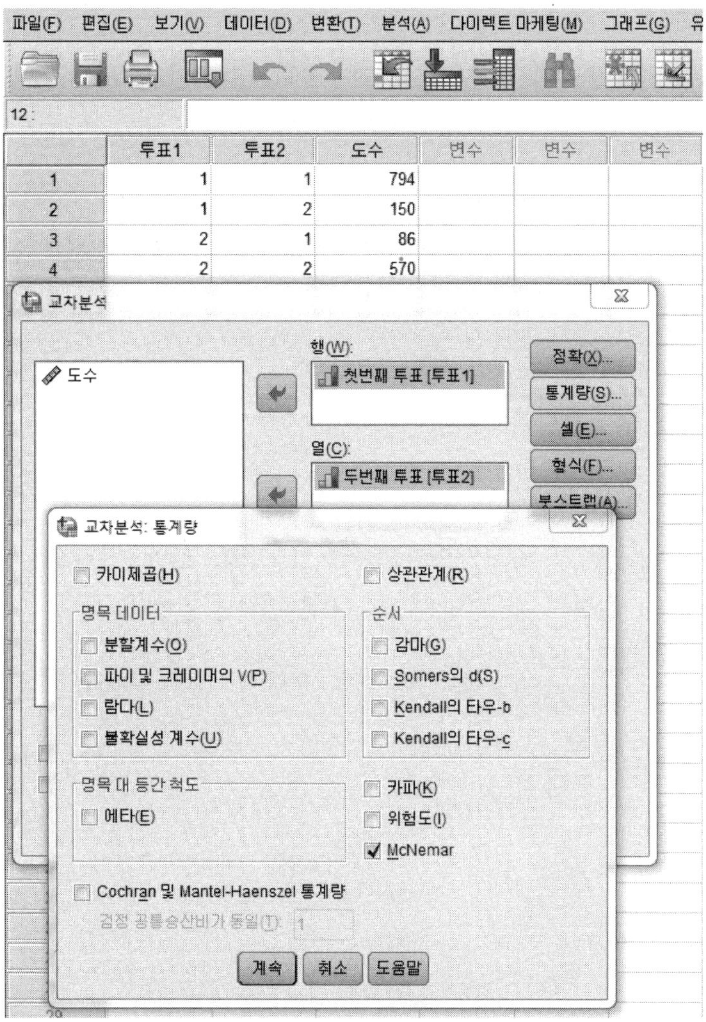


그림 13.3 McNemar 검정

앞 절과 같은 방법으로 실행한 후, 〈그림 13.3〉에서처럼 McNemar 검정을 실시하여 〈표 13.5〉의 결과를 얻었다. 첫 번째 투표에서는 찬성률이 59%인데 반해 두 번째 투표 결과 찬성률은 55%로 조사되었다. McNemar 검정 결과는 $p-$값이 0.000으로서 유의수준 0.05하에서 $p-$값이 작게 나타났으므로 귀무가설이 기각된다. 따라서 첫 번째 투표와 두 번째 투표에서 국무총리에 대한 찬성률이 다르다고 할 수 있다.

예제

다음 자료는 부부를 대상으로 그들의 선호정당이 어떠한지를 조사하였다. 부부 간의 선호정당이 같다고 할 수 있는지를 분석하시오.

ch13-6.sav

| 아내선호정당 / 남편선호정당 | 민주당 | 공화당 |
|---|---|---|
| 민주당 | 200 | 25 |
| 공화당 | 75 | 200 |

부부가 하나의 대응쌍으로 조사되었으므로 주변 동질성을 파악하기 위해서 McNemar 검정을 실시하여 다음과 같은 결과를 얻었다.

**남편 선호 정당 * 아내 선호 정당 교차표**

| | | | 아내 선호 정당 | | |
|---|---|---|---|---|---|
| | | | 민주당 | 공화당 | 전체 |
| 남편 선호 정당 | 민주당 | 빈도 | 200 | 25 | 225 |
| | | 기대빈도 | 123.8 | 101.3 | 225.0 |
| | | 전체 중 % | 40.0% | 5.0% | 45.0% |
| | 공화당 | 빈도 | 75 | 200 | 275 |
| | | 기대빈도 | 151.3 | 123.8 | 275.0 |
| | | 전체 중 % | 15.0% | 40.0% | 55.0% |
| 전체 | | 빈도 | 275 | 225 | 500 |
| | | 기대빈도 | 275.0 | 225.0 | 500.0 |
| | | 전체 중 % | 55.0% | 45.0% | 100.0% |

남편의 민주당 선호도는 45%, 공화당의 선호도가 55%인 반면, 아내의 민주당 선호도는 55%, 공화당 선호도는 45%로 남편과 아내가 서로 다른 양상을 보이고 있다.

**카이제곱 검정**

| | 값 | 정확 유의확률 (양측검정) |
|---|---|---|
| McNemar 검정 | | .000[a] |
| 유효 케이스 수 | 500 | |

a. 이항분포를 사용함.

McNemar 검정결과에서도 유의확률 0.000으로 유의한 차이를 보이고 있다. 따라서 남편의 선호정당과 아내의 선호정당이 서로 같다고 할 수 없다.

## 13.3 I×J 분할표에 대한 분석

$2\times2$ 분할표의 확장형태인 $I\times J$ 분할표에 대한 분석은 Fisher의 정확검정방법, McNemar 검정법이 적용되지 않는다. 다음 예제를 통해서 $I\times J$ 분할표에 대한 분석 및 해석 방법을 알아보도록 하자.

**예제**

A, B, C, D 네 반에 대하여 취미조사를 실시한 결과이다. 각 반의 취미경향이 같다고 할 수 있는지를 검정하고자 한다.

**ch13-7.sav**

| | A | B | C | D |
|---|---|---|---|---|
| 스포츠 | 20 | 6 | 7 | 9 |
| 독서 | 6 | 33 | 14 | 7 |
| 음악 | 9 | 7 | 29 | 8 |
| 영화 | 8 | 8 | 10 | 24 |

자료의 입력 형태 〈그림 13.4〉와 같이 $2\times2$ 분할표의 입력방식에서 확장된 형식이다. 실행 순서는 13.2절에 소개된 방법과 같으므로 생략하기로 한다. 이에 대한 결과는 〈표 13.5a〉와 같이 나타났다.

| | 취미 | 반 | 빈도 |
|---|---|---|---|
| 1 | 1 | A | 20 |
| 2 | 1 | B | 6 |
| 3 | 1 | C | 7 |
| 4 | 1 | D | 9 |
| 5 | 2 | A | 6 |
| 6 | 2 | B | 33 |
| 7 | 2 | C | 14 |
| 8 | 2 | D | 7 |
| 9 | 3 | A | 9 |
| 10 | 3 | B | 7 |
| 11 | 3 | C | 29 |
| 12 | 3 | D | 8 |
| 13 | 4 | A | 8 |
| 14 | 4 | B | 8 |
| 15 | 4 | C | 10 |
| 16 | 4 | D | 24 |

그림 13.4 I×J 분할표 자료입력

표 13.5a 교차표

**취미 * 반 교차표**

| | | | 반 | | | | |
|---|---|---|---|---|---|---|---|
| | | | A | B | C | D | 전체 |
| 취미 | 스포츠 | 빈도 | 20 | 6 | 7 | 9 | 42 |
| | | 취미 중 % | 47.6% | 14.3% | 16.7% | 21.4% | 100.0% |
| | 독서 | 빈도 | 6 | 33 | 14 | 7 | 60 |
| | | 취미 중 % | 10.0% | 55.0% | 23.3% | 11.7% | 100.0% |
| | 음악 | 빈도 | 9 | 7 | 29 | 8 | 53 |
| | | 취미 중 % | 17.0% | 13.2% | 54.7% | 15.1% | 100.0% |
| | 영화 | 빈도 | 8 | 8 | 10 | 24 | 50 |
| | | 취미 중 % | 16.0% | 16.0% | 20.0% | 48.0% | 100.0% |
| 전체 | | 빈도 | 43 | 54 | 60 | 48 | 205 |
| | | 취미 중 % | 21.0% | 26.3% | 29.3% | 23.4% | 100.0% |

각 반의 취미 경향이 같은지를 살펴본 것이므로 〈표 13.5a〉와 같이 행에 대한 퍼센트를 나타내었다. 카이제곱 검정결과 자유도가 $(I-1)(J-1)=\ 3\times 3=9$ 이고, 이에 대한 $p-$값이 0.000으로 유의수준 0.05 하에서 귀무가설이 기각된다(〈표 13.5b〉 참고). 따라서 각 반의 취미의 경향이 다르다고 할 수 있다.

표 13.5b 카이제곱 검정

카이제곱 검정

| | 값 | 자유도 | 근사 유의확률 (양측검정) |
|---|---|---|---|
| Pearson 카이제곱 | 79.457[a] | 9 | .000 |
| 우도비 | 69.903 | 9 | .000 |
| 유효 케이스 수 | 205 | | |

a. 0 셀 (0.0%)은(는) 5보다 작은 기대 빈도를 가지는 셀입니다. 최소 기대빈도는 8.81입니다.

위의 결과로부터, 반마다 어떠한 특색이 있는지 살펴보기 위해 교차분석을 다시 실시하여 〈그림 13.5〉와 같이 수정된 표준화잔차를 살펴보기로 하자. 수정된 표준화잔차를 사용하게 되면 평균이 0, 표준편차가 1인 정규분포에 근사적으로 따르기 때문에 표준화 개념을 이용해 상대적 비교분석을 할 수 있게 한다. 이러한 성질로서 수정된 표준화잔차의 절댓값이 2 이상인 것은 특징적인 것으로 간주해도 좋다.

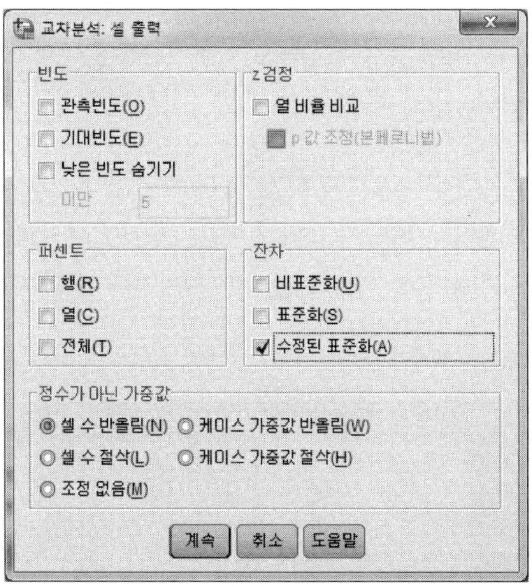


그림 13.5 수정된 표준화잔차 출력

표 13.6 수정된 잔차

**취미 * 반 교차표**

수정된 잔차

| | | 반 A | B | C | D |
|---|---|---|---|---|---|
| 취미 | 스포츠 | 4.8 | -2.0 | -2.0 | -.3 |
| | 독서 | -2.5 | 6.0 | -1.2 | -2.6 |
| | 음악 | -.8 | -2.5 | 4.7 | -1.7 |
| | 영화 | -1.0 | -1.9 | -1.7 | 4.7 |

〈표 13.6〉의 결과로부터,

A 반은 스포츠가 많고 독서가 적다.
B 반은 독서가 많고 음악이 적다.
C 반은 음악이 많고 스포츠가 적다.
D 반은 영화가 많고 독서가 적다.

는 것을 알 수 있다. 위의 분석과정을 초기 분석단계에 같이 선택하여 귀무가설이 기각되었을 때 살펴보는 것이 바람직하다.

예제

250명의 의사를 표본으로 하여 그들의 전공분야와 진료지역에 따라 분류한 결과이다. 전공분야와 진료지역에 따라 서로 연관성이 있는지를 검정하시오.

ch13-8.sav

| | 전공A | 전공B | 전공C | 전공D |
|---|---|---|---|---|
| 북부 | 20 | 18 | 12 | 17 |
| 남부 | 6 | 22 | 15 | 13 |
| 동부 | 4 | 6 | 14 | 11 |
| 서부 | 10 | 19 | 23 | 40 |

**지역 * 전공 교차표**

| | | | 전공 A | B | C | D | 전체 |
|---|---|---|---|---|---|---|---|
| 지역 | 북부 | 빈도 | 20 | 18 | 12 | 17 | 67 |
| | | 기대빈도 | 10.7 | 17.4 | 17.2 | 21.7 | 67.0 |
| | | 지역 중 % | 29.9% | 26.9% | 17.9% | 25.4% | 100.0% |
| | | 수정된 잔차 | 3.6 | .2 | -1.7 | -1.4 | |
| | 남부 | 빈도 | 6 | 22 | 15 | 13 | 56 |
| | | 기대빈도 | 9.0 | 14.6 | 14.3 | 18.1 | 56.0 |
| | | 지역 중 % | 10.7% | 39.3% | 26.8% | 23.2% | 100.0% |
| | | 수정된 잔차 | -1.2 | 2.6 | .2 | -1.7 | |
| | 동부 | 빈도 | 4 | 6 | 14 | 11 | 35 |
| | | 기대빈도 | 5.6 | 9.1 | 9.0 | 11.3 | 35.0 |
| | | 지역 중 % | 11.4% | 17.1% | 40.0% | 31.4% | 100.0% |
| | | 수정된 잔차 | -.8 | -1.3 | 2.1 | -.1 | |
| | 서부 | 빈도 | 10 | 19 | 23 | 40 | 92 |
| | | 기대빈도 | 14.7 | 23.9 | 23.6 | 29.8 | 92.0 |
| | | 지역 중 % | 10.9% | 20.7% | 25.0% | 43.5% | 100.0% |
| | | 수정된 잔차 | -1.7 | -1.5 | -.2 | 2.9 | |
| 전체 | | 빈도 | 40 | 65 | 64 | 81 | 250 |
| | | 기대빈도 | 40.0 | 65.0 | 64.0 | 81.0 | 250.0 |
| | | 지역 중 % | 16.0% | 26.0% | 25.6% | 32.4% | 100.0% |

**카이제곱 검정**

| | 값 | 자유도 | 근사 유의확률 (양측검정) |
|---|---|---|---|
| Pearson 카이제곱 | 27.272[a] | 9 | .001 |
| 우도비 | 25.369 | 9 | .003 |
| 유효 케이스 수 | 250 | | |

a. 0 셀 (0.0%)은(는) 5보다 작은 기대 빈도를 가지는 셀입니다. 최소 기대빈도는 5.60입니다.

카이제곱 검정결과로부터 지역마다 의사들의 전공 분야가 다르게 분포되어 의사들의 전공이 지역과 관련이 있다고 할 수 있다(유의확률=0.001). 교차표의 수정된 잔차를 통해서 북부에는 전공 A인 의사가 많고 남부에는 전공 B인 의사가, 동부에는 전공 C인 의사가 많고 서부에는 전공 D인 의사가 상대적으로 많이 분포되어 있어 지역별 특성을 나타내고 있다.

## 13.4 적합도검정

적합도(goodness of fit)는 실험 또는 관찰로 얻은 결과가 이론과 잘 일치하는 정도를 나타내며 관측값들이 어떤 이론적 분포를 따르고 있는지를 검정하는 것을 적합도검정이라고 한다.

**분석 → 비모수 검정 → 레거시 대화상자 → 카이제곱검정 → 검정변수와 기댓값 선택**

예제

다음은 한 주일 동안 어느 병원의 응급실에서 응급 처치된 환자를 처치된 요일별로 분류한 결과이다. 응급처치된 환자의 수는 요일과 무관하다는 귀무가설을 유의수준 5%에서 검정하시오.

ch13-9.sav

| 요일 | 월 | 화 | 수 | 목 | 금 | 토 | 일 |
|---|---|---|---|---|---|---|---|
| 환자수 | 188 | 201 | 179 | 210 | 200 | 206 | 207 |

예제의 귀무가설은 "응급실에서 처치되는 환자 수는 요일마다 다르지 않다" 이다.

**카이제곱 검정.** 〈그림 13.6a〉에서와 같이 검정변수를 설정한 후, 귀무가설에 대한 비율을 「기댓값」에서 설정하면 된다. 위 예제에서는 모든 요일에 대하여 같은 비율을 설정하므로 「모든 범주가 동일」을 선택하게 되고, 범주마다 다른 비율로 귀무가설을 설정한 경우는 「값」을 설정하여 귀무가설을 설정한다.

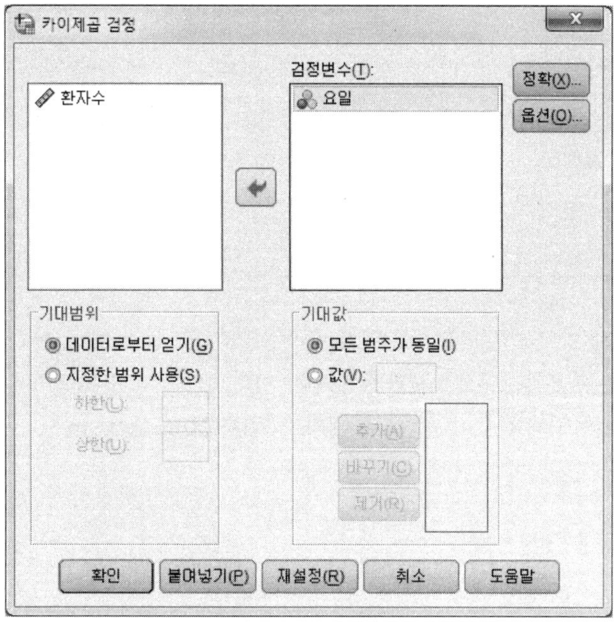


그림 13.6a 적합도검정

**요일**

| | 관측빈도 | 기대빈도 | 잔차 |
|---|---|---|---|
| 월 | 188 | 198.7 | -10.7 |
| 화 | 201 | 198.7 | 2.3 |
| 수 | 179 | 198.7 | -19.7 |
| 목 | 210 | 198.7 | 11.3 |
| 금 | 200 | 198.7 | 1.3 |
| 토 | 206 | 198.7 | 7.3 |
| 일 | 207 | 198.7 | 8.3 |
| 전체 | 1391 | | |

**검정 통계량**

| | 요일 |
|---|---|
| 카이제곱 | 3.822[a] |
| 자유도 | 6 |
| 근사 유의확률 | .701 |

a. 0개의 셀 (0.0%)은(는) 5보다 작은 기대빈도를 가집니다. 기대 빈도 셀 값 중 최소값은 198.7입니다.

위의 결과에서처럼 각 범주를 동일하게 설정하였으므로 기대빈도가 모든 범주에 대해서 동일하게 나타난다. 검정통계량은 자유도가 6인 카이제곱분포를 따르며, 통계량 값은 3.822이고, 유의확률은 0.701로 나타났다. 따라서 응급처치에 대해서 모든 환자수는 요일에 무관하다고 할 수 있다. 다음 예제는 위 예제와는 달리 적합도검정 문제에서 각 범주가 특정 비율을 보이는 귀무가설을 다룬 예제이다.

**예제**

어느 과학자가 쥐를 이용하여 실험을 하고 있다. 어느 약을 주사한 두 마리의 검은 쥐를 짝지었을 때, 거기서 태어나는 새끼 쥐의 색이 검은색, 흰색, 회색이 될 비율이 5:4:3이라고 한다. 이 약을 실제로 많은 수의 검은색 쥐들에 주사한 후 거기서 태어난 180마리의 쥐의 색을 조사해보았더니 검은색이 71마리, 흰색이 69마리, 회색이 60마리였다. 과연 이 과학자가 주장하는 대로 5:4:3이라는 비율이 사실이라고 생각하는지 유의수준 5%에서 검정하시오.

위 예제의 귀무가설은 '검은색, 희색, 회색의 쥐의 비율이 5:4:3이다'이다. 따라서 〈그림 13.6b〉에서와 같이 관련 변수를 설정한 후, 「기댓값」에 「값」을 선택하여 귀무가설의 비율을 입력, 「추가」를 선택하여 귀무가설을 설정한다.

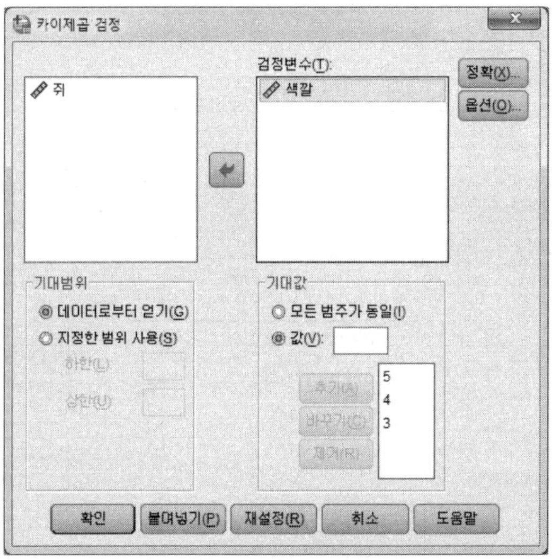


그림 13.6b 일표본 독립성 검정

**색깔**

| | 관측빈도 | 기대빈도 | 잔차 |
|---|---|---|---|
| 검정색 | 71 | 83.3 | -12.3 |
| 흰색 | 69 | 66.7 | 2.3 |
| 회색 | 60 | 50.0 | 10.0 |
| 전체 | 200 | | |

**검정 통계량**

| | 색깔 |
|---|---|
| 카이제곱 | 3.907[a] |
| 자유도 | 2 |
| 근사 유의확률 | .142 |

a. 0개의 셀 (0.0%)은(는) 5보다 작은 기대빈도를 가집니다. 기대 빈도 셀 값 중 최소값은 50.0입니다.

관측수에 대한 기대빈도가 결과로 나왔으며, 검정통계량에 의하면 위 예제는 자유도 2인 카이제곱분포를 따르며 통계량 값은 3.907이고 유의확률은 0.142로 유의수준 0.05하에서 귀무가설이 기각되지 않는다. 따라서 검은색, 흰색, 회색 쥐의 비율이 5:4:3이라고 할 수 있다.

**예제**

대도시와 중도시, 소도시가 나타날 확률이 0.3:0.3:0.4로 기대되는데, 실제로 조사하였더니 대도시가 6번, 중도시가 12번, 소도시가 12번 나타났다. 위 분포를 이루고 있다고 할 수 있는지를 검정하시오.

도시

| | 관측빈도 | 기대빈도 | 잔차 |
|---|---|---|---|
| 대도시 | 6 | 9.0 | -3.0 |
| 중도시 | 12 | 9.0 | 3.0 |
| 소도시 | 12 | 12.0 | .0 |
| 전체 | 30 | | |

검정 통계량

| | 도시 |
|---|---|
| 카이제곱 | 2.000[a] |
| 자유도 | 2 |
| 근사 유의확률 | .368 |

a. 0개의 셀 (0.0%)은(는) 5보다 작은 기대빈도를 가집니다. 기대 빈도 셀 값 중 최소값은 9.0입니다.

검정결과 유의확률 0.368로 귀무가설이 기각되지 않았다. 따라서 도시들의 분포가 0.3 : 0.3 : 0.4의 비율로 대도시, 중도시, 소도시가 분포되어 있다고 할 수 있다.

## 13.5 연습문제

1. 다음 용어를 설명하시오.
   (1) Fisher의 정확검정법
   (2) 대응쌍
   (3) 적합도검정

2. 각 도시에서 발생한 범죄형태의 요약표이다. 다음을 이용하여 도시에 따라서 범죄

형태가 다른지를 검정하시오.

| | 강도 | 폭력 | 기타 |
|---|---|---|---|
| A도시 | 90 | 134 | 98 |
| B도시 | 75 | 175 | 69 |
| C도시 | 35 | 134 | 57 |

3. 어느 지역의 알코올 중독 방지협회에 월요일부터 금요일까지 걸려오는 전화의 횟수가 다음과 같다. 걸려오는 전화횟수가 요일과 무관한지를 검정하시오.

| 월 | 화 | 수 | 목 | 금 |
|---|---|---|---|---|
| 186 | 120 | 145 | 111 | 149 |

4. 한 의학 연구가에 의하면 흡연은 눈가에 주름지게 하는 요인이 된다고 한다. 이러한 결론이 타당한가를 살펴보기 위하여 30대 남자 1000명을 랜덤추출하여 조사한 결과 다음과 같은 분할표를 얻었다. 이 자료를 토대로 이 의학 연구가의 주장이 타당하다고 할 수 있는지를 검정하시오.

| | 주름 있음 | 주름 없음 | 계 |
|---|---|---|---|
| 흡연자 | 190 | 110 | 300 |
| 비흡연자 | 206 | 494 | 700 |
| 계 | 396 | 604 | 1000 |

5. 사회보장제도에 대해 사람들이 어떻게 생각하는지를 알아보기 위해 전국적으로 3,127명을 랜덤추출하여 다음과 같은 결과를 얻었다. 주거지역과 관계없이 현 사회보장제도에 찬성하는 사람의 비율이 동일한지 여부를 유의수준 5%에서 검정하시오.

| | 서부 | 중부 | 남부 | 동부 | 북부 |
|---|---|---|---|---|---|
| 찬성 | 288 | 390 | 333 | 362 | 220 |
| 반대 | 312 | 414 | 375 | 280 | 253 |

# 13.6 부록

피벗표에서 바로 도표를 그릴 수 있는 기능을 간략히 소개한다. 예를 들어, 〈표 13.1〉 결과표에 대해서 도표를 그려보면 다음과 같다.

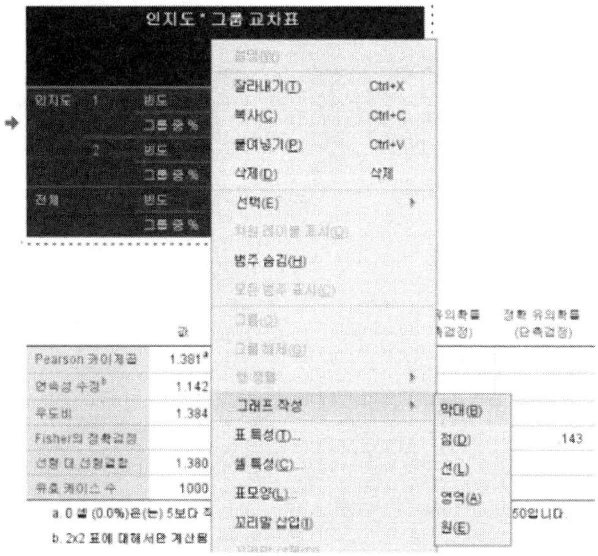

그림 13.7 SPSS 뷰어에서 도표그리기

〈그림 13.7〉에서와 같이 해당 피벗표(여기서는 인지도*그룹 교차표)를 더블클릭한다. 표를 드래그해서 전부 선택한 다음 마우스 오른쪽 버튼을 누르면 '그래프 작성'이라는 항목이 도표를 그릴 수 있는 기능이다. 막대도표를 선택하여 도표를 나타내면 다음과 같이 인지도와 그룹에 대한 교차표의 결과를 나타낼 수 있다.

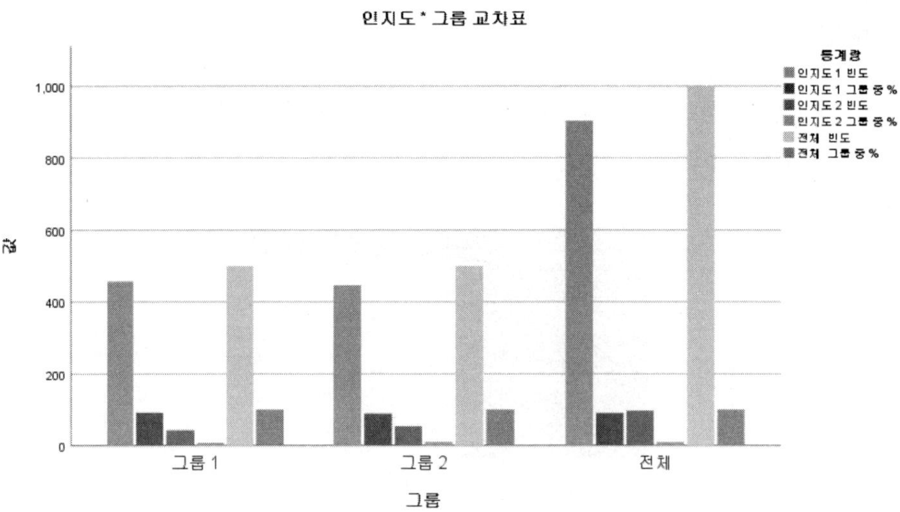


그림 13.8 피벗표에서 만들어진 막대도표

선택된 교차표의 모든 셀에 대하여 출력된 모든 값들(여기서는 각 그룹, 전체의 빈도와 그룹의 %)에 대해 표시되므로 표현하고자 하는 도표에 대해서는 교차표를 표현할 때 유의하여야 한다.

# 제14장

# 신뢰성 검토

이 장에서는 설문지를 통해서 자료를 얻었을 경우 측정하고자 하는 개념이 조사대상자로부터 같거나 비교 가능한 측정도구를 사용하여 반복 측정되었을 경우 정확하고 일관되게 측정되었는지, 응답하는 사람이 일관되게 응답하였는지를 분석할 때 사용하는 기법으로 신뢰성에 대하여 알아보고자 한다. 또한 신뢰성을 나타내는 신뢰성 계수가 낮게 나타났을 경우, 이를 높이는 방법에 대해서도 알아보도록 한다.

## 14.1 신뢰성의 정의

우리가 접하는 거의 모든 측정은 항상 측정오차가 존재하며, 측정오차는 다시 체계적 오차(systemic error)와 무작위 오차(random error)로 구분된다. 체계적 오차는 측정대상에 대하여 어떠한 영향이 체계적으로 미침으로써 그 오차가 항상 일정한 방향으로 일어나, 측정결과가 모두 높아지거나 또는 모두 낮아지는 경향을 보이는 것이다. 무작위 오차는 비체계적 오차라고도 하며 일관성 없이 영향을 미침으로써 발생하는 오차를 의미한다. 따라서 체계적 오차는 연구자의 세심한 주의로 제거할 수 있지만 무작위 오차는 제거하는 것이 불가능하기 때문에 크기에 대한 통제와 관리가 필요하다. 이러한 무작위 오차와 관련된 개념으로 측정의 신뢰성(reliability)을 사용한다.

신뢰성이란 동일한 개념에 대해 측정을 반복했을 때 동일한 결과를 얻을 가능성을 의미한다. 신뢰성은 안정성(stability), 정확성(accuracy), 일관성(consistency), 예측가능성(predictability), 의존 가능성(dependeability)으로도 표현된다.

일반적인 측정모형은 다음과 같다.

$$X = T + \epsilon$$

여기서 $X$는 측정값, $T$는 실제값, $\epsilon$은 무작위 오차이다. 실제값 $T$는 측정할 수 없는 이론적인 수치로서 무한히 반복하여 측정하였을 경우 얻어진 반복된 측정값의 평균으로 정의된다. 하지만 현실적으로 수없이 반복하여 측정한다는 것이 불가능한 일이기 때문에 실제값은 가상적이고 추상적인 수치이지만 신뢰성의 측정에 있어서 매우 중요한 역할을 한다. 무작위 오차는 실제값과 측정값의 차이를 만드는 하나의 요인이다. 무작위 오차는 0을 중심으로 대칭분포를 갖는다고 가정하여 기댓값의 성질에 의해서 다음과 같은 사실을 확인할 수 있다.

$$E(X) = E(T) + E(\epsilon) = E(T)$$

즉, $E(\epsilon) = 0$이 되어 측정값의 기댓값과 실제값의 기댓값은 일치하게 된다. 신뢰성의 측정은 한 대상을 여러 번 반복하여 계산되는 것이 아니라 여러 대상을 동시에 여러 번 반복 측정하여 이에 대한 전체적인 차이를 비교함으로써 이루어진다. 이러한 차이의 개념은 분산으로 설명할 수 있는데 다음과 같은 분산의 성질에 의하여 다음과 같은 사실을 확인할 수 있다.

$$Var(X) = Var(T+\epsilon) = Var(T) + Var(\epsilon) + 2Cov(T,\epsilon)$$

무작위 오차는 측정값과 상관없이 발생하는 비체계적 오차이므로 공분산 $Cov(T,\epsilon) = 0$이라고 가정하게 되면 위의 분산식은 다음 식과 같이 간단하게 나타낼 수 있다.

$$Var(X) = Var(T+\epsilon) = Var(T) + Var(\epsilon)$$

즉, 측정값의 분산은 실제값의 분산과 무작위 오차에 의한 분산의 합으로 표현될 수 있다. 예를 들어 2개의 측정방법 A와 B에 대해 측정 A에 의한 분산과 측정 B에 대한 분산이 같다고 가정하자. 만약 A의 무작위 오차가 차지하는 분산의 비율이 10%이고 B의 무작위 오차에 의한 분산 비율이 30%라고 하면 측정 A 방법의 신뢰성이 더 높다고 할 수 있다. 신뢰성은 측정값의 분산 중 실제값의 분산이 차지하는 비율로 정의된다.

$$\text{신뢰성} = \frac{Var(T)}{Var(X)} = 1 - \frac{Var(\epsilon)}{Var(X)}$$

신뢰성은 0에서 1 사이의 값을 갖는다. 실제적으로 한 개념을 측정하기 위해 두 개의 비슷한 설문문항이 존재하는 경우, 두 문항에 대한 상관계수를 계산함으로써 문항의 신뢰성을 얻을 수 있다.

## 14.2 신뢰성 측정방법

측정치의 신뢰도를 실증적으로 평가하기 위하여 여러 가지 방법이 사용되고 있다.

- **재검사 방법(test–retest method)**
- **상호교환적 검사를 이용한 방법(parallel–form method)**
- **반분법(split–halves method)**
- **내적일관성을 이용한 방법(internal consistency method)**

재검사 방법은 측정방법이 하나밖에 없는 경우 신뢰성을 평가할 수 있는 방법이다. 특정의 측정대상에 대하여 일정한 시간 간격을 두고 2회에 걸쳐 측정한 후 두 스코어의 상관성을 검토하여 상관관계가 높으면 신뢰성이 높고 상관관계가 낮으면 신뢰성이 낮음을 의미한다. 이 방법은 동일한 방법을 두 번 적용함으로써 처음 측정결과가 두 번째 측정결과에 영향을 미칠 수 있다. 또한 검사–재검사 사이의 기간 간격에도 영향을 미치게 되어 측정간격이 짧을수록 신뢰성이 높게 나타날 수 있는 문제점이 있다.

상호교환적 검사를 이용한 방법(parallel–form method)은 최대한 비슷한 두 가지 형태의 측정도구를 동일한 표본에 적용하여 이들의 상관성으로 신뢰도를 측정하는 방법이다. 같은 방법을 두 번 측정하는 것이 아니기 때문에 재검사방법의 단점을 극복할 수 있지만 동일한 현상을 측정하는 데 있어서 두 개의 동등한 측정방법을 개발하기 어렵다는 단점이 있다.

반분법(split–halves method)은 측정에 사용되는 항목들을 두 그룹으로 적당히 나누어서 두 그룹의 상관계수를 이용하여 신뢰성을 평가하는 방법이다. 그룹을 나누는 방법으로는 보통 항목을 짝수 항목과 홀수 항목으로 반분하거나 무작위로 항목의 반을 추출하여 반분한다. 이렇게 나눈 그룹의 상관계수를 $r_{12}$라고 하면 반분법에 의한 신뢰성은 스피어만–브라운 신뢰계수(Spearman–Brown Reliability Coefficient, $R_{SB}$ )를 이용하는 데 공식은 다음과 같다.

$$R_{SB} = \frac{2r_{12}}{1+r_{12}}$$

위 공식의 일반적인 형태로 원래 문항의 $n$배에 해당되는 측정에 대한 신뢰성은 다음과 같이 일반화된 스피어만–브라운 예측공식(generalized Spearman – Brown prophecy formula)을 이용하여 신뢰성을 구할 수 있다.

$$R = \frac{nr}{(n-1)+r}$$

여기서 $r$은 원래 문항의 신뢰성을 의미한다. 위 공식은 연구자가 일정한 신뢰성을 유지하면서 문항의 수를 결정하고자 할 때 문항수를 얻기 위해 사용되기도 한다.

반분법을 이용하기 위해서는 측정도구가 같은 개념을 측정한다는 것이 명백해야 하고 각 측정도구의 항목수는 그 자체가 완전한 척도를 이룰 수 있도록 충분히 많아야 한다는 전제조건이 필요하다. 반분법은 그룹을 나누는 방법에 따라 신뢰성이 달라질 수 있어 신뢰성을 정확히 파악할 수 없다는 단점이 있다.

내적일관성을 이용한 방법(internal consistency method)은 하나의 개념에 대하여 여러 개의 항목으로 구성된 척도를 이용할 경우, 해당 문항에 대하여 모든 가능한 반분신뢰성을 구하고 이들의 평균을 산출하는 방법으로 이를 측정하는 측도가 크론바흐의 알파(Chronbach's alpha)이다. 이 방법은 동일한 개념을 측정하기 위하여 여러 개의 항목을 이용하는 경우 신뢰성을 저해하는 항목을 찾아내서 제거함으로써 신뢰성을 높일 수 있는 방법이다.

크론바흐의 알파는 다음과 같이 정의된다.

$$\alpha = \frac{N}{N-1}\left(1 - \sum \frac{\sigma_i^2}{\sigma_t^2}\right)$$

여기서 $N$은 문항수이고, $\sigma_i^2$은 각 문항의 분산, $\sigma_t^2$은 총분산을 의미한다. 많이 사용되고 있는 기준값은 Nunnally(1978)가 제시한 0.7이다. 하지만 이 기준은 이론적 근거를 바탕으로 제시된 값이라기보다 경험적으로 제시된 기준이기 때문에 엄격하게 적용될 필요는 없다. 어느 연구에서는 0.6보다 적은 값의 경우도 받아들이는 수준으로 활용되는 것을 종종 발견할 수 있다.

## 14.3 신뢰성을 증가시키는 방법

크론바흐 알파를 이용한 신뢰성의 검토는 설문지 자료를 분석하거나 새로운 측정도구를 분석하는 경우 가장 먼저 해야 하는 일이다. 신뢰성이 낮은 자료를 가지고 추가적인 분석을 한다는 것은 무의미하기 때문에 신뢰성 검토는 매우 중요한 과정이라고 말할 수 있다.

신뢰성은 무작위 오차와 관련된 것이므로 최대한 무작위 오차가 발생할 가능성을 줄이는 방법이 신뢰성을 높이는 방법이 될 것이다. 측정항목수를 늘리기도 하고 혹은 내부 일치성을 향상시킴으로써 신뢰도를 높일 수 있다. 14.2절의 스피어만-브라운 예측공식을 이용하여 원하는 신뢰성을 달성하기 위해 문항수를 조절할 수 있다. 이미 자료수집이 끝난 상태라면, 설문문항을 재구성하는 것이 불가능하므로 재조사를 하지 않고 문항을 제거하는 방법으로 신뢰성을 높일 수 있다. 이러한 방법은 낮은 문항-총합 상관계수(item-total correlation)를 나타내는 문항을 제거함으로써 이루어지는데, 문항-총합 상관계수는 한 문항과 그 문항을 제외한 나머지 문항들의 합 사이의 상관계수를 의미하는 것으로, 이 수치가 낮게 나타났다면 해당하는 문항은 나머지 항목과는 개념이 다르다고 볼 수 있다. 즉, 문항-총합 상관계수가 낮은 문항을 제거함으로써 신뢰성을 높일 수 있다는 의미이다.

만일 여러 개의 문항의 문항-총합 상관계수가 낮게 나타났다면, 이 경우는 해당하는 문항을 모두 제거할 수는 없는 일이므로 연구자는 일단 각 문항이 같은 개념을 나타내고 있는지를 생각해보아야 한다. 따라서 이러한 문제를 극복하기 위하여 일반적으로 추천하는 방법은 설문지의 모든 문항을 대상으로 분석하는 주성분분석(principal component analysis)과 탐색적 요인분석(exploratory factor analysis)이다. 주성분 분석과 요인분석은 문항들 사이의 상관계수를 조사하여 어떠한 문항들이 서로 비슷하게 묶이는지를 자료분석을 통하여 알려주는 통계기법이다. 이에 대해서는 이 책의 수준을 넘으므로 생략하였다. 자세한 내용은 Applied Multivariate Statistical Analysis(Johnson and Wichern)을 참고하기 바란다.

## 14.4 신뢰성 평가 예제

일반적으로 측정도구로 자주 사용되는 설문지는 응답자가 문항에 대하여 느끼는 정도를 파악하는(예를 들어, 1=매우 불만족, ..., 7=매우 만족) 리커드 척도(Likert scale)이며, 문항들은 간단한 질문이나 문장으로 구성되어 있다. 이 경우 연구자는 해당되는 수치를 각 응답자별로 합산하여 추가적인 분석을 실시하는데, 이와 같이 합산한 수치의 척도를 합산평가척도(summated rating scale)라고 한다. 여러 문항으로 구성된 설문지를 이용하여, 합산평가척도를 사용하고자 하는 경우, 척도에 대한 내적일관성을 나타내는 신뢰성을 파악할 목적으로 크론바흐 알파를 사용한다.

내적일관성에 대한 분석은 두 가지 형태로 나눌 수 있다. 첫 번째는 문항과 문항 사이의 상관계수를 통하여 분석하는 것이며, 두 번째는 한 문항이 나타내는 리커드 척도의 값과 그 한 문항을 제외한 나머지의 합산평가척도의 값 사이의 상관계수를 계산하여 분석하는 것이다. 다음 예제를 통해서 살펴보도록 하자.

**예제**

K 대학교 학생회에서 학교 구내식당에 대한 학생들의 반응을 조사하기 위해서 작성한 설문내용이다. 이 자료를 이용하여 신뢰성분석을 실시해보시오(자료출처:노형진(1999)).

1. 귀하는 구내식당을 이용할 때 다음의 항목들의 어느 정도 중요하게 생각하십니까? 7점 척도로 평가하시오.
   (1) 청결상태 ____ (1=가장 낮은 중요도, ..., 7=가장 높은 중요도)
   (2) 음식량 ____
   (3) 대기시간 ____
   (4) 음식맛 ____
   (5) 친절 ____

2. 귀하는 구내식당을 평균적으로 일주일에 몇 번 정도 이용하십니까?

3. 귀하의 성별은? 1=남 2=여

ch14-1.sav

| 청결상태 | 음식량 | 대기시간 | 음식맛 | 친절 | 이용회수 | 성별 |
|---|---|---|---|---|---|---|
| 6 | 4 | 7 | 6 | 5 | 4 | 1 |
| 5 | 7 | 5 | 6 | 6 | 6 | 1 |
| 5 | 3 | 4 | 5 | 6 | 4 | 1 |
| 3 | 3 | 2 | 3 | 4 | 3 | 1 |
| 4 | 3 | 3 | 3 | 2 | 2 | 1 |
| 2 | 6 | 2 | 4 | 3 | 3 | 1 |
| 1 | 3 | 3 | 3 | 2 | 1 | 1 |
| 3 | 5 | 3 | 4 | 2 | 2 | 1 |
| 7 | 3 | 6 | 5 | 5 | 4 | 1 |
| 6 | 4 | 3 | 4 | 4 | 5 | 1 |
| 6 | 6 | 2 | 6 | 4 | 6 | 1 |
| 3 | 2 | 2 | 4 | 2 | 3 | 1 |
| 5 | 7 | 6 | 5 | 2 | 6 | 2 |
| 6 | 3 | 5 | 5 | 7 | 3 | 2 |
| 3 | 4 | 4 | 3 | 2 | 2 | 2 |
| 2 | 7 | 5 | 5 | 4 | 4 | 2 |
| 3 | 5 | 2 | 7 | 2 | 5 | 2 |
| 6 | 4 | 5 | 5 | 7 | 4 | 2 |
| 7 | 4 | 6 | 3 | 5 | 2 | 2 |
| 5 | 6 | 6 | 3 | 4 | 3 | 2 |
| 2 | 3 | 3 | 4 | 3 | 2 | 2 |
| 3 | 4 | 2 | 3 | 4 | 3 | 2 |
| 3 | 6 | 3 | 5 | 3 | 5 | 2 |
| 6 | 5 | 7 | 5 | 5 | 5 | 2 |
| 7 | 6 | 5 | 4 | 6 | 5 | 2 |

신뢰성 계수를 사용할 때에는 점수의 방향을 주의하여야 한다. 만일 점수의 방향이 역으로 입력되어 있는 경우는 코딩변환 기능을 이용하여 척도의 크기를 동일하게 맞춘 후 신뢰성을 평가하여야 한다. SPSS를 이용하여 신뢰성 분석을 하기 위해서 다음과 같은 과정을 거친다.

**분석 → 척도분석 → 신뢰도분석**

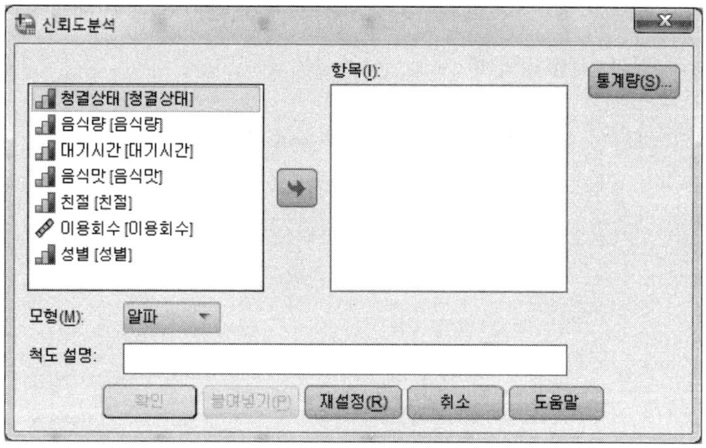


그림 14.1 신뢰도분석

**신뢰도분석.** 내적일관성을 나타내는 크론바흐 알파 계수를 표시하기 위해서는「모형」에서 '알파'를 선택하고 하나의 개념을 나타낼 수 있는 여러 항목들을「항목」으로 보낸다.

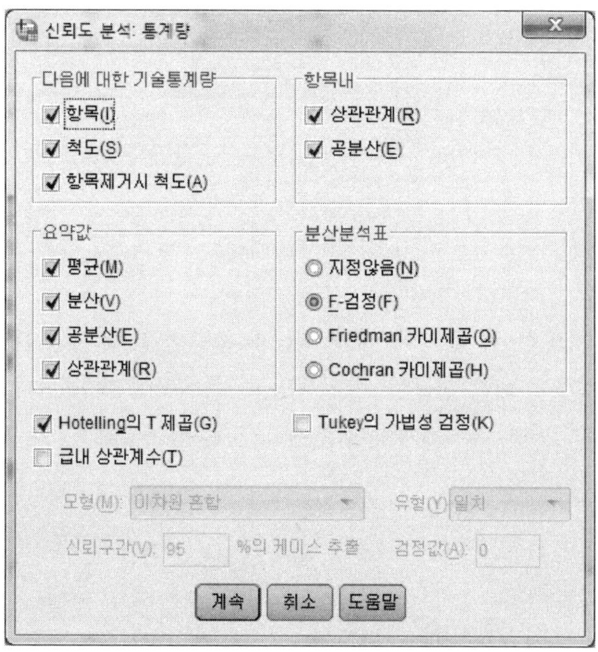


그림 14.2 신뢰도분석: 통계량

**신뢰도분석: 통계량.** 다음에 대한「기술통계량」은 각 항목의 평균이나 척도 등을 나타내며 이를 설정하지 않으면 크론바흐의 알파만을 보여주게 된다.「항목내」는 문항 간

의 상관계수와 공분산을 나타낸다. 「요약값」은 문항들에 대해서 선택된 기술통계량을 보여주고 「Hotelling의 T 제곱」은 분산의 동질성에 대한 검정결과를 보여준다.

위의 과정을 통해서 분석한 결과 다음의 결과를 얻었다.

표 14.1a 크론바흐 알파계수

**신뢰도 통계량**

| Cronbach의 알파 | 표준화된 항목의 Cronbach의 알파 | 항목 수 |
|---|---|---|
| .709 | .700 | 5 |

〈표 14.1a〉는 5개 문항에 대한 크론바흐 알파계수는 0.709으로 신뢰성이 있다고 보이며, 전체 변수를 하나의 척도로 종합하여 분석할 수 있다는 것을 의미한다. 「표준화된 항목의 Cronbach의 알파」는 0.700로 표준화된 각 변수들로 신뢰성 분석하는 방법으로 주로 각 변수들의 척도가 큰 분산을 가지고 있을 때 이 방법을 이용한다.

표 14.1b 항목 통계량

**항목 통계량**

| | 평균 | 표준화 편차 | N |
|---|---|---|---|
| 청결상태 | 4.36 | 1.823 | 25 |
| 음식량 | 4.52 | 1.503 | 25 |
| 대기시간 | 4.04 | 1.695 | 25 |
| 음식맛 | 4.40 | 1.155 | 25 |
| 친절 | 3.96 | 1.645 | 25 |

〈표 14.1b〉는 각 문항에 대한 평균과 표준편차, 조사된 대상의 수 등이 표시되어 있다. 음식량에 대한 평균이 가장 높았고, 음식맛에 대한 편차가 가장 작게 나타났다. 조사대상자 25명 모두 5개의 질문에 모두 응답하였다.

표 14.1c 공분산행렬

**항목간 공분산 행렬**

| | 청결상태 | 음식량 | 대기시간 | 음식맛 | 친절 |
|---|---|---|---|---|---|
| 청결상태 | 3.323 | .138 | 1.943 | .558 | 2.057 |
| 음식량 | .138 | 2.260 | .562 | .617 | .022 |
| 대기시간 | 1.943 | .562 | 2.873 | .358 | 1.418 |
| 음식맛 | .558 | .617 | .358 | 1.333 | .517 |
| 친절 | 2.057 | .022 | 1.418 | .517 | 2.707 |

〈표 14.1c〉는 각 문항 간 공분산행렬을 나타내었다.

표 14.1d 상관행렬

항목간 상관행렬

| | 청결상태 | 음식량 | 대기시간 | 음식맛 | 친절 |
|---|---|---|---|---|---|
| 청결상태 | 1.000 | .050 | .629 | .265 | .686 |
| 음식량 | .050 | 1.000 | .220 | .355 | .009 |
| 대기시간 | .629 | .220 | 1.000 | .183 | .509 |
| 음식맛 | .265 | .355 | .183 | 1.000 | .272 |
| 친절 | .686 | .009 | .509 | .272 | 1.000 |

〈표 14.1d〉는 각 문항 간 상관행렬을 나타내었다. 〈표 14.1c〉와 〈표 14.1d〉의 결과를 통해서 친절과 청결상태, 대기시간의 상관관계가 가장 높게 나타났음을 볼 수 있다. 이는 구내 식당을 운영하는 데 있어 서비스 항목으로 둘의 상관성을 고려할 수 있다.

표 14.1e 척도 통계량과 요약 항목 통계량

척도 통계량

| 평균 | 분산 | 표준화 편차 | 항목 수 |
|---|---|---|---|
| 21.28 | 28.877 | 5.374 | 5 |

요약 항목 통계량

| | 평균 | 최소값 | 최대값 | 범위 | 최대값 / 최소값 | 분산 | 항목 수 |
|---|---|---|---|---|---|---|---|
| 항목 평균 | 4.256 | 3.960 | 4.520 | .560 | 1.141 | .059 | 5 |
| 항목 분산 | 2.499 | 1.333 | 3.323 | 1.990 | 2.493 | .570 | 5 |
| 항목간 공분산 | .819 | .022 | 2.057 | 2.035 | 94.923 | .498 | 5 |
| 항목간 상관관계 | .318 | .009 | .686 | .677 | 78.278 | .049 | 5 |

〈표 14.1e〉는 척도에 대한 통계량으로, 「척도 통계량」은 분석변수를 하나로 간주한 가상변수인 척도에 관한 평균, 분산, 표준편차, 변수의 수가 나타나 있다. 「요약 항목 통계량」은 각 문항들의 5개 평균을 이용하여 그것들의 평균, 최솟값, 최댓값, 범위, 최솟값과 최댓값의 비율, 분산의 기술통계를 보여주고, 「항목 분산」은 5개 분산들을 이용하여 기술통계를 나타낸 것이다. 「항목간 공분산」과 「항목간 상관관계」는 각 공분산행렬과 상관행렬에 제시된 상관계수들을 이용하여 그들의 기술통계를 같은 통계량으로 제시한 것이다.

표 14.1f 항목 총계 통계량

**항목 총계 통계량**

| | 항목이 삭제된 경우 척도 평균 | 항목이 삭제된 경우 척도 분산 | 수정된 항목-전체 상관계수 | 제곱 다중 상관계수 | 항목이 삭제된 경우 Cronbach 알파 |
|---|---|---|---|---|---|
| 청결상태 | 16.92 | 16.160 | .641 | .585 | .576 |
| 음식량 | 16.76 | 23.940 | .182 | .197 | .763 |
| 대기시간 | 17.24 | 17.440 | .605 | .449 | .598 |
| 음식맛 | 16.88 | 23.443 | .367 | .213 | .698 |
| 친절 | 17.32 | 18.143 | .573 | .497 | .614 |

〈표 14.1f〉는 스케일과 각 문항에 대한 변수 간의 관계를 나타내는 통계량으로, 「항목이 삭제된 경우 척도 평균」은 해당하는 하나의 변수를 분석대상에서 제외했을 경우에 그 변수 이외의 변수들로 구성되는 스케일의 평균으로, 예를 들어 결과 〈표 14.1e〉에서 척도통계량의 평균 21.28에서 결과 〈표 14.1b〉의 대기시간의 평균 4.04를 뺀 값이 17.24로 바뀌게 된다. 「항목이 삭제된 경우 척도 분산」은 해당하는 하나의 변수를 분석대상에서 제외했을 경우에 그 변수 이외의 변수들로 구성되는 척도의 분산으로, 음식량을 제외했을 때 가장 크다. 「수정된 항목-전체 상관계수」는 각 개별 변수와 그 변수를 제외한 나머지 변수로 구성된 척도와의 상관계수로 청결상태와 나머지 변수로 만들어진 척도의 상관계수가 가장 크다. 「제곱 다중 상관계수」는 각 개별 변수를 제외하고 구성된 척도가 전체 분산 중 얼마나 설명하는가를 나타내는 것으로, 청결상태를 종속변수로, 음식량, 대기시간, 음식맛, 친절을 독립변수로 하는 중회귀모형에 적용시켰을 경우 결정계수이다. 「항목이 삭제된 경우 Cronbach 알파」는 각 변수를 제외했을 때의 크론바흐 알파값을 보여주고 있다. 예를 들어, 음식량 항목을 제외하면 알파값이 0.76으로 커진다.

표 14.1g 분산분석표

**ANOVA**

| | | 제곱합 | 자유도 | 평균제곱 | F | 유의확률 |
|---|---|---|---|---|---|---|
| 개체 간 | | 138.608 | 24 | 5.775 | | |
| 개체 내 | 항목 간 | 5.888 | 4 | 1.472 | .876 | .481 |
| | 잔차 | 161.312 | 96 | 1.680 | | |
| | 전체 | 167.200 | 100 | 1.672 | | |
| 전체 | | 305.808 | 124 | 2.466 | | |

총 평균 = 4.26

〈표 14.1g〉는 분산분석표를 제시하여 각 항목, 즉 5개의 변수 간에 차이가 있다고 할 수 있는지를 살펴보는 것이다. 변수의 수가 5개이므로 변수 간의 차이를 보기 위한 자유도는 1을 뺀 값, 즉 4이며, 유의확률이 0.481로 유의수준 0.05하에서 변수 간의 차이가 없다는 귀무가설을 기각할 수 없게 된다.

표 14.1h Hotelling T 제곱 통계량

**Hotelling T 제곱 검정**

| Hotelling의 T 제곱. | F | 자유도1 | 자유도2 | 유의확률 |
|---|---|---|---|---|
| 4.281 | .936 | 4 | 21 | .462 |

〈표 14.1h〉는 변수 간에 평균의 차이가 없는지를 살펴보는 것으로 유의확률이 0.462로 유의수준 0.05하에서 변수 간의 평균에 대한 차이가 없다는 귀무가설이 기각되지 않는다. 따라서 평균 간에도 차이가 없다고 할 수 있다.

각 문항의 수치를 평균 0, 분산 1로 표준화시킨 후 크론바흐 알파를 계산하게 되면 모든 문항의 영향력을 고르게 미치게 되지만, 표준화를 시키지 않는 경우는 분산이 큰 문항에 크게 의존하는 크론바흐 알파값이 만들어진다. 따라서 모든 문항에 대해 차등을 두지 않고 공평하게 취급하여 계산을 한다는 측면에서 표준화된 문항의 크론바흐 알파가 의미가 있을 수 있지만, 표준화하게 되면 원래 자료의 특성을 잃어버린다는 문제점을 가지고 있다. 즉, 항목마다 다른 변별력을 가짐으로써 나타나는 분산의 불일치성을 강제적으로 동일하게 취급한다는 문제점을 가지고 있다. 이러한 이유로 대부분의 연구에서는 표준화된 크론바흐 알파보다는 원자료를 이용하여 계산된 크론바흐 알파값을 주로 사용한다.

예제

다음은 이웃관계의 정도를 묻는 설문이다. 이를 이용하여 신뢰성분석을 실시하시오. (5점 척도이며 점수 순서의 방향은 같다.

ch14-2.sav

| id | v031 | v032 | v033 | v034 | v035 | v036 | v037 |
|---|---|---|---|---|---|---|---|
| 1 | 3 | 3 | 3 | 3 | 1 | 2 | 1 |
| 2 | 1 | 3 | 3 | 3 | 1 | 1 | 1 |
| 3 | 2 | 1 | 1 | 3 | 1 | 1 | 3 |
| 4 | 2 | 2 | 2 | 2 | 1 | 2 | 3 |
| 5 | 3 | 1 | 1 | 1 | 3 | 3 | 1 |
| 6 | 3 | 1 | 1 | 1 | 1 | 1 | 1 |
| 7 | 1 | 3 | 5 | 4 | 1 | 3 | 2 |
| 8 | 4 | 5 | 4 | 3 | 2 | 3 | 2 |
| 9 | 2 | 4 | 4 | 2 | 3 | 5 | 4 |
| 10 | 1 | 3 | 4 | 3 | 3 | 4 | 5 |
| 11 | 5 | 1 | 3 | 3 | 3 | 3 | 5 |
| 12 | 1 | 4 | 3 | 3 | 2 | 3 | 2 |
| 13 | 4 | 5 | 1 | 3 | 1 | 1 | 1 |
| 14 | 1 | 5 | 1 | 3 | 2 | 4 | 5 |

표 14.1 변수정보[2)]

| Name | 설명 | Position |
|---|---|---|
| ID | 수거번호 | 1 |
| V031 | 아이돌보기 | 2 |
| V032 | 용품빌리기 | 3 |
| V033 | 경조사참석 | 4 |
| V034 | 돈을빌림 | 5 |
| V035 | 일을의논 | 6 |
| V036 | 문제해결 | 7 |
| V037 | 공동참여 | 8 |

**신뢰도 통계량**

| Cronbach의 알파 | 표준화된 항목의 Cronbach의 알파 | 항목 수 |
|---|---|---|
| .582 | .606 | 7 |

전체적으로 크론바흐의 알파계수는 0.582이며 각 변수들을 표준화하였을 경우에는 0.606으로 계산되었다.

2) '유틸리티 → 변수정보'를 통해서 변수의 특성을 나타낼 수 있다.

**항목 통계량**

| | 평균 | 표준화 편차 | N |
|---|---|---|---|
| 아이돌보기 | 2.36 | 1.336 | 14 |
| 용품빌리기 | 2.93 | 1.542 | 14 |
| 경조사참석 | 2.57 | 1.399 | 14 |
| 돈을빌림 | 2.64 | .842 | 14 |
| 일을의논 | 1.79 | .893 | 14 |
| 문제해결 | 2.57 | 1.284 | 14 |
| 공동참여 | 2.57 | 1.604 | 14 |

기술통계 결과 응답자 14명에 대하여 '용품빌리기' 의 평균이 가장 높게 나타나고 '공동참여'의 표준편차가 가장 높게 나타났다.

**항목간 상관행렬**

| | 아이돌보기 | 용품빌리기 | 경조사참석 | 돈을빌림 | 일을의논 | 문제해결 | 공동참여 |
|---|---|---|---|---|---|---|---|
| 아이돌보기 | 1.000 | -.173 | -.200 | -.220 | .134 | -.218 | -.138 |
| 용품빌리기 | -.173 | 1.000 | .270 | .453 | -.012 | .333 | .049 |
| 경조사참석 | -.200 | .270 | 1.000 | .513 | .229 | .490 | .186 |
| 돈을빌림 | -.220 | .453 | .513 | 1.000 | -.212 | .061 | .220 |
| 일을의논 | .134 | -.012 | .229 | -.212 | 1.000 | .786 | .576 |
| 문제해결 | -.218 | .333 | .490 | .061 | .786 | 1.000 | .651 |
| 공동참여 | -.138 | .049 | .186 | .220 | .576 | .651 | 1.000 |

'일을 의논', '문제해결', '공동참여' 간의 상관관계가 높게 나타났다. 이를 통해서 이웃관계를 살펴보는 과정에서 공동체 의식에 관련된 항목들이 상관관계가 높다는 것을 알 수 있다.

**항목 총계 통계량**

| | 항목이 삭제된 경우 척도 평균 | 항목이 삭제된 경우 척도 분산 | 수정된 항목-전체 상관계수 | 제곱 다중 상관계수 | 항목이 삭제된 경우 Cronbach 알파 |
|---|---|---|---|---|---|
| 아이돌보기 | 15.07 | 24.841 | -.224 | .319 | .714 |
| 용품빌리기 | 14.50 | 18.115 | .240 | .556 | .573 |
| 경조사참석 | 14.86 | 16.901 | .417 | .638 | .498 |
| 돈을빌림 | 14.79 | 20.643 | .300 | .678 | .553 |
| 일을의논 | 15.64 | 18.863 | .515 | .798 | .497 |
| 문제해결 | 14.86 | 15.055 | .697 | .890 | .387 |
| 공동참여 | 14.86 | 15.670 | .426 | .674 | .490 |

척도와 '아이돌보기' 간의 상관관계가 음의 상관관계로 나타났으며 이 항목을 제거하였을 경우 크론바흐 알파 계수값이 0.714으로 나타났다. 전체 신뢰도 수치는(크론바흐 알파=0.582) 낮은 신뢰도를 나타내는 것은 아니지만, 위의 결과를 토대로 '아이돌보기'는 다른 변수들과도 낮거나 음의 상관성을 보이고, 이를 제거하였을 경우에는 크론바흐 알파 계수가 0.714으로 높아지므로 이 항목을 제거하여 다음 단계로 진행하는 것이 바람직할 것이다. 또한 '문제해결'은 척도와의 상관계수가 0.697로 가장 높게 나타났으며 항목을 제거하였을 경우는 크론바흐 알파 계수값이 0.387로 낮아지는 것을 살펴볼 수 있다. 이를 통하여서 이웃관계에 있어서 '문제해결'이 중요항목 중 하나인 것을 볼 수 있다.

**ANOVA**

| | | 제곱합 | 자유도 | 평균제곱 | F | 유의확률 |
|---|---|---|---|---|---|---|
| 개체 간 | | 43.918 | 13 | 3.378 | | |
| 개체 내 | 항목 간 | 10.490 | 6 | 1.748 | 1.239 | .296 |
| | 잔차 | 110.082 | 78 | 1.411 | | |
| | 전체 | 120.571 | 84 | 1.435 | | |
| 전체 | | 164.490 | 97 | 1.696 | | |

총 평균 = 2.49

분산분석표 결과에 의하면 변수 간의 차이에 대한 검정결과 유의확률이 0.296로 유의수준 0.05하에서 변수 간에 차이가 없다는 귀무가설을 기각하지 못한다. 따라서 변수 간에 차이가 없다고 할 수 있다.

**Hotelling T 제곱 검정**

| Hotelling의 T 제곱. | F | 자유도1 | 자유도2 | 유의확률 |
|---|---|---|---|---|
| 32.698 | 3.354 | 6 | 8 | .059 |

변수 간 평균 차이에 대한 검정결과인 Hotelling T 제곱 검정결과에서도 유의확률이 0.059로 유의수준 0.05하에서 귀무가설을 기각하지 못한다. 따라서 변수 평균 간에 차이가 없다고 할 수 없다.

## 14.5 연습문제

1. 신뢰성을 평가하는 방법에 대해 기술하고 각 방법에 대한 장단점을 서술하시오.

2. 다음은 배달 전문 쇼핑몰에 대해 느끼는 속성에 관한 설문지와 20명을 대상으로 얻어진 자료이다. 이를 이용하여 신뢰성 분석을 실시하시오.

본 점에 대한 만족도를 다음 항목에 대하여 표시하여 주십시오.

| | 매우 불만 | | | 보통 | | | 매우 만족 |
|---|---|---|---|---|---|---|---|
| 1) 가격에 대한 만족도 | 1 | 2 | 3 | 4 | 5 | 6 | 7 |
| 2) 본 점의 이미지 | 1 | 2 | 3 | 4 | 5 | 6 | 7 |
| 3) 배달원의 이미지 | 1 | 2 | 3 | 4 | 5 | 6 | 7 |
| 4) 상품에 대한 만족도 | 1 | 2 | 3 | 4 | 5 | 6 | 7 |
| 5) A/S 및 반품관리 | 1 | 2 | 3 | 4 | 5 | 6 | 7 |

| | | | | | | | | | |
|---|---|---|---|---|---|---|---|---|---|
| 6 | 4 | 7 | 6 | 5 | 5 | 6 | 6 | 3 | 4 |
| 5 | 7 | 5 | 6 | 6 | 2 | 3 | 3 | 4 | 3 |
| 3 | 3 | 2 | 3 | 4 | 2 | 6 | 3 | 5 | 3 |
| 1 | 3 | 3 | 3 | 2 | 7 | 3 | 6 | 5 | 5 |
| 5 | 9 | 6 | 5 | 2 | 6 | 2 | 4 | 5 | 2 |
| 7 | 6 | 5 | 4 | 6 | 4 | 3 | 3 | 3 | 2 |
| 6 | 6 | 2 | 6 | 4 | 5 | 3 | 4 | 5 | 6 |
| 2 | 6 | 3 | 5 | 3 | 5 | 7 | 6 | 5 | 2 |
| 7 | 4 | 6 | 3 | 5 | 6 | 5 | 7 | 5 | 3 |
| 3 | 4 | 4 | 3 | 2 | 2 | 7 | 5 | 5 | 4 |

# 부록

# 영문 버전 대비

## 제 1 장 SPSS 기본구조

| | |
|---|---|
| 편집 → 복사 | Edit → Copy |
| 편집 → 붙여넣기 | Edit → Paste |
| | |
| 파일 → 저장 | File → Save |
| 파일 → 다른 이름으로 저장 | File → Save As |
| 파일 → 열기 | File → Open |
| 파일 → 텍스트 데이터 읽기 | File → Read Text Data |
| | |
| 변환 → 코딩변경 | Transform → Recode |
| → 같은 변수로 | → Into Same Variable |
| 변환 → 코딩변경 | Transform → Recode |
| → 다른 변수로 | → Into Different Variable |
| 변환 → 자동코딩변경 | Transform → Automatic Recode |
| | |
| 데이터 → 파일분할 | Data → Split File |
| 데이터 → 케이스 선택 | Data → Select Cases |
| 데이터 → 가중 케이스 | Data → Weight Cases |

## 제 2 장 자료의 종류 및 요약(1)

| | |
|---|---|
| 그래프 → 히스토그램 | Graphs → Histogram |
| 그래프 → 상자도표 | Graphs → Boxplot |
| 그래프 → 막대형 차트 | Graphs → Bar |
| 그래프 → 원형 차트 | Graphs → Pie |
| | |
| SPSS도표개체 → 열기*[1)] | SPSS Chart Object → Open* |
| 형식 → 막대설명유형* | Format → Bar Label Style* |
| 형식 → 막대유형 | Format → Bar Style* |
| 갤러리 → 원형 차트* | Gallery → Pie* |
| 도표 → 옵션* | Chart → Options* |
| 계열 → 표시* | Series → Displayed* |

1)* SPSS 도표 편집기에서의 기능

## 제 3 장 자료의 종류 및 요약 (2)
## 제 4 장 설문 데이터의 입력 및 처리

| | | | |
|---|---|---|---|
| 분석 | → 다중응답분석<br>→ 변수군정의 | Analyze | → Multiple Response<br>→ Define Sets |
| 분석 | → 다중응답분석<br>→ 빈도분석 | Analyze | → Multiple Response<br>→ Frequencies |
| 분석 | → 기술통계량<br>→ 빈도분석 | Analyze | → Descriptive Statistics<br>→ Frequencies |
| 분석 | → 기술통계량<br>→ 기술통계 | Analyze | → Descriptive Statistics<br>→ Descriptive |
| 분석 | → 기술통계량<br>→ 데이터 탐색 | Analyze | → Descriptive Statistics<br>→ Explore |

## 제 5 장 이산확률분포
## 제 6 장 연속확률분포

| | | | |
|---|---|---|---|
| 변환 | → 변수계산 | Transform → Calculate | |

## 제 8 장 집단 간 평균 비교(1)

| | | | |
|---|---|---|---|
| 분석 | → 평균비교<br>→ 일표본 T 검정 | Analyze | → Compare Means<br>→ One-sample T test |
| 분석 | → 평균비교<br>→ 독립표본 T 검정 | Analyze | → Compare Means<br>→ Independent Samples T test |
| 분석 | → 평균비교<br>→ 대응표본 T 검정 | Analyze | → Compare Means<br>→ Paired-Samples T test |

## 제 9 장 집단 간 평균비교(2)

| | |
|---|---|
| 분석 | Analyze |
| → 평균비교 | → Compare Means |
| → 일원배치 분산분석 | → One-way ANOVA |
| 분석 | Analyze |
| → 일반선형모형 | → General Linear Model |
| → 일변량 | → Univariate |

## 제 10 장 상관분석

| | |
|---|---|
| 그래프 → 산점도 | Graphs → Scatter |
| 분석 | Analyze |
| → 상관분석 | → Correlate |
| → 이변량 상관계수 | → Bivariate |
| 분석 | Analyze |
| → 상관분석 | → Correlate |
| → 편상관계수 | → Partial |

## 제 11 장 단순회귀분석
## 제 12 장 다중회귀모형

| | |
|---|---|
| 분석 | Analyze |
| → 회귀분석 | → Regression |
| → 선형 | → Linear |

## 제 13 장 분할표 분석과 $\chi^2$ −분석

| | |
|---|---|
| 분석 → 기술통계량 | Analyze → Descriptive Statistics |
| → 교차분석 | → Crosstabs |
| 분석 → 비모수검정 | Analyze → Nonparametric Tests |
| → 카이제곱 | → Chi-Square |

## 제 14 장　신뢰성 검토

| 분석 | Analyze |
|---|---|
| → 척도화 분석 | → Scale |
| → 신뢰도 분석 | → Reliability Analysis |

# 주요 확률분포표

## A. 표준정규확률분포표

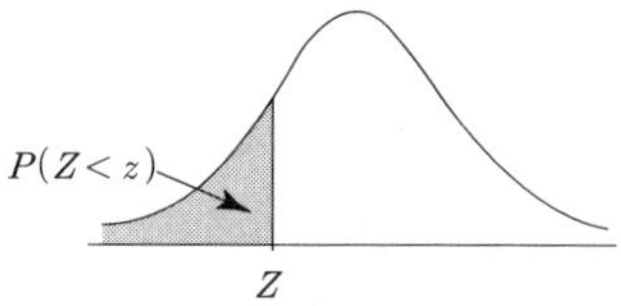


| z | .00 | .01 | .02 | .03 | .04 | .05 | .06 | .07 | .08 | .09 |
|---|---|---|---|---|---|---|---|---|---|---|
| 0 | 0.5000 | 0.5040 | 0.5080 | 0.5120 | 0.5160 | 0.5199 | 0.5239 | 0.5279 | 0.5319 | 0.5359 |
| 0.1 | 0.5398 | 0.5438 | 0.5478 | 0.5517 | 0.5557 | 0.5596 | 0.5636 | 0.5675 | 0.5714 | 0.5753 |
| 0.2 | 0.5793 | 0.5832 | 0.5871 | 0.5910 | 0.5948 | 0.5987 | 0.6026 | 0.6064 | 0.6103 | 0.6141 |
| 0.3 | 0.6179 | 0.6217 | 0.6255 | 0.6293 | 0.6331 | 0.6368 | 0.6406 | 0.6443 | 0.6480 | 0.6517 |
| 0.4 | 0.6554 | 0.6591 | 0.6628 | 0.6664 | 0.6700 | 0.6736 | 0.6772 | 0.6808 | 0.6844 | 0.6879 |
| 0.5 | 0.6915 | 0.6950 | 0.6985 | 0.7019 | 0.7054 | 0.7088 | 0.7123 | 0.7157 | 0.7190 | 0.7224 |
| 0.6 | 0.7257 | 0.7291 | 0.7324 | 0.7357 | 0.7389 | 0.7422 | 0.7454 | 0.7486 | 0.7517 | 0.7549 |
| 0.7 | 0.7580 | 0.7611 | 0.7642 | 0.7673 | 0.7704 | 0.7734 | 0.7764 | 0.7794 | 0.7823 | 0.7852 |
| 0.8 | 0.7881 | 0.7910 | 0.7939 | 0.7967 | 0.7995 | 0.8023 | 0.8051 | 0.8078 | 0.8106 | 0.8133 |
| 0.9 | 0.8159 | 0.8186 | 0.8212 | 0.8238 | 0.8264 | 0.8289 | 0.8315 | 0.8340 | 0.8365 | 0.8389 |
| 1 | 0.8413 | 0.8438 | 0.8461 | 0.8485 | 0.8508 | 0.8531 | 0.8554 | 0.8577 | 0.8599 | 0.8621 |
| 1.1 | 0.8643 | 0.8665 | 0.8686 | 0.8708 | 0.8729 | 0.8749 | 0.8770 | 0.8790 | 0.8810 | 0.8830 |
| 1.2 | 0.8849 | 0.8869 | 0.8888 | 0.8907 | 0.8925 | 0.8944 | 0.8962 | 0.8980 | 0.8997 | 0.9015 |
| 1.3 | 0.9032 | 0.9049 | 0.9066 | 0.9082 | 0.9099 | 0.9115 | 0.9131 | 0.9147 | 0.9162 | 0.9177 |
| 1.4 | 0.9192 | 0.9207 | 0.9222 | 0.9236 | 0.9251 | 0.9265 | 0.9279 | 0.9292 | 0.9306 | 0.9319 |
| 1.5 | 0.9332 | 0.9345 | 0.9357 | 0.9370 | 0.9382 | 0.9394 | 0.9406 | 0.9418 | 0.9429 | 0.9441 |
| 1.6 | 0.9452 | 0.9463 | 0.9474 | 0.9484 | 0.9495 | 0.9505 | 0.9515 | 0.9525 | 0.9535 | 0.9545 |
| 1.7 | 0.9554 | 0.9564 | 0.9573 | 0.9582 | 0.9591 | 0.9599 | 0.9608 | 0.9616 | 0.9625 | 0.9633 |
| 1.8 | 0.9641 | 0.9649 | 0.9656 | 0.9664 | 0.9671 | 0.9678 | 0.9686 | 0.9693 | 0.9699 | 0.9706 |
| 1.9 | 0.9713 | 0.9719 | 0.9726 | 0.9732 | 0.9738 | 0.9744 | 0.9750 | 0.9756 | 0.9761 | 0.9767 |
| 2 | 0.9772 | 0.9778 | 0.9783 | 0.9788 | 0.9793 | 0.9798 | 0.9803 | 0.9808 | 0.9812 | 0.9817 |
| 2.1 | 0.9821 | 0.9826 | 0.9830 | 0.9834 | 0.9838 | 0.9842 | 0.9846 | 0.9850 | 0.9854 | 0.9857 |
| 2.2 | 0.9861 | 0.9864 | 0.9868 | 0.9871 | 0.9875 | 0.9878 | 0.9881 | 0.9884 | 0.9887 | 0.9890 |
| 2.3 | 0.9893 | 0.9896 | 0.9898 | 0.9901 | 0.9904 | 0.9906 | 0.9909 | 0.9911 | 0.9913 | 0.9916 |
| 2.4 | 0.9918 | 0.9920 | 0.9922 | 0.9925 | 0.9927 | 0.9929 | 0.9931 | 0.9932 | 0.9934 | 0.9936 |
| 2.5 | 0.9938 | 0.9940 | 0.9941 | 0.9943 | 0.9945 | 0.9946 | 0.9948 | 0.9949 | 0.9951 | 0.9952 |
| 2.6 | 0.9953 | 0.9955 | 0.9956 | 0.9957 | 0.9959 | 0.9960 | 0.9961 | 0.9962 | 0.9963 | 0.9964 |
| 2.7 | 0.9965 | 0.9966 | 0.9967 | 0.9968 | 0.9969 | 0.9970 | 0.9971 | 0.9972 | 0.9973 | 0.9974 |
| 2.8 | 0.9974 | 0.9975 | 0.9976 | 0.9977 | 0.9977 | 0.9978 | 0.9979 | 0.9979 | 0.9980 | 0.9981 |
| 2.9 | 0.9981 | 0.9982 | 0.9982 | 0.9983 | 0.9984 | 0.9984 | 0.9985 | 0.9985 | 0.9986 | 0.9986 |
| 3 | 0.9987 | 0.9987 | 0.9987 | 0.9988 | 0.9988 | 0.9989 | 0.9989 | 0.9989 | 0.9990 | 0.9990 |
| 3.1 | 0.9990 | 0.9991 | 0.9991 | 0.9991 | 0.9992 | 0.9992 | 0.9992 | 0.9992 | 0.9993 | 0.9993 |
| 3.2 | 0.9993 | 0.9993 | 0.9994 | 0.9994 | 0.9994 | 0.9994 | 0.9994 | 0.9995 | 0.9995 | 0.9995 |
| 3.3 | 0.9995 | 0.9995 | 0.9995 | 0.9996 | 0.9996 | 0.9996 | 0.9996 | 0.9996 | 0.9996 | 0.9997 |
| 3.4 | 0.9997 | 0.9997 | 0.9997 | 0.9997 | 0.9997 | 0.9997 | 0.9997 | 0.9997 | 0.9997 | 0.9998 |

## B. Student's $t$ 분포표

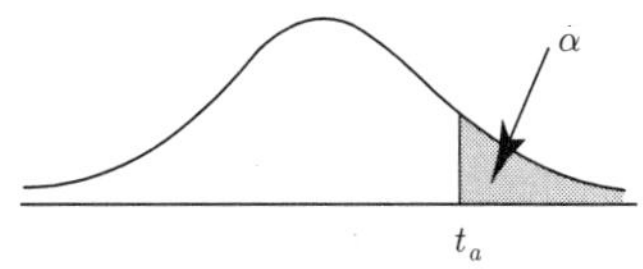


| d.f \ α | 0.001 | 0.005 | 0.01 | 0.025 | 0.05 | 0.1 | 0.25 |
|---|---|---|---|---|---|---|---|
| 1 | 318.309 | 63.657 | 31.821 | 12.706 | 6.314 | 3.078 | 1.000 |
| 2 | 22.327 | 9.925 | 6.965 | 4.303 | 2.920 | 1.886 | 0.816 |
| 3 | 10.215 | 5.841 | 4.541 | 3.182 | 2.353 | 1.638 | 0.765 |
| 4 | 7.173 | 4.604 | 3.747 | 2.776 | 2.132 | 1.533 | 0.741 |
| 5 | 5.893 | 4.032 | 3.365 | 2.571 | 2.015 | 1.476 | 0.727 |
| 6 | 5.208 | 3.707 | 3.143 | 2.447 | 1.943 | 1.440 | 0.718 |
| 7 | 4.785 | 3.499 | 2.998 | 2.365 | 1.895 | 1.415 | 0.711 |
| 8 | 4.501 | 3.355 | 2.896 | 2.306 | 1.860 | 1.397 | 0.706 |
| 9 | 4.297 | 3.250 | 2.821 | 2.262 | 1.833 | 1.383 | 0.703 |
| 10 | 4.144 | 3.169 | 2.764 | 2.228 | 1.812 | 1.372 | 0.700 |
| 11 | 4.025 | 3.106 | 2.718 | 2.201 | 1.796 | 1.363 | 0.697 |
| 12 | 3.930 | 3.055 | 2.681 | 2.179 | 1.782 | 1.356 | 0.695 |
| 13 | 3.852 | 3.012 | 2.650 | 2.160 | 1.771 | 1.350 | 0.694 |
| 14 | 3.787 | 2.977 | 2.624 | 2.145 | 1.761 | 1.345 | 0.692 |
| 15 | 3.733 | 2.947 | 2.602 | 2.131 | 1.753 | 1.341 | 0.691 |
| 16 | 3.686 | 2.921 | 2.583 | 2.120 | 1.746 | 1.337 | 0.690 |
| 17 | 3.646 | 2.898 | 2.567 | 2.110 | 1.740 | 1.333 | 0.689 |
| 18 | 3.610 | 2.878 | 2.552 | 2.101 | 1.734 | 1.330 | 0.688 |
| 19 | 3.579 | 2.861 | 2.539 | 2.093 | 1.729 | 1.328 | 0.688 |
| 20 | 3.552 | 2.845 | 2.528 | 2.086 | 1.725 | 1.325 | 0.687 |
| 21 | 3.527 | 2.831 | 2.518 | 2.080 | 1.721 | 1.323 | 0.686 |
| 22 | 3.505 | 2.819 | 2.508 | 2.074 | 1.717 | 1.321 | 0.686 |
| 23 | 3.485 | 2.807 | 2.500 | 2.069 | 1.714 | 1.319 | 0.685 |
| 24 | 3.467 | 2.797 | 2.492 | 2.064 | 1.711 | 1.318 | 0.685 |
| 25 | 3.450 | 2.787 | 2.485 | 2.060 | 1.708 | 1.316 | 0.684 |
| 26 | 3.435 | 2.779 | 2.479 | 2.056 | 1.706 | 1.315 | 0.684 |
| 27 | 3.421 | 2.771 | 2.473 | 2.052 | 1.703 | 1.314 | 0.684 |
| 28 | 3.408 | 2.763 | 2.467 | 2.048 | 1.701 | 1.313 | 0.683 |
| 29 | 3.396 | 2.756 | 2.462 | 2.045 | 1.699 | 1.311 | 0.683 |
| 30 | 3.385 | 2.750 | 2.457 | 2.042 | 1.697 | 1.310 | 0.683 |
| 40 | 3.307 | 2.704 | 2.423 | 2.021 | 1.684 | 1.303 | 0.681 |
| 60 | 3.232 | 2.660 | 2.390 | 2.000 | 1.671 | 1.296 | 0.679 |
| 120 | 3.160 | 2.617 | 2.358 | 1.980 | 1.658 | 1.289 | 0.677 |
| ∞ | 3.091 | 2.576 | 2.327 | 1.960 | 1.645 | 1.282 | 0.675 |

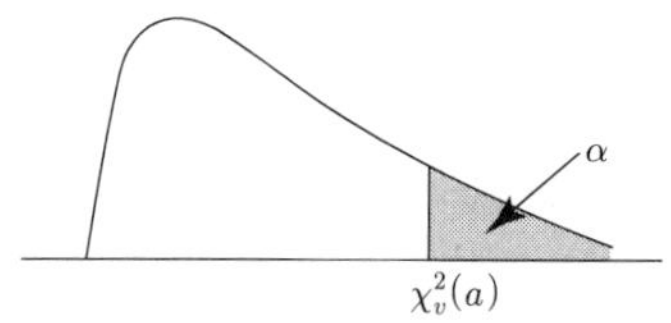


# C. $\chi^2$ 분포표

| d.f \ α | 0.001 | 0.005 | 0.01 | 0.05 | 0.1 | 0.5 | 0.9 | 0.95 | 0.99 |
|---|---|---|---|---|---|---|---|---|---|
| 1 | 10.8276 | 7.8794 | 6.6349 | 3.8415 | 2.7055 | 0.4549 | 0.0158 | 0.0039 | 0.0002 |
| 2 | 13.8155 | 10.5966 | 9.2103 | 5.9915 | 4.6052 | 1.3863 | 0.2107 | 0.1026 | 0.0201 |
| 3 | 16.2662 | 12.8382 | 11.3449 | 7.8147 | 6.2514 | 2.3660 | 0.5844 | 0.3518 | 0.1148 |
| 4 | 18.4668 | 14.8603 | 13.2767 | 9.4877 | 7.7794 | 3.3567 | 1.0636 | 0.7107 | 0.2971 |
| 5 | 20.5150 | 16.7496 | 15.0863 | 11.0705 | 9.2364 | 4.3515 | 1.6103 | 1.1455 | 0.5543 |
| 6 | 22.4577 | 18.5476 | 16.8119 | 12.5916 | 10.6446 | 5.3481 | 2.2041 | 1.6354 | 0.8721 |
| 7 | 24.3219 | 20.2777 | 18.4753 | 14.0671 | 12.0170 | 6.3458 | 2.8331 | 2.1673 | 1.2390 |
| 8 | 26.1245 | 21.9550 | 20.0902 | 15.5073 | 13.3616 | 7.3441 | 3.4895 | 2.7326 | 1.6465 |
| 9 | 27.8772 | 23.5894 | 21.6660 | 16.9190 | 14.6837 | 8.3428 | 4.1682 | 3.3251 | 2.0879 |
| 10 | 29.5883 | 25.1882 | 23.2093 | 18.3070 | 15.9872 | 9.3418 | 4.8652 | 3.9403 | 2.5582 |
| 11 | 31.2641 | 26.7568 | 24.7250 | 19.6751 | 17.2750 | 10.3410 | 5.5778 | 4.5748 | 3.0535 |
| 12 | 32.9095 | 28.2995 | 26.2170 | 21.0261 | 18.5493 | 11.3403 | 6.3038 | 5.2260 | 3.5706 |
| 13 | 34.5282 | 29.8195 | 27.6882 | 22.3620 | 19.8119 | 12.3398 | 7.0415 | 5.8919 | 4.1069 |
| 14 | 36.1233 | 31.3193 | 29.1412 | 23.6848 | 21.0641 | 13.3393 | 7.7895 | 6.5706 | 4.6604 |
| 15 | 37.6973 | 32.8013 | 30.5779 | 24.9958 | 22.3071 | 14.3389 | 8.5468 | 7.2609 | 5.2293 |
| 16 | 39.2524 | 34.2672 | 31.9999 | 26.2962 | 23.5418 | 15.3385 | 9.3122 | 7.9616 | 5.8122 |
| 17 | 40.7902 | 35.7185 | 33.4087 | 27.5871 | 24.7690 | 16.3382 | 10.0852 | 8.6718 | 6.4078 |
| 18 | 42.3124 | 37.1565 | 34.8053 | 28.8693 | 25.9894 | 17.3379 | 10.8649 | 9.3905 | 7.0149 |
| 19 | 43.8202 | 38.5823 | 36.1909 | 30.1435 | 27.2036 | 18.3377 | 11.6509 | 10.1170 | 7.6327 |
| 20 | 45.3147 | 39.9968 | 37.5662 | 31.4104 | 28.4120 | 19.3374 | 12.4426 | 10.8508 | 8.2604 |
| 21 | 46.7970 | 41.4011 | 38.9322 | 32.6706 | 29.6151 | 20.3372 | 13.2396 | 11.5913 | 8.8972 |
| 22 | 48.2679 | 42.7957 | 40.2894 | 33.9244 | 30.8133 | 21.3370 | 14.0415 | 12.3380 | 9.5425 |
| 23 | 49.7282 | 44.1813 | 41.6384 | 35.1725 | 32.0069 | 22.3369 | 14.8480 | 13.0905 | 10.1957 |
| 24 | 51.1786 | 45.5585 | 42.9798 | 36.4150 | 33.1962 | 23.3367 | 15.6587 | 13.8484 | 10.8564 |
| 25 | 52.6197 | 46.9279 | 44.3141 | 37.6525 | 34.3816 | 24.3366 | 16.4734 | 14.6114 | 11.5240 |
| 26 | 54.0520 | 48.2899 | 45.6417 | 38.8851 | 35.5632 | 25.3365 | 17.2919 | 15.3792 | 12.1981 |
| 27 | 55.4760 | 49.6449 | 46.9629 | 40.1133 | 36.7412 | 26.3363 | 18.1139 | 16.1514 | 12.8785 |
| 28 | 56.8923 | 50.9934 | 48.2782 | 41.3371 | 37.9159 | 27.3362 | 18.9392 | 16.9279 | 13.5647 |
| 29 | 58.3012 | 52.3356 | 49.5879 | 42.5570 | 39.0875 | 28.3361 | 19.7677 | 17.7084 | 14.2565 |
| 30 | 59.7031 | 53.6720 | 50.8922 | 43.7730 | 40.2560 | 29.3360 | 20.5992 | 18.4927 | 14.9535 |
| 40 | 73.4020 | 66.7660 | 63.6907 | 55.7585 | 51.8051 | 39.3353 | 29.0505 | 26.5093 | 22.1643 |
| 50 | 86.6608 | 79.4900 | 76.1539 | 67.5048 | 63.1671 | 49.3349 | 37.6886 | 34.7643 | 29.7067 |
| 60 | 99.6072 | 91.9517 | 88.3794 | 79.0819 | 74.3970 | 59.3347 | 46.4589 | 43.1880 | 37.4849 |
| 70 | 112.3169 | 104.2149 | 100.4252 | 90.5312 | 85.5270 | 69.3345 | 55.3289 | 51.7393 | 45.4417 |
| 80 | 124.8392 | 116.3211 | 112.3288 | 101.8795 | 96.5782 | 79.3343 | 64.2778 | 60.3915 | 53.5401 |
| 90 | 137.2084 | 128.2989 | 124.1163 | 113.1453 | 107.5650 | 89.3342 | 73.2911 | 69.1260 | 61.7541 |
| 100 | 149.4493 | 140.1695 | 135.8067 | 124.3421 | 118.4980 | 99.3341 | 82.3581 | 77.9295 | 70.0649 |

# D. $F$ 분포표 ($\alpha = 0.10$)

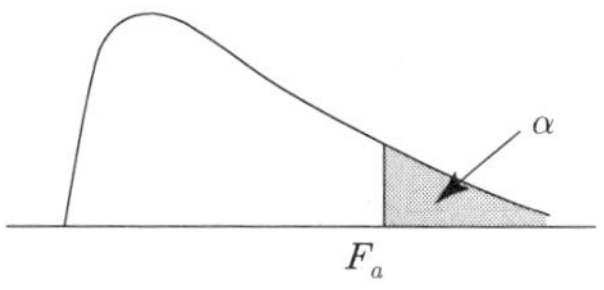


| $\nu_2$ \ $\nu_1$ | 1 | 2 | 3 | 4 | 5 | 6 | 7 | 8 | 9 | 10 | 12 | 15 | 20 | 25 | 30 | 40 | 60 |
|---|---|---|---|---|---|---|---|---|---|---|---|---|---|---|---|---|---|
| 1 | 39.86 | 49.50 | 53.59 | 55.83 | 57.24 | 58.20 | 58.91 | 59.44 | 59.86 | 60.19 | 60.71 | 61.22 | 61.74 | 62.05 | 62.26 | 62.53 | 62.79 |
| 2 | 8.53 | 9.00 | 9.16 | 9.24 | 9.29 | 9.33 | 9.35 | 9.37 | 9.38 | 9.39 | 9.41 | 9.42 | 9.44 | 9.45 | 9.46 | 9.47 | 9.47 |
| 3 | 5.54 | 5.46 | 5.39 | 5.34 | 5.31 | 5.28 | 5.27 | 5.25 | 5.24 | 5.23 | 5.22 | 5.20 | 5.18 | 5.17 | 5.17 | 5.16 | 5.15 |
| 4 | 4.54 | 4.32 | 4.19 | 4.11 | 4.05 | 4.01 | 3.98 | 3.95 | 3.94 | 3.92 | 3.90 | 3.87 | 3.84 | 3.83 | 3.82 | 3.80 | 3.79 |
| 5 | 4.06 | 3.78 | 3.62 | 3.52 | 3.45 | 3.40 | 3.37 | 3.34 | 3.32 | 3.30 | 3.27 | 3.24 | 3.21 | 3.19 | 3.17 | 3.16 | 3.14 |
| 6 | 3.78 | 3.46 | 3.29 | 3.18 | 3.11 | 3.05 | 3.01 | 2.98 | 2.96 | 2.94 | 2.90 | 2.87 | 2.84 | 2.81 | 2.80 | 2.78 | 2.76 |
| 7 | 3.59 | 3.26 | 3.07 | 2.96 | 2.88 | 2.83 | 2.78 | 2.75 | 2.72 | 2.70 | 2.67 | 2.63 | 2.59 | 2.57 | 2.56 | 2.54 | 2.51 |
| 8 | 3.46 | 3.11 | 2.92 | 2.81 | 2.73 | 2.67 | 2.62 | 2.59 | 2.56 | 2.54 | 2.50 | 2.46 | 2.42 | 2.40 | 2.38 | 2.36 | 2.34 |
| 9 | 3.36 | 3.01 | 2.81 | 2.69 | 2.61 | 2.55 | 2.51 | 2.47 | 2.44 | 2.42 | 2.38 | 2.34 | 2.30 | 2.27 | 2.25 | 2.23 | 2.21 |
| 10 | 3.29 | 2.92 | 2.73 | 2.61 | 2.52 | 2.46 | 2.41 | 2.38 | 2.35 | 2.32 | 2.28 | 2.24 | 2.20 | 2.17 | 2.16 | 2.13 | 2.11 |
| 11 | 3.23 | 2.86 | 2.66 | 2.54 | 2.45 | 2.39 | 2.34 | 2.30 | 2.27 | 2.25 | 2.21 | 2.17 | 2.12 | 2.10 | 2.08 | 2.05 | 2.03 |
| 12 | 3.18 | 2.81 | 2.61 | 2.48 | 2.39 | 2.33 | 2.28 | 2.24 | 2.21 | 2.19 | 2.15 | 2.10 | 2.06 | 2.03 | 2.01 | 1.99 | 1.96 |
| 13 | 3.14 | 2.76 | 2.56 | 2.43 | 2.35 | 2.28 | 2.23 | 2.20 | 2.16 | 2.14 | 2.10 | 2.05 | 2.01 | 1.98 | 1.96 | 1.93 | 1.90 |
| 14 | 3.10 | 2.73 | 2.52 | 2.39 | 2.31 | 2.24 | 2.19 | 2.15 | 2.12 | 2.10 | 2.05 | 2.01 | 1.96 | 1.93 | 1.91 | 1.89 | 1.86 |
| 15 | 3.07 | 2.70 | 2.49 | 2.36 | 2.27 | 2.21 | 2.16 | 2.12 | 2.09 | 2.06 | 2.02 | 1.97 | 1.92 | 1.89 | 1.87 | 1.85 | 1.82 |
| 16 | 3.05 | 2.67 | 2.46 | 2.33 | 2.24 | 2.18 | 2.13 | 2.09 | 2.06 | 2.03 | 1.99 | 1.94 | 1.89 | 1.86 | 1.84 | 1.81 | 1.78 |
| 17 | 3.03 | 2.64 | 2.44 | 2.31 | 2.22 | 2.15 | 2.10 | 2.06 | 2.03 | 2.00 | 1.96 | 1.91 | 1.86 | 1.83 | 1.81 | 1.78 | 1.75 |
| 18 | 3.01 | 2.62 | 2.42 | 2.29 | 2.20 | 2.13 | 2.08 | 2.04 | 2.00 | 1.98 | 1.93 | 1.89 | 1.84 | 1.80 | 1.78 | 1.75 | 1.72 |
| 19 | 2.99 | 2.61 | 2.40 | 2.27 | 2.18 | 2.11 | 2.06 | 2.02 | 1.98 | 1.96 | 1.91 | 1.86 | 1.81 | 1.78 | 1.76 | 1.73 | 1.70 |
| 20 | 2.97 | 2.59 | 2.38 | 2.25 | 2.16 | 2.09 | 2.04 | 2.00 | 1.96 | 1.94 | 1.89 | 1.84 | 1.79 | 1.76 | 1.74 | 1.71 | 1.68 |
| 21 | 2.96 | 2.57 | 2.36 | 2.23 | 2.14 | 2.08 | 2.02 | 1.98 | 1.95 | 1.92 | 1.87 | 1.83 | 1.78 | 1.74 | 1.72 | 1.69 | 1.66 |
| 22 | 2.95 | 2.56 | 2.35 | 2.22 | 2.13 | 2.06 | 2.01 | 1.97 | 1.93 | 1.90 | 1.86 | 1.81 | 1.76 | 1.73 | 1.70 | 1.67 | 1.64 |
| 23 | 2.94 | 2.55 | 2.34 | 2.21 | 2.11 | 2.05 | 1.99 | 1.95 | 1.92 | 1.89 | 1.84 | 1.80 | 1.74 | 1.71 | 1.69 | 1.66 | 1.62 |
| 24 | 2.93 | 2.54 | 2.33 | 2.19 | 2.10 | 2.04 | 1.98 | 1.94 | 1.91 | 1.88 | 1.83 | 1.78 | 1.73 | 1.70 | 1.67 | 1.64 | 1.61 |
| 25 | 2.92 | 2.53 | 2.32 | 2.18 | 2.09 | 2.02 | 1.97 | 1.93 | 1.89 | 1.87 | 1.82 | 1.77 | 1.72 | 1.68 | 1.66 | 1.63 | 1.59 |
| 26 | 2.91 | 2.52 | 2.31 | 2.17 | 2.08 | 2.01 | 1.96 | 1.92 | 1.88 | 1.86 | 1.81 | 1.76 | 1.71 | 1.67 | 1.65 | 1.61 | 1.58 |
| 27 | 2.90 | 2.51 | 2.30 | 2.17 | 2.07 | 2.00 | 1.95 | 1.91 | 1.87 | 1.85 | 1.80 | 1.75 | 1.70 | 1.66 | 1.64 | 1.60 | 1.57 |
| 28 | 2.89 | 2.50 | 2.29 | 2.16 | 2.06 | 2.00 | 1.94 | 1.90 | 1.87 | 1.84 | 1.79 | 1.74 | 1.69 | 1.65 | 1.63 | 1.59 | 1.56 |
| 29 | 2.89 | 2.50 | 2.28 | 2.15 | 2.06 | 1.99 | 1.93 | 1.89 | 1.86 | 1.83 | 1.78 | 1.73 | 1.68 | 1.64 | 1.62 | 1.58 | 1.55 |
| 30 | 2.88 | 2.49 | 2.28 | 2.14 | 2.05 | 1.98 | 1.93 | 1.88 | 1.85 | 1.82 | 1.77 | 1.72 | 1.67 | 1.63 | 1.61 | 1.57 | 1.54 |
| 40 | 2.84 | 2.44 | 2.23 | 2.09 | 2.00 | 1.93 | 1.87 | 1.83 | 1.79 | 1.76 | 1.71 | 1.66 | 1.61 | 1.57 | 1.54 | 1.51 | 1.47 |
| 60 | 2.79 | 2.39 | 2.18 | 2.04 | 1.95 | 1.87 | 1.82 | 1.77 | 1.74 | 1.71 | 1.66 | 1.60 | 1.54 | 1.50 | 1.48 | 1.44 | 1.40 |
| 120 | 2.75 | 2.35 | 2.13 | 1.99 | 1.90 | 1.82 | 1.77 | 1.72 | 1.68 | 1.65 | 1.60 | 1.55 | 1.48 | 1.44 | 1.41 | 1.37 | 1.32 |
| ∞ | 2.71 | 2.30 | 2.08 | 1.94 | 1.85 | 1.77 | 1.72 | 1.67 | 1.63 | 1.60 | 1.55 | 1.49 | 1.42 | 1.38 | 1.34 | 1.30 | 1.24 |

## E. $F$ 분포표 ($\alpha = 0.05$)

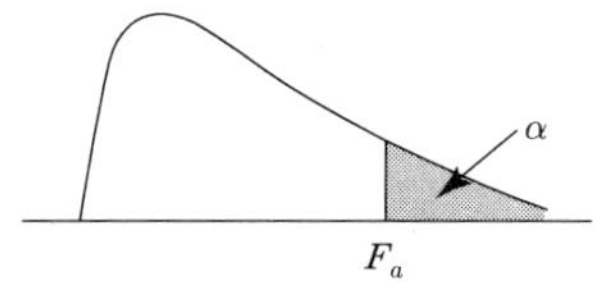


| $\nu_2$ \ $\nu_1$ | 1 | 2 | 3 | 4 | 5 | 6 | 7 | 8 | 9 | 10 | 12 | 15 | 20 | 25 | 30 | 40 | 60 |
|---|---|---|---|---|---|---|---|---|---|---|---|---|---|---|---|---|---|
| 1 | 161.45 | 199.50 | 215.71 | 224.58 | 230.16 | 233.99 | 236.77 | 238.88 | 240.54 | 241.88 | 243.91 | 245.95 | 248.01 | 249.26 | 250.10 | 251.14 | 252.20 |
| 2 | 18.51 | 19.00 | 19.16 | 19.25 | 19.30 | 19.33 | 19.35 | 19.37 | 19.38 | 19.40 | 19.41 | 19.43 | 19.45 | 19.46 | 19.46 | 19.47 | 19.48 |
| 3 | 10.13 | 9.55 | 9.28 | 9.12 | 9.01 | 8.94 | 8.89 | 8.85 | 8.81 | 8.79 | 8.74 | 8.70 | 8.66 | 8.63 | 8.62 | 8.59 | 8.57 |
| 4 | 7.71 | 6.94 | 6.59 | 6.39 | 6.26 | 6.16 | 6.09 | 6.04 | 6.00 | 5.96 | 5.91 | 5.86 | 5.80 | 5.77 | 5.75 | 5.72 | 5.69 |
| 5 | 6.61 | 5.79 | 5.41 | 5.19 | 5.05 | 4.95 | 4.88 | 4.82 | 4.77 | 4.74 | 4.68 | 4.62 | 4.56 | 4.52 | 4.50 | 4.46 | 4.43 |
| 6 | 5.99 | 5.14 | 4.76 | 4.53 | 4.39 | 4.28 | 4.21 | 4.15 | 4.10 | 4.06 | 4.00 | 3.94 | 3.87 | 3.83 | 3.81 | 3.77 | 3.74 |
| 7 | 5.59 | 4.74 | 4.35 | 4.12 | 3.97 | 3.87 | 3.79 | 3.73 | 3.68 | 3.64 | 3.57 | 3.51 | 3.44 | 3.40 | 3.38 | 3.34 | 3.30 |
| 8 | 5.32 | 4.46 | 4.07 | 3.84 | 3.69 | 3.58 | 3.50 | 3.44 | 3.39 | 3.35 | 3.28 | 3.22 | 3.15 | 3.11 | 3.08 | 3.04 | 3.01 |
| 9 | 5.12 | 4.26 | 3.86 | 3.63 | 3.48 | 3.37 | 3.29 | 3.23 | 3.18 | 3.14 | 3.07 | 3.01 | 2.94 | 2.89 | 2.86 | 2.83 | 2.79 |
| 10 | 4.96 | 4.10 | 3.71 | 3.48 | 3.33 | 3.22 | 3.14 | 3.07 | 3.02 | 2.98 | 2.91 | 2.85 | 2.77 | 2.73 | 2.70 | 2.66 | 2.62 |
| 11 | 4.84 | 3.98 | 3.59 | 3.36 | 3.20 | 3.09 | 3.01 | 2.95 | 2.90 | 2.85 | 2.79 | 2.72 | 2.65 | 2.60 | 2.57 | 2.53 | 2.49 |
| 12 | 4.75 | 3.89 | 3.49 | 3.26 | 3.11 | 3.00 | 2.91 | 2.85 | 2.80 | 2.75 | 2.69 | 2.62 | 2.54 | 2.50 | 2.47 | 2.43 | 2.38 |
| 13 | 4.67 | 3.81 | 3.41 | 3.18 | 3.03 | 2.92 | 2.83 | 2.77 | 2.71 | 2.67 | 2.60 | 2.53 | 2.46 | 2.41 | 2.38 | 2.34 | 2.30 |
| 14 | 4.60 | 3.74 | 3.34 | 3.11 | 2.96 | 2.85 | 2.76 | 2.70 | 2.65 | 2.60 | 2.53 | 2.46 | 2.39 | 2.34 | 2.31 | 2.27 | 2.22 |
| 15 | 4.54 | 3.68 | 3.29 | 3.06 | 2.90 | 2.79 | 2.71 | 2.64 | 2.59 | 2.54 | 2.48 | 2.40 | 2.33 | 2.28 | 2.25 | 2.20 | 2.16 |
| 16 | 4.49 | 3.63 | 3.24 | 3.01 | 2.85 | 2.74 | 2.66 | 2.59 | 2.54 | 2.49 | 2.42 | 2.35 | 2.28 | 2.23 | 2.19 | 2.15 | 2.11 |
| 17 | 4.45 | 3.59 | 3.20 | 2.96 | 2.81 | 2.70 | 2.61 | 2.55 | 2.49 | 2.45 | 2.38 | 2.31 | 2.23 | 2.18 | 2.15 | 2.10 | 2.06 |
| 18 | 4.41 | 3.55 | 3.16 | 2.93 | 2.77 | 2.66 | 2.58 | 2.51 | 2.46 | 2.41 | 2.34 | 2.27 | 2.19 | 2.14 | 2.11 | 2.06 | 2.02 |
| 19 | 4.38 | 3.52 | 3.13 | 2.90 | 2.74 | 2.63 | 2.54 | 2.48 | 2.42 | 2.38 | 2.31 | 2.23 | 2.16 | 2.11 | 2.07 | 2.03 | 1.98 |
| 20 | 4.35 | 3.49 | 3.10 | 2.87 | 2.71 | 2.60 | 2.51 | 2.45 | 2.39 | 2.35 | 2.28 | 2.20 | 2.12 | 2.07 | 2.04 | 1.99 | 1.95 |
| 21 | 4.32 | 3.47 | 3.07 | 2.84 | 2.68 | 2.57 | 2.49 | 2.42 | 2.37 | 2.32 | 2.25 | 2.18 | 2.10 | 2.05 | 2.01 | 1.96 | 1.92 |
| 22 | 4.30 | 3.44 | 3.05 | 2.82 | 2.66 | 2.55 | 2.46 | 2.40 | 2.34 | 2.30 | 2.23 | 2.15 | 2.07 | 2.02 | 1.98 | 1.94 | 1.89 |
| 23 | 4.28 | 3.42 | 3.03 | 2.80 | 2.64 | 2.53 | 2.44 | 2.37 | 2.32 | 2.27 | 2.20 | 2.13 | 2.05 | 2.00 | 1.96 | 1.91 | 1.86 |
| 24 | 4.26 | 3.40 | 3.01 | 2.78 | 2.62 | 2.51 | 2.42 | 2.36 | 2.30 | 2.25 | 2.18 | 2.11 | 2.03 | 1.97 | 1.94 | 1.89 | 1.84 |
| 25 | 4.24 | 3.39 | 2.99 | 2.76 | 2.60 | 2.49 | 2.40 | 2.34 | 2.28 | 2.24 | 2.16 | 2.09 | 2.01 | 1.96 | 1.92 | 1.87 | 1.82 |
| 26 | 4.23 | 3.37 | 2.98 | 2.74 | 2.59 | 2.47 | 2.39 | 2.32 | 2.27 | 2.22 | 2.15 | 2.07 | 1.99 | 1.94 | 1.90 | 1.85 | 1.80 |
| 27 | 4.21 | 3.35 | 2.96 | 2.73 | 2.57 | 2.46 | 2.37 | 2.31 | 2.25 | 2.20 | 2.13 | 2.06 | 1.97 | 1.92 | 1.88 | 1.84 | 1.79 |
| 28 | 4.20 | 3.34 | 2.95 | 2.71 | 2.56 | 2.45 | 2.36 | 2.29 | 2.24 | 2.19 | 2.12 | 2.04 | 1.96 | 1.91 | 1.87 | 1.82 | 1.77 |
| 29 | 4.18 | 3.33 | 2.93 | 2.70 | 2.55 | 2.43 | 2.35 | 2.28 | 2.22 | 2.18 | 2.10 | 2.03 | 1.94 | 1.89 | 1.85 | 1.81 | 1.75 |
| 30 | 4.17 | 3.32 | 2.92 | 2.69 | 2.53 | 2.42 | 2.33 | 2.27 | 2.21 | 2.16 | 2.09 | 2.01 | 1.93 | 1.88 | 1.84 | 1.79 | 1.74 |
| 40 | 4.08 | 3.23 | 2.84 | 2.61 | 2.45 | 2.34 | 2.25 | 2.18 | 2.12 | 2.08 | 2.00 | 1.92 | 1.84 | 1.78 | 1.74 | 1.69 | 1.64 |
| 60 | 4.00 | 3.15 | 2.76 | 2.53 | 2.37 | 2.25 | 2.17 | 2.10 | 2.04 | 1.99 | 1.92 | 1.84 | 1.75 | 1.69 | 1.65 | 1.59 | 1.53 |
| 120 | 3.92 | 3.07 | 2.68 | 2.45 | 2.29 | 2.18 | 2.09 | 2.02 | 1.96 | 1.91 | 1.83 | 1.75 | 1.66 | 1.60 | 1.55 | 1.50 | 1.43 |
| ∞ | 3.84 | 3.00 | 2.61 | 2.37 | 2.21 | 2.10 | 2.01 | 1.94 | 1.88 | 1.83 | 1.75 | 1.67 | 1.57 | 1.51 | 1.46 | 1.39 | 1.32 |

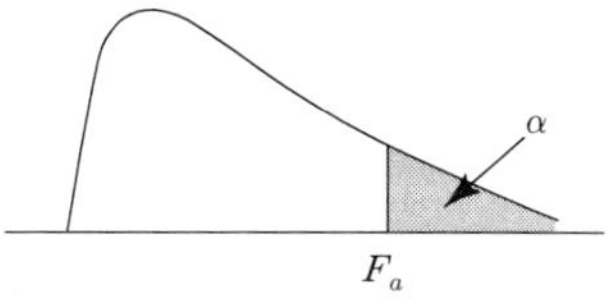


## F. $F$ 분포표 ($\alpha = 0.01$)

| $\nu_2$ \ $\nu_1$ | 1 | 2 | 3 | 4 | 5 | 6 | 7 | 8 | 9 | 10 | 12 | 15 | 20 | 25 | 30 | 40 | 60 |
|---|---|---|---|---|---|---|---|---|---|---|---|---|---|---|---|---|---|
| 1 | 4052.18 | 4999.50 | 5403.35 | 5624.58 | 5763.65 | 5858.99 | 5928.36 | 5981.07 | 6022.47 | 6055.85 | 6106.32 | 6157.28 | 6208.73 | 6239.83 | 6260.65 | 6286.78 | 6313.03 |
| 2 | 98.50 | 99.00 | 99.17 | 99.25 | 99.30 | 99.33 | 99.36 | 99.37 | 99.39 | 99.40 | 99.42 | 99.43 | 99.45 | 99.46 | 99.47 | 99.47 | 99.48 |
| 3 | 34.12 | 30.82 | 29.46 | 28.71 | 28.24 | 27.91 | 27.67 | 27.49 | 27.35 | 27.23 | 27.05 | 26.87 | 26.69 | 26.58 | 26.50 | 26.41 | 26.32 |
| 4 | 21.20 | 18.00 | 16.69 | 15.98 | 15.52 | 15.21 | 14.98 | 14.80 | 14.66 | 14.55 | 14.37 | 14.20 | 14.02 | 13.91 | 13.84 | 13.75 | 13.65 |
| 5 | 16.26 | 13.27 | 12.06 | 11.39 | 10.97 | 10.67 | 10.46 | 10.29 | 10.16 | 10.05 | 9.89 | 9.72 | 9.55 | 9.45 | 9.38 | 9.29 | 9.20 |
| 6 | 13.75 | 10.92 | 9.78 | 9.15 | 8.75 | 8.47 | 8.26 | 8.10 | 7.98 | 7.87 | 7.72 | 7.56 | 7.40 | 7.30 | 7.23 | 7.14 | 7.06 |
| 7 | 12.25 | 9.55 | 8.45 | 7.85 | 7.46 | 7.19 | 6.99 | 6.84 | 6.72 | 6.62 | 6.47 | 6.31 | 6.16 | 6.06 | 5.99 | 5.91 | 5.82 |
| 8 | 11.26 | 8.65 | 7.59 | 7.01 | 6.63 | 6.37 | 6.18 | 6.03 | 5.91 | 5.81 | 5.67 | 5.52 | 5.36 | 5.26 | 5.20 | 5.12 | 5.03 |
| 9 | 10.56 | 8.02 | 6.99 | 6.42 | 6.06 | 5.80 | 5.61 | 5.47 | 5.35 | 5.26 | 5.11 | 4.96 | 4.81 | 4.71 | 4.65 | 4.57 | 4.48 |
| 10 | 10.04 | 7.56 | 6.55 | 5.99 | 5.64 | 5.39 | 5.20 | 5.06 | 4.94 | 4.85 | 4.71 | 4.56 | 4.41 | 4.31 | 4.25 | 4.17 | 4.08 |
| 11 | 9.65 | 7.21 | 6.22 | 5.67 | 5.32 | 5.07 | 4.89 | 4.74 | 4.63 | 4.54 | 4.40 | 4.25 | 4.10 | 4.01 | 3.94 | 3.86 | 3.78 |
| 12 | 9.33 | 6.93 | 5.95 | 5.41 | 5.06 | 4.82 | 4.64 | 4.50 | 4.39 | 4.30 | 4.16 | 4.01 | 3.86 | 3.76 | 3.70 | 3.62 | 3.54 |
| 13 | 9.07 | 6.70 | 5.74 | 5.21 | 4.86 | 4.62 | 4.44 | 4.30 | 4.19 | 4.10 | 3.96 | 3.82 | 3.66 | 3.57 | 3.51 | 3.43 | 3.34 |
| 14 | 8.86 | 6.51 | 5.56 | 5.04 | 4.69 | 4.46 | 4.28 | 4.14 | 4.03 | 3.94 | 3.80 | 3.66 | 3.51 | 3.41 | 3.35 | 3.27 | 3.18 |
| 15 | 8.68 | 6.36 | 5.42 | 4.89 | 4.56 | 4.32 | 4.14 | 4.00 | 3.89 | 3.80 | 3.67 | 3.52 | 3.37 | 3.28 | 3.21 | 3.13 | 3.05 |
| 16 | 8.53 | 6.23 | 5.29 | 4.77 | 4.44 | 4.20 | 4.03 | 3.89 | 3.78 | 3.69 | 3.55 | 3.41 | 3.26 | 3.16 | 3.10 | 3.02 | 2.93 |
| 17 | 8.40 | 6.11 | 5.18 | 4.67 | 4.34 | 4.10 | 3.93 | 3.79 | 3.68 | 3.59 | 3.46 | 3.31 | 3.16 | 3.07 | 3.00 | 2.92 | 2.83 |
| 18 | 8.29 | 6.01 | 5.09 | 4.58 | 4.25 | 4.01 | 3.84 | 3.71 | 3.60 | 3.51 | 3.37 | 3.23 | 3.08 | 2.98 | 2.92 | 2.84 | 2.75 |
| 19 | 8.18 | 5.93 | 5.01 | 4.50 | 4.17 | 3.94 | 3.77 | 3.63 | 3.52 | 3.43 | 3.30 | 3.15 | 3.00 | 2.91 | 2.84 | 2.76 | 2.67 |
| 20 | 8.10 | 5.85 | 4.94 | 4.43 | 4.10 | 3.87 | 3.70 | 3.56 | 3.46 | 3.37 | 3.23 | 3.09 | 2.94 | 2.84 | 2.78 | 2.69 | 2.61 |
| 21 | 8.02 | 5.78 | 4.87 | 4.37 | 4.04 | 3.81 | 3.64 | 3.51 | 3.40 | 3.31 | 3.17 | 3.03 | 2.88 | 2.79 | 2.72 | 2.64 | 2.55 |
| 22 | 7.95 | 5.72 | 4.82 | 4.31 | 3.99 | 3.76 | 3.59 | 3.45 | 3.35 | 3.26 | 3.12 | 2.98 | 2.83 | 2.73 | 2.67 | 2.58 | 2.50 |
| 23 | 7.88 | 5.66 | 4.76 | 4.26 | 3.94 | 3.71 | 3.54 | 3.41 | 3.30 | 3.21 | 3.07 | 2.93 | 2.78 | 2.69 | 2.62 | 2.54 | 2.45 |
| 24 | 7.82 | 5.61 | 4.72 | 4.22 | 3.90 | 3.67 | 3.50 | 3.36 | 3.26 | 3.17 | 3.03 | 2.89 | 2.74 | 2.64 | 2.58 | 2.49 | 2.40 |
| 25 | 7.77 | 5.57 | 4.68 | 4.18 | 3.85 | 3.63 | 3.46 | 3.32 | 3.22 | 3.13 | 2.99 | 2.85 | 2.70 | 2.60 | 2.54 | 2.45 | 2.36 |
| 26 | 7.72 | 5.53 | 4.64 | 4.14 | 3.82 | 3.59 | 3.42 | 3.29 | 3.18 | 3.09 | 2.96 | 2.81 | 2.66 | 2.57 | 2.50 | 2.42 | 2.33 |
| 27 | 7.68 | 5.49 | 4.60 | 4.11 | 3.78 | 3.56 | 3.39 | 3.26 | 3.15 | 3.06 | 2.93 | 2.78 | 2.63 | 2.54 | 2.47 | 2.38 | 2.29 |
| 28 | 7.64 | 5.45 | 4.57 | 4.07 | 3.75 | 3.53 | 3.36 | 3.23 | 3.12 | 3.03 | 2.90 | 2.75 | 2.60 | 2.51 | 2.44 | 2.35 | 2.26 |
| 29 | 7.60 | 5.42 | 4.54 | 4.04 | 3.73 | 3.50 | 3.33 | 3.20 | 3.09 | 3.00 | 2.87 | 2.73 | 2.57 | 2.48 | 2.41 | 2.33 | 2.23 |
| 30 | 7.56 | 5.39 | 4.51 | 4.02 | 3.70 | 3.47 | 3.30 | 3.17 | 3.07 | 2.98 | 2.84 | 2.70 | 2.55 | 2.45 | 2.39 | 2.30 | 2.21 |
| 40 | 7.31 | 5.18 | 4.31 | 3.83 | 3.51 | 3.29 | 3.12 | 2.99 | 2.89 | 2.80 | 2.66 | 2.52 | 2.37 | 2.27 | 2.20 | 2.11 | 2.02 |
| 60 | 7.08 | 4.98 | 4.13 | 3.65 | 3.34 | 3.12 | 2.95 | 2.82 | 2.72 | 2.63 | 2.50 | 2.35 | 2.20 | 2.10 | 2.03 | 1.94 | 1.84 |
| 120 | 6.85 | 4.79 | 3.95 | 3.48 | 3.17 | 2.96 | 2.79 | 2.66 | 2.56 | 2.47 | 2.34 | 2.19 | 2.03 | 1.93 | 1.86 | 1.76 | 1.66 |
| $\infty$ | 6.63 | 4.61 | 3.78 | 3.32 | 3.02 | 2.80 | 2.64 | 2.51 | 2.41 | 2.32 | 2.18 | 2.04 | 1.88 | 1.78 | 1.70 | 1.59 | 1.47 |

## G. Durbin-Watson 검정의 상한과 하한

| n | k=1 | | k=2 | | k=3 | | k=4 | | k=5 | |
|---|---|---|---|---|---|---|---|---|---|---|
| | $d_L$ | $d_U$ | $d_L$ | $d_U$ | $d_L$ | $d_U$ | $d_L$ | $d_U$ | $d_L$ | $d_U$ |
| 15 | 1.08 | 1.36 | 0.95 | 1.54 | 0.82 | 1.75 | 0.69 | 1.97 | 0.56 | 2.21 |
| 16 | 1.10 | 1.37 | 0.98 | 1.54 | 0.86 | 1.73 | 0.74 | 1.93 | 0.62 | 2.15 |
| 17 | 1.13 | 1.38 | 1.02 | 1.54 | 0.90 | 1.71 | 0.78 | 1.90 | 0.67 | 2.10 |
| 18 | 1.16 | 1.39 | 1.05 | 1.53 | 0.93 | 1.69 | 0.82 | 1.87 | 0.71 | 2.06 |
| 19 | 1.18 | 1.40 | 1.08 | 1.53 | 0.97 | 1.68 | 0.86 | 1.85 | 0.75 | 2.02 |
| 20 | 1.20 | 1.41 | 1.10 | 1.54 | 1.00 | 1.68 | 0.90 | 1.83 | 0.79 | 1.99 |
| 21 | 1.22 | 1.42 | 1.13 | 1.54 | 1.03 | 1.67 | 0.93 | 1.81 | 0.83 | 1.96 |
| 22 | 1.24 | 1.43 | 1.15 | 1.54 | 1.05 | 1.66 | 0.96 | 1.80 | 0.86 | 1.94 |
| 23 | 1.26 | 1.44 | 1.17 | 1.54 | 1.08 | 1.66 | 0.99 | 1.79 | 0.90 | 1.92 |
| 24 | 1.27 | 1.45 | 1.19 | 1.55 | 1.10 | 1.66 | 1.01 | 1.78 | 0.93 | 1.90 |
| 25 | 1.29 | 1.45 | 1.21 | 1.55 | 1.12 | 1.66 | 1.04 | 1.77 | 0.95 | 1.89 |
| 26 | 1.30 | 1.46 | 1.22 | 1.55 | 1.14 | 1.65 | 1.06 | 1.76 | 0.98 | 1.88 |
| 27 | 1.32 | 1.47 | 1.24 | 1.56 | 1.16 | 1.65 | 1.08 | 1.76 | 1.01 | 1.86 |
| 28 | 1.33 | 1.48 | 1.26 | 1.56 | 1.18 | 1.65 | 1.10 | 1.75 | 1.03 | 1.85 |
| 29 | 1.34 | 1.48 | 1.27 | 1.56 | 1.20 | 1.65 | 1.12 | 1.74 | 1.05 | 1.84 |
| 30 | 1.35 | 1.49 | 1.28 | 1.57 | 1.21 | 1.65 | 1.14 | 1.74 | 1.07 | 1.83 |
| 31 | 1.36 | 1.50 | 1.30 | 1.57 | 1.23 | 1.65 | 1.16 | 1.74 | 1.09 | 1.83 |
| 32 | 1.37 | 1.50 | 1.31 | 1.57 | 1.24 | 1.65 | 1.18 | 1.73 | 1.11 | 1.82 |
| 33 | 1.83 | 1.51 | 1.32 | 1.58 | 1.26 | 1.65 | 1.19 | 1.73 | 1.13 | 1.81 |
| 34 | 1.39 | 1.51 | 1.33 | 1.58 | 1.27 | 1.65 | 1.21 | 1.73 | 1.15 | 1.81 |
| 35 | 1.40 | 1.52 | 1.34 | 1.58 | 1.28 | 1.65 | 1.22 | 1.73 | 1.16 | 1.80 |
| 36 | 1.41 | 1.52 | 1.35 | 1.59 | 1.29 | 1.65 | 1.24 | 1.73 | 1.18 | 1.80 |
| 37 | 1.42 | 1.53 | 1.36 | 1.59 | 1.31 | 1.66 | 1.25 | 1.72 | 1.19 | 1.80 |
| 38 | 1.43 | 1.54 | 1.37 | 1.59 | 1.32 | 1.66 | 1.26 | 1.72 | 1.21 | 1.79 |
| 39 | 1.43 | 1.54 | 1.38 | 1.60 | 1.33 | 1.66 | 1.27 | 1.72 | 1.22 | 1.79 |
| 40 | 1.44 | 1.54 | 1.39 | 1.60 | 1.34 | 1.66 | 1.29 | 1.72 | 1.23 | 1.79 |
| 45 | 1.48 | 1.57 | 1.43 | 1.62 | 1.38 | 1.67 | 1.34 | 1.72 | 1.29 | 1.78 |
| 50 | 1.50 | 1.59 | 1.46 | 1.63 | 1.42 | 1.67 | 1.38 | 1.72 | 1.34 | 1.77 |
| 55 | 1.53 | 1.60 | 1.49 | 1.64 | 1.45 | 1.68 | 1.41 | 1.72 | 1.38 | 1.77 |
| 60 | 1.55 | 1.62 | 1.51 | 1.65 | 1.48 | 1.69 | 1.44 | 1.73 | 1.41 | 1.77 |
| 65 | 1.57 | 1.63 | 1.54 | 1.66 | 1.50 | 1.70 | 1.47 | 1.73 | 1.44 | 1.77 |
| 70 | 1.58 | 1.64 | 1.55 | 1.67 | 1.52 | 1.70 | 1.49 | 1.74 | 1.46 | 1.77 |
| 75 | 1.60 | 1.65 | 1.57 | 1.68 | 1.54 | 1.71 | 1.51 | 1.74 | 1.49 | 1.77 |
| 80 | 1.61 | 1.66 | 1.59 | 1.69 | 1.56 | 1.72 | 1.53 | 1.74 | 1.51 | 1.77 |
| 85 | 1.62 | 1.67 | 1.60 | 1.70 | 1.57 | 1.72 | 1.55 | 1.75 | 1.52 | 1.77 |
| 90 | 1.63 | 1.68 | 1.61 | 1.70 | 1.59 | 1.73 | 1.57 | 1.75 | 1.54 | 1.78 |
| 95 | 1.64 | 1.68 | 1.62 | 1.71 | 1.60 | 1.73 | 1.58 | 1.75 | 1.56 | 1.78 |
| 100 | 1.65 | 1.69 | 1.63 | 1.72 | 1.61 | 1.74 | 1.59 | 1.76 | 1.57 | 1.78 |

# 참고문헌


- 강병서 외 (2001), 사회과학 통계분석(한글 SPSS), 데이타솔루션
- 김우철 외 (1996), 통계학 개론, 영지출판사
- 노형진 (1999), 한글 SPSSWIN에 의한 조사방법 및 통계분석, 형설출판사
- 박영술 외 (2001), SPSS를 이용한 자료정리와 분석, 자유아카데미
- 박태성, 이승연 (1998), 범주형 자료분석 개론, 자유아카데미
- 손중권 외 (1997), 다중비교 방법론(분산분석을 통한), 자유아카데미
- 우수명 (2001), 마우스로 잡는 SPSS 10.0, 인간과 복지
- 이군희 (2001), 사회과학 연구방법론, 법문사
- 이필영, 이해용 (1994), 통계학의 이해, 법문사
- 정영찬 외 (2002), SPSS 프로그램을 활용한 따라하는 통계분석, 크라운출판사
- 채서일 (1995), 사회과학 조사방법론, 학현사
- 채서일 외 (2002), SPSSWIN을 이용한 통계분석, 학현사
- SPSS 10.0 Base, SPSS Inc.

# 찾아보기


|영문|

Durbin-Watson 통계량 209
Fisher의 정확검정 226, 232
McNemar 검정 235
t-분포 111
VIR(variance influence factor) 217

|ㄱ|

가설검정 126
가중 케이스 23
간격척도 73
검정력 128
검정통계량 127
결정계수 189
공차한계 217
공통분산 113
관측값 28
교차표 226
구간추정 120
귀무가설 126
기각 126
기각역 127
기댓값 96
기술통계분석 62
기술통계학 27

|ㄴ|

누적분포함수 115

|ㄷ|

다중공선성 217
다중비교 159
단계선택법 220
단순회귀모형 194
단일응답 74, 81
단측검정 129
대립가설 128
대응비교 143
대응쌍 235
대푯값 52
데이터 보기 6
데이터 탐색 64
데이터 편집기 2, 5
도수 35
도수분포표 35
독립변수 131, 194

|ㅁ|

막대도표 36
명령어 편집기 2
명목척도 72, 132

모집단
  무한모집단 26
  유한모집단 26
무작위 오차 252

|ㅂ|
반응변수 131, 194
백분위수 56
범위 55
범주형 자료 28
베르누이 시행 97
변수 28
변수군 85
변수 보기 2
복수응답 82
복수회답 75
분산 54, 96
분산분석 150
  일원배치 분산분석 151
분산분석표 152
분할표 224
불편추정량 120
뷰어 2
비율척도 73, 132
빈도분석 59

|ㅅ|
사분위수 55
사분위수 범위 55
산점도 178
산포도 54
상관계수 178
  순위상관계수 183
상관관계
  무상관관계 178
  양의 상관관계 178
  음의 상관관계 178
상자도표 33
설명변수 131, 194
수준 150
순서척도 72
순위상관계수 183
순위응답 87
신뢰구간 122
  상한치 122
  하한치 122
신뢰성 252
신뢰수준 122

|ㅇ|
양적 변수 28
양적 자료 28
양측검정 129
역분포함수 115
연속형 자료 28
연속확률변수 96
예측값 197
오차제곱합 197
완전 랜덤화 150
왜도 56
  양의 왜도 56
  우측왜도 56

음의 왜도 56
좌측왜도 56
우측검정 129
원형 그래프 29
유의수준 128, 130
유의확률 130
이산형 자료 28
이산확률변수 96
이상점 106
이원배치 분산분석 163
이항분포 96
요인 150

|ㅈ|

자유도 111, 115
잔차 195
잔차제곱합 152, 166
잠재변수 179
적합도검정 244
전수조사 26
전진 선택법 219
정규분포 57, 106
제1종 오류 128
제2종 오류 128
제곱합 121
종속변수 131, 194
종속표본
종속표본 검정법 143
좌측검정 129
줄기-잎-그림 31
중심극한정리 110
중앙값 54
질적 변수 28
질적 자료 28

|ㅊ|

처리제곱합 152, 166
첨도 57
체계적 오차 252
총제곱합 152, 166, 197
최빈값 54
최소제곱법 195
추리통계학 28
추정 120
구간추정 120
점추정 120
추정값 120
추정량 120

|ㅋ|

카이제곱 검정 244
카이제곱분포 106, 114
케이스 선택 20
코딩변경 16

|ㅌ|

통계량 26
통제변수 186

|ㅍ|

파일분할 18
평균 52

평균 오차제곱합 166
평균제곱합 52
  평균 오차제곱합 152
  평균 처리제곱합 152
  평균 총제곱합 152
평균 처리제곱합 166
평균 총제곱합 166
평균도표 155
포아송 분포 99
표본 26
표본분산 121
표본조사 26
표준오차 121
표준정규분포 107
표준편차 54
표준화 값 62
표준화된 자료 58

| ㅎ |

확률변수 96
확률분포 96
  연속확률분포 96
  이산확률분포 96
회귀모형
  다중회귀모형 194
  단순회귀모형 194
회귀분석 194
회귀제곱합 197
후진 제거법 219
히스토그램 31

## 저자 소개


**김용대**

서울대학교 계산통계학과 졸업
서울대학교 통계학 석사
미국 오하이오 주립대학교 통계학 박사
미국 National Institutes of Healths 연구원
한국외국어대학교 정보통계학과 조교수
이화여자대학교 통계학과 조교수
현) 서울대학교 통계학과 교수

**박진경**

한국외국어대학교 통계학과 졸업
한국외국어대학교 통계학 석사
한국외국어대학교 통계학 박사
국제백신연구소(International Vaccine Institute) Sr. biostatistician
현) 일동제약 개발본부 임상기회팀장


# SPSS 통계분석 -제5판-


저 자 김용대 · 박진경
발 행 인 김지영
발 행 처 자유아카데미
주 소 경기도 파주시 회동길 37-42
파주출판도시
전 화 031-955-1321
팩 스 031-955-1322
홈페이지 www.freeaca.com
전자우편 main@freeaca.com (대표)
editor@freeaca.com (편집)
crm@freeaca.com (영업)
등 록 제406-2003-017호, 1980. 7. 12
제5판1쇄 2019년 8월 31일 발행
정 가 23,000원

저자와의
협의하에
인지생략




ISBN 979-11-5808-227-7 93310